中国海洋发展研究中心首届立项资助课题结项成果
中国海洋大学"985工程"海洋发展人文社会科学研究基地建设经费资助
教育部人文社科重点研究基地中国海洋大学海洋发展研究院资助

经济管理学术文库 • 其他类

中小水产品加工企业成长研究
——基于扎根理论方法的分析

Research on the Growth of Small and Medium-sized Aquatic Products Processing Enterprises
——A Multi –case Study based on Grounded Theory Method

李志刚 / 著

图书在版编目（CIP）数据

中小水产品加工企业成长研究：基于扎根理论方法的分析/李志刚著．—北京：经济管理出版社，2011.12

ISBN 978－7－5096－1644－4

Ⅰ．①中…　Ⅱ．①李…　Ⅲ．①水产品加工—中小企业—企业管理—研究—中国　Ⅳ①G114

中国版本图书馆 CIP 数据核字（2011）第 223144 号

出版发行：经济管理出版社

北京市海淀区北蜂窝8号中雅大厦11层

电话：(010)51915602　邮编：100038

印刷：北京银祥印刷厂　　经销：新华书店

组稿编辑：张　艳　　责任编辑：邱永辉

技术编辑：杨国强　　责任校对：蒋　方

720mm×1000mm/16　　15.25 印张　　230 千字

2012 年 1 月第 1 版　　2012 年 1 月第 1 次印刷

定价：39.00 元

书号：ISBN 978－7－5096－1644－4

前言

国内外企业研究理论一致认为，中小企业是经济社会发展的重要推动力量，在产业演化、技术创新和就业促进等方面发挥着重要作用。在遍布我国各个产业的众多中小企业中，涉渔型中小企业是具有自身特色并蕴涵独特发展规律的企业组织类型。涉渔型企业包含的范围比较广泛，水产品加工企业是我们最熟悉也最容易理解的涉渔企业类型，而水产品加工企业则以中小型企业为主导。中小水产品加工企业是涉渔企业也是资源型企业的重要组成部分，在活跃沿海、沿湖、沿江等区域经济发展中扮演着重要角色，可以有效满足和丰富人民群众的日常消费需求。

为了从国家战略层面上深度推进涉海先进生产力优化布局，推进海洋经济发展方式转变和产业结构调整，促使海洋经济成为东部沿海省份新的重要经济增长极，国家近年来已密集批复北起辽宁沿海经济区、南至广西北部湾等一系列国家级沿海区域发展规划，搭建起东部沿海区域经济发展的战略新格局。中国内地共有 11 个涉海省（市）、53 个市、242 个县市区，但遗憾的是，2009 年全国海洋经济实现 GDP 只占国民经济比重的 9.53%，离我们的既定战略目标还比较远，需要持续进行深度挖潜和不断加以优化提升。其中，涉渔型企业任重道远，是率先突破发展“瓶颈”的重要领域。

以近海渔业经营为主导，渔业组合经营为主要管理形式，重视向食品领域进军，以市场流通为关键路径，多样化延伸辐射，追求综合制造能力和营销主导地位，这是目前国际涉渔型企业发展的主要特点。作为涉渔型企业的基本组织，我国中小水产品加工企业是伴随经济体制改革发展进程成长起来的，个体私营企业、乡镇企业和集体企业是这一企业组织的主体。随着经济体制改革的不断推进，我国中小水产品加工企业频繁转制、转型并呈生机勃勃之势，发展制约因素不断减少，市场化程度日渐提高。

诚然，中国中小水产品加工企业已经成为自主经营、自负盈亏的市场主体，是海洋经济的重要组成部分，但毋庸置疑的事实是，这些企业的发展基础薄弱，企业规模偏小，资源依赖度较高，尚未有效支持国家海洋经济发展战略，急需在渔业产业结构调整中迅速成长壮大。激发中小水产品加工企业的发展意愿，系统推进创新能力建设，不断转变管理者观念、提高经营者能力、发挥示范带动作用、树立现代企业意识和加强渔业经济组织化程度，以上科研命题均是配合海洋经济战略、支持涉渔型企业复兴的重要组成部分，值得特别重视和深入探讨。

实事求是地讲，中国中小水产品加工企业发展实践虽然有待提高，但中小水产品加工企业包括涉渔型企业的系统研究也亟待加强，以便能更好地指导和服务企业发展。目前，这方面的微观研究和细致探讨尚有不足，基础理论体系不是很完善。无论是从中小企业理论和实践全面发展角度，还是从中小水产品加工企业研究确需推进角度；无论是从国内外中小企业成长经验借鉴角度，还是从深入探究自身独特发展规律的角度，都很有必要加大对中国中小水产品加工企业成长问题的研究力度。中国现有水产品加工企业研究以产业发展及结构调整研究为主，针对企业微观成长机理的探讨不多。因此，很难从单纯的文献回顾和理论演绎中深入分析和把握中小水产品加工企业成长中蕴涵的主要规律和重要问题。在既有理论文献不很充分的情况下，从案例研究中归纳结论成为合适的选择。

为此，本书精选中国水产品加工领域六个典型中小企业案例作为研究对象，样本范围覆盖大连、青岛、日照等沿海城市，业务类型涉及生产制造、技术研发与国内外贸易等不同类别。案例研究具有在自然而非操纵环境下开展研究，可以就每个研究对象进行深入了解的特点。与这些水产品加工企业的深度接触，使笔者切身体会到了它们对持续成长的渴求，感受到了它们面临的困境，意识到了它们被冷落的无奈。正如我国许多产业的情况一样，中小水产品加工企业的突破绝非朝夕之事，也不可能以一己之力来完成。企业存在于产业中，两者具有相互促进效应，提升中国水产产业的国际竞争力才是正道，而这是一个系统工程，需要多个层面的协同奋进。

本书首先回顾了中小企业的有关理论，简要介绍了中国水产品加工产业基本情况；然后说明了选择案例研究和扎根理论研究的理由、研究设计、资料收集与整理，以及资料译码分析的过程和结论等；接着分析了中小水产品加工企业主要发展模式，重点论述了影响中小水产品加工企业的五大因素（技术研发、产业特质、企业家、管理水平、融资能力）及其具体作用形式；最后提出了指导中国中小水产品加工企业良性快速发展的对策建议。本书对于从具体细微角度认识中国中小水产品加工企业成长规律，对于开展其他涉渔型企业研究，对于制定针对性政策和措施，都具有一定的借鉴意义。

目　录

第一章　中小企业及中小水产品加工企业

中小水产品加工企业是中小企业的一员，中小企业的特性和成长规律，在中小水产品加工企业也有充分体现。本章首先回顾了中小企业的概念、类型、特点等理论，接着着重介绍了中小企业成长的典型理论、主要模式和影响因素，然后在此基础上论述了中小水产品加工企业的类型及特点等内容。

第一节　中小企业的概念内涵

中小企业是相对大企业而言的，什么样的企业是中小企业，从不同的角度看会得出不同的结论。由于中小企业在概念界定和划分标准上存在不统一，对中小企业基本特征做出确切、系统概括也存在一定困难。总体而言，中小企业数量众多，规模较小，分布面广，经营灵活，形式多样，差异显著，资本和技术构成低，受市场影响较强，经营风险偏大。

一、国外中小企业的界定

广义的中小企业是指在企业规模上除国家确认的大型企业之外的所有企业，包括中型企业、小型企业和微型企业，而狭义的中小企业不包括微型企业。不同国家、不同经济发展阶段和不同产业部门，对中小企业的含义和划分标准会有所不同。中小企业除了在较为直观的企业规模方面与大企业存在着显著差别外，在经济社会中的地位、内部组织结构、市场行为方式和经济绩效等方面都与大企业存在着较大不同。

1. 中小企业的界定标准

中小企业可以从定量和定性两个维度来界定。定量界定是指通过一定的数量标准来准确划分中小企业的类型。界定中小企业的定量标准大致可以分为两类：一类是客观标准，包括从业人数、销售额、资产额、利润率、新增资本投资额、净货币价值等，其中最常用的是从业人数、资产额和销售额；另一类标准是行业中的相对份额，即不管行业内企业实际规模大小，只确定百分比例，凡是在该百分比例之内的就定义为中小企业。

定性界定一般从企业素质和能力两方面进行分析，强调企业在竞争中的地位，重视企业无形实力的价值。定性指标有资源与能力水平、顾客忠诚度、企业文化与管理水平等。从定量的角度以客观标准来划分中小企业，是国际上比较普遍的做法，因为该方法显得比较客观、便利。实际上，定量衡量只反映了静态指标，定性衡量才能体现动态的、过程的方面，两种方法结合可以更好地帮助人们认识企业的成长阶段。

2. 中小企业的划分指标

国际通行的中小企业划分指标一般根据以下三个因素：从业人数、实收资本数和营业额。其中，从业人数是主要标准，各国的国情不同，划分的标准也不尽相同。法国认为中小企业是指雇员不超过 500 人，年营业额在 5000 万法郎以下的企业。加拿大规定雇员人数 500 人以下或销售额 2000 万加元以下的为中小企业。美国以营业额不足 500 万美元，雇员在制造业中不超过 500 人，服务业中不超过 100 人为中小企业。

欧盟对成员国的中小企业也作出了具体规定，雇员不超过 10 人为微型企业，10～50 人为小企业，51～250 人为中型企业。德国工业部门中，职工人数 500 人以下，营业额 1 亿马克以下的企业为中小企业；商业和服务性部门中，职工人数 50 人以下，营业额 200 万马克以下的企业为中小企业。

二、我国中小企业的分类

随着中小企业影响力和社会贡献的逐步增加，针对中小企业发展过程中不断出现的新特点，我国政府就中小企业的分类问题，出台了一系列规定和方法。

1. 所有制分类法

我国传统的中小企业分类方法是按照“企业所有制性质”来划分。按照这种分类，可以把中小企业划分为国有中小企业、城镇集体企业、乡镇企业、民营科技企业、个体私营企业、三资企业和外资企业7种形式。随着我国社会主义市场经济体制改革的不断深入和发展，这种分类已不能充分反映新形势下我国中小企业的发展现状及需求。所有制分类法的局限性主要表现在重企业所有制性质、轻企业股份制和股份合作制，不能充分反映我国各类中小企业发展的定位、构成和规模，不能为国家制定产业政策和进行产业结构调整提供必要的依据。

2. 产业性质分类法

根据2003年实施的《中华人民共和国中小企业促进法》，国家经贸委、国家计委、国家财政部、国家统计局共同制定了《中小企业标准暂行规定》，并于2004年1月1日起正式执行。该规定适用于工业、建筑业、交通运输业和邮政业、批发和零售业、住宿和餐饮业等领域，根据企业职工人数、销售额、资产总额等指标，结合行业特点对中小企业进行界定。

工业领域中小型企业（制造、采矿、电力、燃气、水务等）：职工人数2000人以下，或销售额30000万元以下，或资产总额为40000万元以下。其中，中型企业须同时满足职工人数300人及以上，销售额3000万元及以上，资产总额4000万元及以上；其余为小型企业。

建筑业中小型企业：职工人数3000人以下，或销售额30000万元以下，或资产总额40000万元以下。其中，中型企业须同时满足职工人数600人及以上，销售额3000万元及以上，资产总额4000万元及以上，其余为小型企业。

零售业中小型企业：职工人数500人以下，或销售额15000万元以下。其中，中型企业须同时满足职工人数100人及以上，销售额1000万元及以上，其余为小型企业。批发业中小型企业须符合：职工人数200人以下，或销售额30000万元以下。其中，中型企业须同时满足职工人数100人及以上，销售额3000万元及以上，其余为小型企业。

交通运输业中小型企业：职工人数3000人以下，或销售额30000万元以下。其中，中型企业须同时满足职工人数500人及以上，销售额3000万元及以上，其余为小型企业。邮政业中小型企业须符合以下条件：职工人数1000人以下，或销售额30000万元以下。其中，中型企业须同时满足职工人数400人及以上，销售额3000万元及以上，其余为小型企业。

住宿和餐饮业中小型企业：职工人数800人以下，或销售额15000万元以下。其中，中型企业须同时满足职工人数400人及以上，销售额3000万元及以上，其余为小型企业。

3. 技术标准分类法

按照我国中小企业技术创新的定位方向和技术特点，可将中小企业划分为科技型中小企业和传统型中小企业。

科技型中小企业是指符合国家产业政策、技术政策，从事具有一定技术含量和技术创新性产品的研制、开发、生产和经营业务的中小规模企业，其产品具有较强的竞争力，并有望发展成为新兴产业。这类企业从技术含量上看是科技型的，具备较强的技术创新能力；从企业规模上看是中小型企业，企业职工人数不超过500人，其中具有大专以上学历的科技人员占职工总数的比例不低于30%，直接从事研发的人员占职工人数10%以上，企业的技术开发经费占销售收入的比例不低于3%。此外，科技型中小企业的专利产品、新产品的销售收入和技术性服务收入之和占企业销售总额的45%～50%以上。①

传统型中小企业是指不具备科技型中小企业特征的，技术含量和创新能力较低的中小企业，其技术定位不像科技型中小企业那样视技术创新为生命，而是着力于如何提高产品的质量和降低生产成本。这种类型的中小企业在我国为数众多，占据了我国中小企业的绝大部分，主要有传统的提供独立产品和服务的中小企业、为其他企业做配套产品和服务的协作型中小企业以及拥有传统的独特技能人才、生产技术或配方的特质型中小企业等。

4. 战略定位分类法

按照企业发展的定位方向不同，可将中小企业划分为科技型、特殊资源型、拾遗补阙型和专业分工协作型4种类型。

---

① 技术性收入是指企业的技术咨询、技术转让、技术入股、技术服务、技术培训、技术工程设计承包、技术出口、引进技术消化吸收及中试产品销售等技术贸易收入。

科技型中小企业指由科技人员创办或经办，实行自筹资金、自愿组合、自主经营、自负盈亏，主要从事科技成果产业化以及技术开发、技术转让、技术咨询、技术服务活动的企业。特殊资源型中小企业指的是拥有传统技术人才和特殊生产原材料，从事传统产品生产和经营的企业。拾遗补阙型中小企业就是指寻找市场上的各种空白，凭借自己快速灵活拾遗补阙的优势，一举进入，努力获得成功的企业。专业分工协作型中小企业是指企业在决定自己的经营方向时，不是着力于开发新产品，而是依附于大企业，通过和大企业建立密切而稳定的分工协作关系，使之成为大企业生产体系中的一个组成部分，在大企业的监督和指导下，为其生产某种零件或提供某种服务的企业。

三、中小企业的主要特征

中小企业是大型企业成长的必经阶段，中小企业有很多不同于大企业的显著特征，其优势和劣势也与大企业大不相同。

1. 中小企业的一般特征

（1）数量大，分布范围广。从统计资料可以看出，无论是发达国家还是发展中国家，中小企业在数量上都占绝对优势。中小企业经营范围广泛，几乎涉及社会经济和生活的各个方面，在制造业、服务业、建筑业、农业、运输业、批发零售业等竞争性领域无所不在。从整体上看，由于量大、点多，且行业和地域分布面广，它们又具有贴近市场、靠近顾客和机制灵活、反应快捷的经营特色，因此，利于适应多姿多态、千变万化的消费需求。在零售商业领域，居民日常零星的、多种多样的消费需求都可以通过众多中小企业灵活的服务方式得到满足。

（2）规模小，生产专而精。中小企业由于资本存量水平低，资信程度不高，筹措资金也相对困难，因此生产规模扩张缓慢，技术创新能力弱，在品种、质量、标准化程度和技术含量等方面都难以与大型企业相比，企业规模一般相对较小。中小企业往往将有限的人力、财力和物力投向那些被大企业忽略的细分市场，专注于某一细小产品的经营，不断改进产品质量，提高生产效率，以求在市场竞争中站稳脚跟，进而获取更大的发展空间。从世界各国的成功经验来看，通过选择能使企业发挥自身优势的细分市场来进行专业化经营，走以专补缺、以小补大、专精制胜的成长之路，这是众多中小企业在激烈竞争中获得生存与发展的有效途径之一。

(3) 成长快，科技创新强。产品的小型化、分散化生产为中小企业的发展提供了有利条件。在新技术革新条件下，许多中小企业的创始人往往是大企业和研究所的科技人员，或者是大学教授，他们经常集治理者、所有者和发明者于一身，对新的技术发明创造可以立即付诸实践。正因为如此，20 世纪 70 年代以来，新技术型的中小企业像雨后春笋般出现，它们在微型电脑、信息系统、半导体部件、电子印刷和新材料等方面取得了极大的成就，有许多中小企业仅在短短几年或十几年里，迅速成长为闻名于世的大公司，如惠普、微软、雅虎、索尼和施乐等。

2. 中小企业的优势与劣势

人们往往认为企业越大越好，特别是全球跨国公司的蓬勃发展，更加鼓励人们追求大型化、巨型化，殊不知中小企业也有其独到之处，其发展优势具体包括：

(1) 机动性、弹性或灵活性。一个小企业最大的优势就是灵活、机动、弹性。所谓灵活性就是人可以随时调动；所谓弹性就是可以多做点，也可以少做点；所谓机动就是随时可以增加产品，也可以减少产品，这是中小企业的活力所在。大企业就像大海里的大鲸鱼，虽然体积庞大，但游得很慢；中小企业就像小鲨鱼，体积虽小，但动作很快。尤其在今天“快鱼吃慢鱼”的激烈市场竞争中，对市场反应快速、富于灵活性更是中小企业能抓住市场机会，获得市场竞争优势的关键所在。

(2) 以创新技术突出产品差异化。中小企业技术创新的数量、频率都高于大企业。多种研究表明，中小企业的研究经费大大低于垄断性大企业，但所提供的创新成果却多于垄断性大企业，不仅中小企业的专利发明要多于大企业，中小企业单位研发投入的发明效率也要比大企业的专利发明高 3 ~ 5 倍。为了生存和发展，中小企业往往使自己的技术与众不同，如制造方法、公司制度以及作业流程等，从而支持产品差异化（余世维，2006）。

不过，中小企业的发展劣势依然较多，主要表现在以下几个方面：

(1) 资金短缺，融资困难。资金困难是中小企业普遍存在的紧迫问题。

资金困难一方面来源于货款的拖欠，其中主要是大型企业凭借其在市场上的强势地位拖欠中小企业的货款；另一方面，中小企业的融资渠道不畅、单一，大量依靠间接融资和内部集资，因此，融资十分困难。

（2）管理水平落后，内部管理人员职责模糊。企业管理人员职责的模糊性，究其原因在于中小企业规模小、组织结构简单。一般说来，企业的规模越大，其要求企业的组织结构就越复杂，部门之间分工就越明确；而中小企业规模小，对应的其组织结构就显得简单，组织的正规化程度低，部门之间的分工模糊，有可能会导致利益上的冲突。

（3）企业员工的流动率高。高人员流动率对中小企业中劳动力资源的管理带来不利影响，因为劳动力资源是任何组织中最关键的资源。缺乏高素质的、充足且能跟上发展趋势的员工，或者形成员工流失的恶性循环，这是中小企业高死亡率的原因之一。

（4）竞争力弱，破产率较高。当然，中小企业“船小好掉头”是优势，但真正要在经营中取得有利地位，还需要“船大好冲浪”的大型企业。美国每年有60万家中小企业注册，但其中30万家只能经营一年半，能维持经营10年的不到一成（张海良，2009）。中小企业在大规模投资、大规模品牌建设以及规模经济和范围经济等方面，与大型企业存在较大差距。

第二节 企业成长的相关理论

战略管理学者和创业管理学者从不同角度对企业成长问题进行了广泛而深入的探讨，得出了大量有价值的研究成果。战略管理学者关注企业竞争优势的建设，创业管理学者关注企业发展机会的获取，两者在强调资源善用、创新进取等方面不断融合。

一、企业成长的本质与内涵

对生物体而言，成长是指在一定的生活条件下，体积和重量的逐渐增加，体现为生物体生存和发展的一种状态。Wernerfelt（1984）认为，企业成长是一个动态过程，是通过创新、变革和强化管理等手段积蓄、整合并促进资源增值进而追求企业持续成长的过程。具体来看，企业成长是企业由幼稚走向成熟的过程，是企业内在素质逐步形成及提升，外部价值网络逐步形成并优化，凭借合理的商业模式与竞争战略，在同行中逐步形成竞争优势的过程。

对于企业成长，世界上有很多学者进行过研究。Penrose（1959）在其经典名著《企业成长理论》中认为，成长一般有两个不同内涵，一个内涵主要指数量的增长，如产出、出口和销售的增长；另外一个内涵主要指作为一个发展过程导致的规模增加或企业质的提高，就像生命体的自然生长过程一样，通过一系列内在变化的相互作用，随着规模的上升，使企业特征发生相应的变化。受 Penrose 的影响，中国人民大学杨杜教授在博士论文中也将企业成长分为质的成长和量的成长。南开大学张玉利教授在其专著《中小企业成长障碍》中同样认为这一区分非常重要。所以，企业成长的本质既是环境适应性提高、内部惯例积累及其组合过程，又是量变和质变的统一体。

学者们分别从资源理论、核心能力理论、战略适应理论和构造理论等方面进行探讨。作为战略管理中重要的主题，资源和企业成长之间的关系得到了很多学者的长期关注。战略适应理论从企业外部环境与企业战略之间关系的角度，阐释企业战略如何与企业环境相适应，从而影响企业的成长绩效。另外，在创业管理研究中，中小企业快速成长和企业家创新精神是关注的重点。在这些研究中，学者们更多地关注快速成长企业的内部关键因素，如战略决策、企业家心理、人力资源管理、创业导向等因素在企业成长中的作用。

如今，超优势竞争已经遍及全球，学习、模仿和赶超致使企业竞争压力和成长需求倍增，很多知名跨国公司频繁遭遇成长“瓶颈”。打破生命周期规律和实现可持续发展，成为急需深入探讨的管理命题。近年来，国外开始兴起公司复兴（Corporate Renewal）研究，关注出现成长停滞甚至衰退时，企业如何通过变革、创新、创业、新事业投资及双元型组织来突破成长拐点并走上再次复兴之路。

二、企业成长研究经典理论

企业成长研究的角度不同、思路不同，得出的结论也有区别，对这些典型理论的系统回顾和综合考察，有利于更全面地理解和把握企业成长问题。

1. 规模经济理论

在早期经济学文献中，企业成长问题被划归到企业规模研究领域。企业规模决定论的理论贡献可以被分为随机和确定两种。企业规模扩张的随机理论认为，如果企业在利润、规模和市场力量等方面不存在初始差别，那么所有企业的规模变化都来自于机会。企业规模扩张随机理论的代表人物是 Gibrat (1931)，他提出了 Gibrat 法则，其两个主要观点为：企业的成长速度与其初始规模相独立；在既定时间段内，对于同一产业的人和企业来说，其可能的成长率都是一样的。相反，企业规模扩张的确定理论认为企业间成长率存在不同，这种不同主要依赖于某种可观测到的产业及企业特性。

2. 资源基础理论

Penrose 教授是从企业资源角度和企业内生角度分析企业成长问题的知名学者，Penrose 教授（1959）认为企业是资源的集合，企业成长速度、环境与管理者服务具有因果联系，她明确指出管理者服务对成长速度的积极作用，同时也表明管理能力水平决定了企业成长的边界。随后，其他学者基于企业资源理论的不断发展，对企业成长问题进行了更细致的探讨。

企业资源可以划分为财务资源、技术资源、硬件资源、人力资源、名誉资源与组织资源等不同类型，不同资源对企业成长速度的影响不同。以产品扩张为主的企业成长速度比不进行产品扩张的企业慢，但是财务资本闲置多会提高前者的增长速度；人力资本闲置多会在短时间内增加市场扩张速度，但会降低产品扩张速度。

资源导向的观点被认为对企业成长和绩效有益。Bhide（2004）在《新企业起源与演进》一书中指出，新企业的演进中存在各种资源提供者，其中员工、顾客、投资机构、股东甚至社会公众都是其资源的提供者，所以企业家或组织与资源提供者之间的社会关系网络也是资源的重要体现。

3. 环境匹配理论

环境与战略的匹配影响绩效，这是社会学家、产业经济学家和战略管理学者的共识。在不同环境下的特定战略能提高企业绩效，没能实现环境与战略相匹配的企业将被赶超，最终失败。好的战略未必是适合的战略，与企业环境变化相适应的战略才是成功的战略。环境的变化能威胁企业生存，也会给企业提供新的机会。这些变化将改变企业战略和环境的匹配性，使企业重新选择战略定位。环境的机会和威胁使企业发生内部和外部反应，企业的内部反应可能是新的战略定位、新的组织结构；企业的外部反应可能是兼并收购或采取影响政策的活动。

总之，战略适应理论提供了一个与资源理论不同的理论视角，强调企业与环境的关系，而不是与企业自身资源的关系。根据这一视角，企业和外部环境之间不是完全独立的关系，而是企业通过采取合适的战略适应环境变化，与环境变化越匹配，企业就越有可能获得更加良好的绩效和成长。

4. 动机推动理论

在心理学意义上，动机是认知能力与环境相互作用的结果，它决定了行动的方向、持久性和强度。任务动机理论强调，企业家在任务系统下比在角色系统下有更强的动机，工作任务自身的挑战而不是高层管理者的角色决定了企业家的工作动力。自我成就、风险规避、信息反馈搜寻、个人创新和着眼于未来等动机对企业家十分重要。这些方面越积极的企业家越可能成功，企业就会更快地成长。

动机理论并不是单一的理论，而是由不同的理论和工作动机概念构成。在经济学意义上，获得利益最大化的经济动机无可厚非。而心理学家关心人类行为的各个方面，通过更加多样化的视角看待经济行为。在动机理论基础上的企业成长研究基本上涵盖了心理学研究的全部，集中考察个体、个体和个体之间及其活动之间的关系，从而帮助我们认识在企业成长中企业管理者为什么采取这样的行为，而不是其他行为。

5. 过程阶段理论

成长过程研究认为企业成长有明显的演化阶段，从一个阶段向另一个阶段过渡的过程中都会发生革命性的转型。在不同成长阶段转型时，总会出现不稳定的危机期，使企业成长曲线呈现出了台阶形。成长过程理论研究主要关注在企业成长过程中如何解决管理问题，企业生命周期和产品生命周期理论都是其重要的组成部分。在企业成长周期中，企业如何顺次解决不同阶段出现的问题成为成败的关键。生命周期理论与成长的关系如图 1 -1 所示。

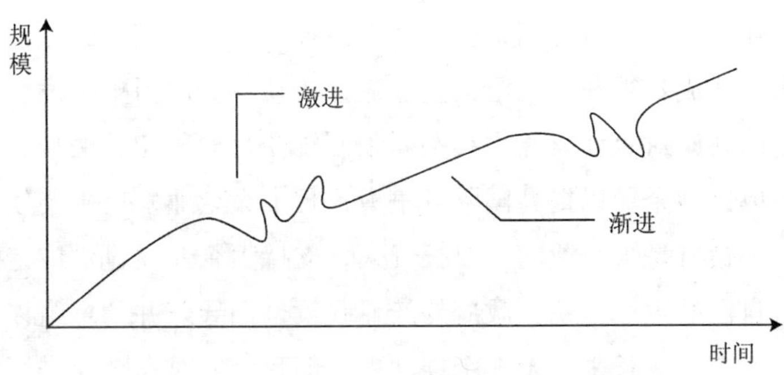

图1-1 企业生命周期与规模成长的关系

生命周期模型通过生物学的隐喻描述了企业的发展过程，很多生物学的术语如孕育、出生、成长和死亡出现在组织发展研究中。爱迪斯（1989）指出，组织和生物体一样有生命周期，它们在生命周期的不同阶段都会面临斗争和困难，也会面临向下一个阶段转型的问题。张玉利（2001）教授总结了典型的成长阶段模型和生命周期模型，对斯坦梅茨的四阶段模型、葛雷纳德企业成长模型、邱吉尔和刘易斯的五阶段模型、爱迪斯的十阶段模型以及弗莱姆兹的七阶段模型进行了很好的回顾。

三、企业成长模式主要理论

企业成长是千差万别的，但在企业成长过程中，总会有些企业表现出与别的企业不同的某些带有普遍意义的规律。企业成长模式就是企业在成长过程中所表现出来的比较稳定的、具有一定普遍性的特征、方式和路径。本书主要关注一般企业成长模式和资源型企业成长模式。

1. 一般企业成长模式

企业成长是企业随着环境的改变而不断调整的动态过程，一般不存在固定的模式。尽管如此，我们依然可以通过对企业成长过程及其成长模式的剖析和研究，总结出可以借鉴的经验和规律，从而能够减少企业成长过程中的挫折和波动性，为企业的进一步发展提供更深层的参考。许晓明等（2006）国内学者对企业成长模式的研究主要包括以下几种：

第一种观点基于总结国外大企业成长规律而得出，分别对美国、日本和韩国的大企业发展历史进行归纳提炼，得出各具特色的成长路径。该研究认为，美国大企业成长得益于广泛的企业兼并活动，美国历史上发生过五次兼并浪潮，美国政府对企业兼并由反垄断限制转变为调整相关法规，鼓励企业通过兼并形成巨型企业以提高国际竞争力；日本大企业发展主要依赖主办银行制度，主办银行是大企业的主要投资人，支持大企业通过供应链管理将中小企业纳入自己的生产体系，政府的产业政策也倡导兼并、重组以及规模化经营；韩国大企业成长来自于三个推动力，即政府针对大企业进行倾斜性资源配置和有计划的并购，制定有利于大企业的信贷支持政策，支持大企业实施多元化经营。

第二种观点将企业成长模式划分为四种基本类型（尹义省，1999），即基于经营结构发展的成长模式、基于组织结构发展的成长模式、基于空间结构发展的成长模式和基于技术结构发展的成长模式。贝茨、帕金森和萨缪尔森对上述四大基本成长模式进行了更细的划分。针对基于企业经营结构发展的企业成长原因，他们提出了三类细分成长模式，即以扩大某一产品产量为特征的规模型成长、以在新的产业从事新的业务为特征的多元化成长和以购买上游或下游企业扩展生产链为特征的纵向成长。针对基于组织结构发展的企业成长模式，他们提出了两类细分成长模式，即以企业分散和裂解为特征的分散化成长模式和集团化成长模式。针对基于空间结构发展的成长模式，他们提出区域性企业和国际性企业成长模式。同时，他们强调实践中以上企业成长基本模式之间可能会存在交叉和融合，进而形成更为细化的企业成长模式。

第三种观点是从企业的不同层面来划分，如规模成长型，即以规模效益的追求为企业成长之动因的一种企业发展模式；产权成长型，即主要是产权落实和由一元向多元的转变问题；组织成长型，即企业组织成长的方式是多种多样的，如管理手段的更新、人员结构的变化、岗位设置的变动等，它们最终表现为一种组织结构的变化，并以组织能力的成长来表现其成熟度；技能成长型，即以技术创新和改造为发展核心的企业成长；资本成长型，即优化企业的资本结构，使企业的资本能产生最大的利润；文化成长型，即企业文化不断提升和巩固。

第四种观点是从民营企业成长的角度来分析，如市场拉动型的集群式民营企业成长模式、企业孵化型的集群式民营企业成长模式、分工演进型的集群式民营企业成长模式和外来移植型的集群式民营企业成长模式。企业孵化器（又称企业创业中心）是一种介于市场与企业之间的中间性经济组织，其主要目的是帮助初创阶段或刚成立的相对幼弱的新创企业发展成为能够独立运作并健康成长的企业。

第五种观点是从成长中的变化幅度来研究，分为渐进型成长模式、跳跃型成长模式及阶梯型成长模式。无论追求成长的企业依托维持性创新还是破坏性创新，它们都要以满足顾客需求为根本出发点，要想准确挖掘顾客的真正需要并及时响应，就要寻求价值创新逻辑的帮助。凭借动态创新实现有效成长，新建企业只有一条最佳路径可选，从破坏性创新切入，这包括从低端市场延伸到高端市场和开拓全新市场两种情况。在位企业则可以选择两条路径，一是由维持性创新跃升到破坏性创新层面（原有业务可高价出售），改变原有的经营模式和竞争规则，迅速退出既有市场，开辟新的发展空间；二是继续在现有主导市场运营，同时加强在破坏性市场上的力量，以便逐渐过渡。

2. 资源型企业成长模式

王锋正（2003）认为，资源型企业是指基于地下的矿产资源和地上的动植物资源，通过对资源的垄断性占有或独占，以生产的资源型产品为最终主导产品形态的，在产品价值构成中，自然资源对产品的价值贡献占据主体地位的，尽可能利用区域内存在的自然条件，依靠资源的消耗，通过有效管理和适时创新来实现迅速成长，形成以资源占有优势为核心竞争力的企业。茶娜等人（2007）认为，水产品加工企业即为典型的资源型企业，该类企业具有地域集中性、资源独占性、产品附加值低、纵向一体化水平低、生态环境恶化等特点。

资源型企业因盲目追求眼前利益而不惜牺牲长远发展潜力等饮鸩止渴的事例，屡见不鲜。尽管原因不同，但后果却是一样的，那就是导致企业沿着一条看似成功之路，实际却步步接近和陷入难以自拔的战略陷阱。如资源战略及资源不平衡陷阱，即企业在充分挖掘单项资源优势的同时，没有很好地注意各项资源的平衡发展；内部管理滞后陷阱，即企业内部管理滞后不仅表现在资源配置方面，而且还表现在企业组织形态的调整、企业文化的建设、企业战略的制定与选择等方面，如图 1－2 所示。

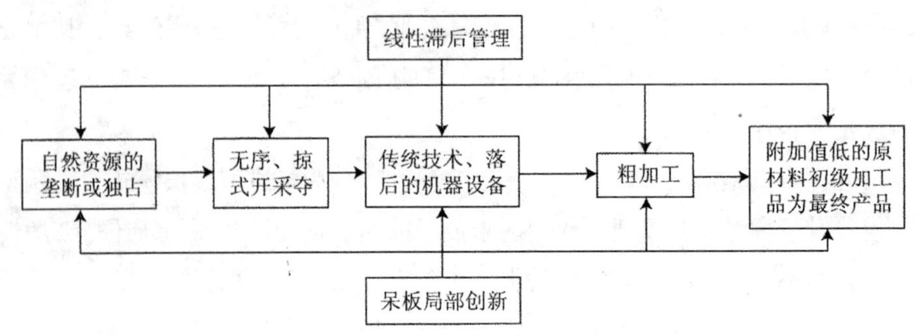

图 1－2　传统条件下的资源型企业通用成长模式

根据循环经济与知识经济的运行法则及其对资源型企业的要求，资源型企业应该建立起基于高技术水平的，能够适应动态、快变市场环境的新的成长战略模式，如图 1－3 所示。

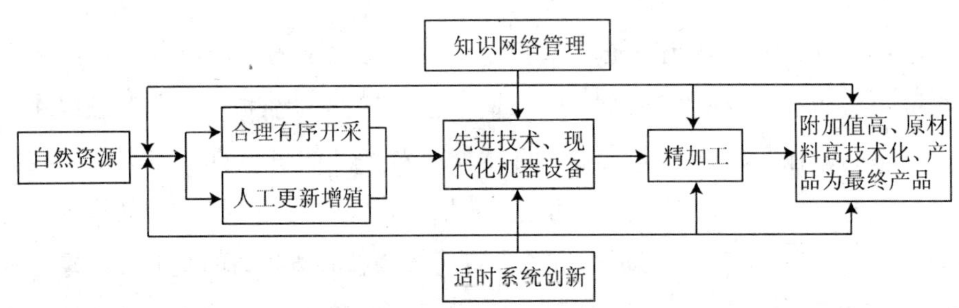

图 1－3　基于高技术化视角的资源型企业成长模式

解决传统经济条件下成长起来的资源型企业的关键问题在于进行战略创新。根据资源型企业已有的成长战略，结合知识经济的特点及高新技术的发展，资源型企业需要推出新的成长战略。王锋正（2007）针对资源型企业的特征与可持续成长面临的突出问题，认为资源型企业的可持续发展问题应该从高技术化视角出发，从以下几种战略着手：

（1）资源控制战略。资源型企业生存和发展的前提条件就是必须拥有充足的资源供应来源。如果拥有了资源的生产经营权或控制了资源的来源，那么就等于拥有了未来的资源市场，同时也就达到了排挤和控制其他资源型企业竞争实力的目的。可以说，资源型企业成长取决于其所拥有的资源生产经营权的多少或范围的大小，而资源控制战略的制定和实施决定了资源型企业的生存发展问题。从这一角度来看，资源型企业控制资源的程度与未来的发展成正比关系，因此，资源控制战略是资源型企业可持续发展的首要战略，是资源型企业规模扩张、范围经济扩大、市场占有率提高和排挤竞争对手的战略。

（2）资源开采战略。对于资源型企业的成长，资源状况——包括数量与质量——的好坏无疑是一个非常重要的因素。企业资源开采战略的制定与实施，就是在资源开采过程中，·方面，明确资源可开采数量的多寡，其决定了资源型企业是否拥有充足的资源供给，是能否得以可持续发展的关键。另一方面，清晰界定可开采资源的质量。资源型企业可开采资源质量的贫富会直接影响其产品质量的好坏，进而决定了资源型产品在市场中的竞争力，最终也就决定了企业在市场中竞争优势的形成。所以，资源型企业的可持续发展离不开资源开采战略的制定与实施，只有这样才能避免资源的乱开采，防止资源的浪费、流失，才能保证资源合理、有序开采，提升资源开采效率和效能。

（3）资源技术研发战略。制定和实施资源的技术研究与开发战略，是资源型企业提高生产水平，增强市场竞争力的重要途径。在生产技术水平较低的时期，资源型产品的技术含量也较低，即资源生产中自然力所起的作用较大，资源的自然属性较强，资源型产品可以被认为就是资源的简单转化，并不存在较高的价值增值；然而，随着资源技术创新和应用的发展，纯天然的自然资源越来越少，高技术的快速发展使资源生产的技术含量迅速增加，经济效益快速提高，资源型企业也获得了持续增强的市场竞争力。可见，通过资源技术研发战略的制定和实施，对资源进行高技术化的研究与开发，才能够提升资源在入厂时的技术含量，进而也就提升了资源型企业生产产品的技术含量，提高了企业的竞争力，也就实现了资源型企业的可持续发展。

（4）产品技术创新战略。产品的技术创新是资源型企业可持续发展的重要保障。今天的商业世界，产品技术起着非常重要的作用，它既是环境不确定性和变化的来源，同时也是企业内主要的竞争来源。产品技术创新战略作为企业总体发展战略的一部分，其作用是从技术上支持和保证企业可持续发展战略的实现。对于资源型企业来说，只有通过制定与实施产品技术创新战略，运用现代高技术手段，对生产的资源型产品进行进一步的深加工，提升产品的技术含量，增强资源型企业的竞争优势。企业可以通过两种形式来实施产品技术创新战略：一是通过技术创新活动，对产品本身进行革新，以提升产品的质量或性能等；二是通过改进企业已有的技术装备水平，进行工艺创新，为产品创新提供一个新的平台。

第三节　影响企业成长的主要因素

Ardishvilietal（1998）将企业成长研究分为因素研究和过程研究。前者解释企业为什么成长，目的是搜寻成长的动因；后者关心的则是成长过程中的一系列变化，力图挖掘成长的独特模式或规律。企业成长模式的选择必然依赖影响因素的状况和特征，影响因素会在不同成长模式中有所变化。

一、国外企业成长影响因素研究

任何企业的成长都会受到内外部因素的影响，从而表现出不同的成长路径和成长速度。在国外中小企业成长影响因素研究中，比较有代表性的是英国学者 Storey（1994）的研究，他认为企业家、企业和战略三个方面是影响企业成长的主要因素，这三个方面共同发挥作用，如表 1－1 所示。只有当它们恰当地结合在一起时，企业才能实现快速成长，而当其中某些因素不起作用或配合不佳时，成长就会很慢或者不能成长甚至衰退。

表 1－1　Storey 的企业成长因素分析

企业家方面	企业方面	战略方面
1. 动机	1. 年龄	1. 员工培训
2. 失业	2. 产业部门	2. 管理培训
3. 教育	3. 法定形式	3. 外部资产
4. 管理经验	4. 布局	4. 技术精密性
5. 企业创办者的数量	5. 规模	5. 市场定位
6. 以前曾经独立开业	6. 所有者	6. 市场调整
7. 家史		7. 计划
8. 社会边缘化		8. 新产品
9. 专业技能培训		9. 管理力量补充
10. 年龄		10. 国家支持
11. 培训		11. 顾客集中度
12. 早先经营失败		12. 竞争
13. 以前的行业经验		13. 信息与咨询
14. 以前所在企业的规模		14. 出口
15. 性别		

资料来源：Storey D J. Understanding the Small Business Sector. New York：Routledge，1994，123.

Audretsch（1993）从企业和产业两个层面分析了影响企业成长的因素，认为企业的初始规模、资本集约度、债务结构三个企业层面的因素和产业的平均企业规模、资本集约度、债务结构、边际成本、研发投入、年均增长率以及企业进入率等产业层面的影响，共同制约着企业的持续成长。哈佛商学院教授波特指出，成长的欲望对战略有最坏的影响，并使用“成长陷阱”来说明这个问题，成长的欲望、冲动和压力，会使公司盲目增加新品种，追逐热门行业，模仿竞争者的做法，大量收购和兼并，以至于超出了企业所能承受、消化和整合的能力范围，使企业成长受挫（邬爱其等，2003）。

詹金和莫博涅对影响公司成长潜力的有关因素进行分析后发现，高速成长的公司与普通公司之间的差别在于各自的战略思路不同：高速成长公司的经理们追求的是价值创新的战略逻辑。价值创新关注市场发展趋势，着重于提高顾客消费价值，主动创造全新市场，使竞争和竞争对手变得无关紧要

（小乔治，1999）。他们认为价值创新可以基于独特的顾客价值创造方式来实现企业差异化成长，同时达到购买者获取非凡价值和尽量降低公司成本的双重目标。作为一种全新的战略思维方式，价值创新已经成功推动了许多企业的高速持续成长。价值创新从顾客需求角度而不是技术研发（产品开发）角度分析创新，用以描述创新结果的价值曲线，实际上是顾客感知到的产品属性组合。

国内学者邬爱其和贾生华等对卡多佐的企业成长因素实证研究进行梳理，得出企业缺乏经营愿景、创业团队的目标与风险偏好难以统一、难以识别适中的经营规模、成长时机选择不当、对企业成长的期望过高或过低、为成长选择了不适当的产品市场、不能有效地配置和组合各种资源、战略定位模糊不清等，成为牵制企业成长的重要因素。

二、国内企业成长影响因素研究

我国学者从各个方面对企业成长因素进行了理论探讨。张玉利和任学锋（2001）采用 Storey 总结的企业成长因素体系，在天津市开展了万家中小企业问卷调查工作，共得到 8723 份有效样本。从对比分析的结果中发现，企业经营者自身素质，主要包括经验、受教育程度和年龄等在很大程度上决定着企业的竞争力状况。从企业角度看，规模和组织机制在成长中发挥了重要作用；从经营策略来看，重视创新、合作、质量、速度、品牌、服务和管理规范化等是促进中小企业成长的主要动力。张玉利和徐海林（2003）在《企业成长管理九讲》一书中则进一步将影响企业成长的因素概括为八大部分，即企业家精神、成长定位、资源、经营模式、风险、创新、平衡性和企业家型组织。

李柏洲和李海超（2004）认为高科技企业在其成长过程中受许多主客观因素的影响，从高科技企业的成长环境、成长能力、成长潜力三个方面对企业成长进行了研究。成长环境是高科技企业产生和扩张的重要保障，突出了成长的外部环节，包括产业政策、环保政策、行业成长性三项指标；成长能力是企业成长的关键，突出了成长的竞争力，包括销售成长性、利润成长性、产品组合成长性、规模成长性四项指标；成长潜力是企业持续成长的源泉，包括设备技术、信息化水平、资产安全性、营销能力、人员素质五项指标。

席升阳（2004）通过对以往的理论和经验教训进行批判总结，认为人力资本的产权制度、管理模式与组织结构、激励机制、产品开发与技术创新、风险管理、营销管理和企业文化是影响高技术企业成长的 7 个重要因素，制约着企业的成长发展。邬爱其和贾生华（2004）从企业、产业和政府三个层面对影响企业成长的主要因素进行了实证研究，经过统计处理得到技术管理能力、政府产业促进行为、企业信息化水平、融资环境、税费负担、民主决策机制、核心团队稳定性、市场机会识别、本地企业互助、企业家判断能力和地方产业政策 11 个影响因素。

三、企业成长阶段影响因素研究

为了实现成长目标，企业必须尽可能地克服各种影响和决定因素，为此，一些学者将企业生命周期理论和中小企业成长决定因素理论相融合，从过程视角和阶段维度识别了企业成长影响因素，形成了中小企业成长阶段决定因素理论。

邱吉尔和刘易斯（1983）指出与企业和所有者相关的八种因素在企业不同成长阶段起着不同程度的作用。其中，与企业相关的四个因素包括：客户关系、技术声誉等方面的企业资源，计划和控制能力等方面的系统资源，员工素质及结构方面的人力资源，以及融资方面的财务资源；与所有者相关的四个因素是所有者自己和企业的目标，所有者在市场营销、发明创造、生产和管理方面的经营能力，所有者的管理能力以及分权意识、管理他人活动的自愿性，所有者的远见以及建设企业文化、开展团队工作的能力（Churchill 和 Lewis，1983），如图 1－4 所示。

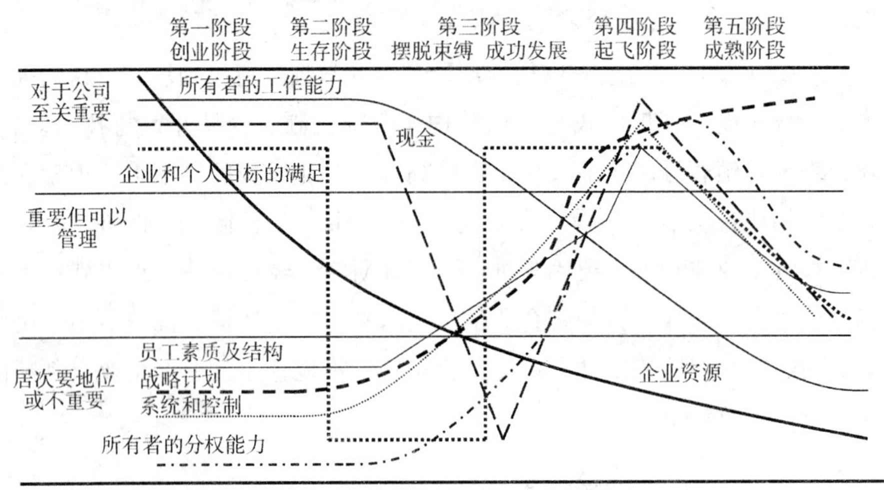

图1－4　各种管理因素在不同阶段的重要性比较

资料来源：Neil C Churchill, Virginia L Lewis. The five stages of small business growth. Harvard Business Review, May － June. 1983, No. 83301

他们研究发现，这8个因素在中小企业成长的不同阶段发挥着不同的作用，如企业资源在企业创业阶段极为重要，否则产品销售和原材料采购等都无法保证，而到了企业起飞和成熟阶段，企业资源已不再是影响中小企业成长的最为重要的因素了，此时中小企业成长更多地受到发展计划的模糊和控制乏力两大因素的制约。从表1－2中我们可以发现，企业的战略计划在中小企业成长中的重要性程度是持续上升的，而所有者的工作能力对中小企业成长的影响力是不断下降的，融资能力在中小企业成长中的重要性会出现由高到低，再由低到高的转变。这些中小企业成长决定因素及其在不同成长阶段的影响程度，都是企业追求成长时必须考虑的。

爱迪斯（1999）在其《企业生命周期》一书中描述了企业成长各个阶段的特征，从而可以归纳出他对企业不同阶段面临不同障碍的观点，如表1－2所示。如在青春期，企业基本上摆脱了创业者的影响，并借助于授权、改变领导风格和企业目标等手段来实现成长。此时，企业新老职员之间、创业者和管理者之间、创业者与公司之间、集体目标和个人目标之间存在着各种矛盾，它们是该阶段的关键性发展障碍。

表 1－2　企业成长阶段与障碍因素

成长阶段	企业成长的障碍因素
婴儿期	财务资本、人力资本、技术水平、治理结构、管理制度
学步期	控制力弱、缺乏战略眼光和系统化的制度、科学化的授权体系
青春期	创业者声望与制度冲突、多元化陷阱、管理人员使用问题
成熟期	创新精神衰退和创造力下降：企业家创新素质、制度约束
衰退期	企业和员工的自我保护意识不断增强、疏远顾客：强调控制系统和做事方式，拘泥于传统，流于形式，内部缺乏创新机制，信奉无功不是过

资料来源：爱迪斯著：《企业生命周期》，赵睿等译，北京：中国社会科学出版社，1999 年版。

祝爱民和赵德志（2004）等认为，在高新技术企业的不同成长阶段存在不同的制约因素和风险。种子期的经营风险很多，最主要的是技术风险和市场风险；形成期主要是因为企业易丧失发展愿望，或企业尚未在内部资源条件上做好高速成长的准备；发展期主要是现有的产权制度、组织结构、管理制度和企业文化不能适应迅速成长的需要，而沦为进一步成长的制约因素；扩展期由于外部风险相对较小，企业很容易丧失成长的基础——创新精神，而制约其发展。

第四节　中国中小水产品加工企业现状

我国水产品加工企业以中小企业为主，从国有或集体工厂及仓库离职，或者对原单位进行转制、转型等创业类型比较普遍。大型企业是我国水产品加工领域的个案，不是最具代表性的企业组织，也不是本书的研究重点。

一、中国中小水产品加工企业概念

水产品加工企业是以从事水产品初加工和深加工为主要活动，满足社会对水产品的需求，进行自主经营、自负盈亏、自我发展和自我约束的商品生产者和经营者。该类企业直接从大量的养殖户和捕捞业主处购原材料，进行简单加工后再向市场销售。水产品加工企业是资源型企业的重要组成部分，企业围绕特有的自然资源创建，依托资源占有、控制、开发和利用而成长，基于技术创新为顾客传递具有资源特性的产品价值。其中，企业加工的水产品种类包括水产品冷冻食品加工，水产品干制加工和水产品腌、熏制品加工，鱼糜制品加工，水产罐制品加工，水产调味品加工，海藻食品加工以及水产品综合利用等。

现在，水产品加工企业扩展到了更大的范围，一方面，多样化发展的加工企业不断增多，该类企业积极探索新的加工项目、新的加工方式和渠道，使企业加工业向多样化发展，产品转向一些附加值高的品种，如蟹类、贝类调理深加工等，把水产品精深加工作为新的经济增长点来培育；另一方面，一体化经营的加工企业开始出现，部分企业着眼于加工、养殖、出口、内销一体化经营，大力实施“公司+基地”的产业化模式，积极建立养殖生产基地。

二、中国中小水产品加工企业类型

我国水产品加工历史悠久，方式多样，可分为传统工艺与现代工艺两种。传统加工工艺主要指腌制、干制、熏制、糟制及天然发酵等。随着我国国民经济的发展和科学技术的进步以及国外先进生产设备及加工技术的引进，我国水产品加工技术、方法和手段已发生了根本性的改变，水产品加工品的技术含量与经济附加值均有了较大的提高，已形成了一大批包括鱼糜制品加工、紫菜加工、烤鳗加工、罐装和软包装加工、干制品加工、冷冻制品加工和保鲜水产品加工在内的现代化水产品加工企业，成为我国水产行业迅猛发展并与国际市场接轨的主要动力和纽带。

武彤（2003）从加工品种结构看，认为目前我国已形成的水产品加工业有以下几种：

1. *烤鳗加工业*

自1982年我国引进日本烤鳗设备，到1996年已发展到50多家烤鳗厂，年产量达3.52万吨，超过世界其他国家总产量的50%，其中85%~90%的产品出口日本。2000年，我国烤鳗出口量近7万吨，出口额7.5亿美元，出口创汇额长期位居水产品加工第一位。由于烤鳗加工业利润较高，近年来国内烤鳗厂发展较多，导致企业间竞相压价，竞争激烈导致利润滑坡，造成该领域增产减收的被动局面。

2. 冷冻鱼、虾加工业

2002年我国鱼类总产量2371万吨（其中海产鱼类1020.5万吨，海产虾类71.73万吨）。因此，冷冻鱼、虾加工业一直是我国水产品加工业的主体。2002年我国冻鱼及鱼片产品出口96.2万吨，占水产品出口总量的30%以上；虾类产品出口16万吨，占水产品出口总量的6%。特别值得一提的是近年来，我国罗非鱼养殖与加工业已有了长足的发展，加工出口量由1998年的473吨提高到2002年的3.2万吨，增长势头迅猛并形成了一定的产业化规模。

3. 鱼粉加工业

鱼粉一直是我国进口数量最大的水产品品种，2002年我国进口鱼粉95.8万吨，堪称世界第一大鱼粉进口国。因此，开发国内一些低值水产品用于鱼粉加工，能为我国养殖业的发展提供大量的饲料（尚德荣，1999）。

4. 鱼糜加工业

鱼糜加工业在我国已有悠久的历史，但在20世纪90年代之前一直以手工加工为主，品种单一。自1984年我国从日本引进鱼糜制品生产线后才开始转入大规模工业化生产。2002年，我国各类鱼糜制品产量为10.24万吨，不仅实现了自动化生产，而且还研发了一系列新型高档鱼糜制品与冷冻调理食品，如鱼丸、虾丸、鱼香肠、模拟蟹肉、模拟虾肉以及鱼排、海胆黄等冷冻调理食品（杨华，2003）。

5. 紫菜加工业

目前盛产紫菜的国家只有中国、日本及韩国。2002年我国生产紫菜6.7万吨，年产约10亿张（3克/张）。目前，我国紫菜养殖主要分布在江苏省沿海的南通与连云港地区，产量约占全国总量的95%。据了解，我国生产的紫菜中氨基酸含量与口感均优于日本及韩国同类产品。由于国内加工成本低，出口商将紫菜加工成烤紫菜可以大大地提高商业利润。目前紫菜加工业正在迅速向深加工业发展，从江苏省连云港、南通到广东省汕头、中山的沿海地区，共有紫菜加工企业10多家，年创汇3000万美元以上，在加工技术与产品质量方面均有较大提高（沈开慧，1997）。

此外，随着相关加工技术的突破，一批海洋药物与保健食品加工企业也迅速崛起。如河豚素的提取，用于保健和医疗的DHA、EPA、DPA、鲨鱼软骨素、活性多糖和多肽类等生物活性成分，目前均已实现工业化生产。我国水产品加工制品的种类不断增加，水产品加工企业的类型变得多样化。

三、中国中小水产品加工企业特点

近年来，我国水产品加工企业数量不断增加，统计数据显示，2006年共有9549家，比2002年增加了1407家，增幅达17.3%。但是这些企业规模普遍不大，员工人数大部分都是五六百人，属于中小型企业的范畴。我国当前水产品加工企业所有制形式有：国有企业、集体企业、混合所有制企业、中外合资企业、私营企业、外商独资企业等。

与一般的企业相比，水产品加工企业有其自身的特殊性，具有以下特点：

1. 对资源的强依赖性

水产品加工企业的经营起点是水产品，只有拥有充足的鱼、虾、贝等水产产品，拥有良好的水质、良好的自然环境，企业才能从事生产活动。因此，水产品加工企业对渔业资源有着很强的依赖性。

2. 劳动密集型为主

水产品加工企业的生产类型决定了它属于劳动密集型企业，需要有大量的劳动力来完成产品加工活动。而且，我国中小水产品加工企业往往处于产业链的低端，只能做原料初级加工，对技术要求不高，而且初加工的低附加值使得利润率很低，企业运用先进工艺设备的动力不足，出现了以廉价劳动力代替技术升级的现象。

3. 原料的易腐性

水产品加工企业的主要原料是渔获物，而渔获物一旦腐烂变质，就会完全失去财富效用和使用价值，即使没有腐败变质，若鲜度下降，渔业品的利用效果也会降低。因此，渔场利用和流通范围受到很大的制约，水产品加工企业只能是地方生产和地方性消费，对原料和物流的依赖度很高，市场范围的扩大要基于高效的冷藏或冷冻配送设备和周转仓库。

以上这些一般性的特点，又可以具体划分为生产经营和产品属性两个层面。水产品加工企业生产经营层面的特点包括：

（1）原料的依赖性和季节性强。渔业加工企业都是资源依赖型企业，它们以渔业资源为基础，对渔业资源进行初级或精深加工，从而生产产品以满足人民生活和经济发展的需要。可以说，没有渔业资源，就没有渔业资源加工企业。从世界范围来看，渔业资源的逐渐匮乏是一个不争的事实，而该资源的季节性、地区性特点又会时常反映在供给和价格方面，在很大程度上制约了中小水产品加工企业的发展。

（2）劳动密集型和技术简单化。水产品加工企业大部分是劳动密集型企业，企业所需员工较多，一些基础工作不要求较高的专业技术知识和技能，因此能解决一部分下岗职工的再就业问题，并能吸纳部分农村剩余劳动力。这同时也意味着，此类企业在用工制度和合法性等方面可能存在很多潜在问题。

（3）对市场的依赖性强。这是由水产品加工企业的产品特点决定的。由于水产品加工型企业所生产的产品都是与消费者日常生活密切相关的产品，客观上要求企业贴近市场，具有一般性食品和快速消费品的特点。企业所在地理位置要具有一定的辐射能力，周边地区市场人口密度较大，且有渔业制品的消费习惯，并有一定的购买能力。当然，对于能够满足外地客户甚至是出口海外的企业而言，其高效、严密的国际经销网络就显得格外重要。

（4）对政策的依赖性强。如国家相关的产业政策，有关部门规定的产品标准，各级地方政府的支持发展政策等，都会给水产品加工企业的生产经营带来很大影响。在我国加入了世界贸易组织后，出口型水产品加工企业面临着更严格的国际检验检疫标准，对国际环境的把握成为成功的重要因素之一。

（5）产业链相对较长。与其他类型企业相比，水产品加工企业产业链相对较长，如以水产品加工企业为中心，上溯至渔业资源供应商甚至更远，下拓至分销商、再加工商、零售商，直至最终用户，在这条产业链上，上下游的砍价力量和利益分配也存在不确定性，有时加工者处于强势地位，有时经销者拥有话语权，还有的企业会向两端进行纵向一体化，从而提升自己的支配力量和盈利能力。

（6）再生产过程涉及因素较多。一般企业的再生产过程主要表现为社会再生产因素的链接，而由于水产品加工企业在生产过程中涉及渔业资源，这些渔业资源的状况又与自然环境密切相关，因此渔业资源供应链中集合了自然与社会再生产的双重因素，其再生产过程相对来说比较复杂。

（7）企业生产与管理难度大。水产品加工企业在生产过程中，其物流客体（渔业资源及制成品）绝大多数属生物和食品范畴，因此，一方面，时空变异大、可控性差、易腐烂变质、高度依赖自然环境、量化规范化难度大，给企业的生产和产品流通增加了一定的难度。另一方面，21 世纪以来，渔业加工企业日益增多，产品品质与品牌有较大差异，流通渠道日益复杂，消费者对价格、品质、服务日益敏感，购买习惯更加捉摸不定，消费者行为模式的演变对整个生产及流通领域带来了前所未有的压力，能否准确把握消费者需求并快速反应已成为企业生存的关键。

水产品加工企业产品属性层面的特点包括：

（1）产品与人民生活密切相关。水产品加工企业生产的产品一般都与人民生活密切相关，涉及人们生活所需的食品、调制品、保健品等，产品质量与卫生就显得特别重要，而相关的产业标准制定和执行亦极为关键，尤其是2008 年我国在乳制品等产业出现问题之后，消费者对食品的关注度有所提高。

（2）产品具有广泛的市场。水产品加工企业生产的产品类别多，覆盖面广，可以满足不同需求习惯的消费者，况且还有很多产品是半成品，或者其他高附加值产品的原料，在国内与国外市场均有大量的需求。不过，国外需求要明显大于国内，这与美、日等国家的消费习惯有关，也与其消费能力有关。

（3）产品具有广泛的发展前景。水产品加工企业以富含营养的渔业资源为原料加工新产品，其新产品必然营养丰富，是绿色健康食品，在将来会有广阔的前景。现实的问题是，国内水产品尤其是高质量、高附加值水产品的消费能力和消费习惯还有待进一步开发，需求滞后性也在一定程度上制约了企业的创新积极性。

（4）大部分产品易变质，不易保存。水产品加工企业生产的产品时令性强，对温度的要求高，不易保存，产品的保质期短，且受外界因素影响大，很容易腐烂变质，因此，这些产品的储存和保管特别重要，需要在整条产业链上进行合理优化，在确保品质的同时，降低成本、提高响应速度也很重要。

第二章 中国水产品加工及相关产业分析

在企业赖以生存的外部环境中，企业所处的产业状况是一个非常重要的影响因素。国内外学者就产业结构特征与企业绩效之间的关系进行了广泛深入的探讨，开发出诸如五种竞争力量模型、SCP（结构—行为—绩效）和SWOT（优势与劣势、机遇与威胁）等不同的分析工具。在本章中，我们将运用有关产业分析的技术和方法，结合实地调研和既有理论，对水产品加工产业进行系统描述。

第一节 中国水产品加工产业基本情况

水产品加工业是以从水域中捕获的产品为原料，生产制造水产商品的产业部门。除了所使用的原料为水产品外，它与加工农产品的农产品加工业、加工畜产品的畜产品加工业属性相同，具有很多类似的特征。

一、水产品加工产业的范围界定

中国学者往往把“水产业”与“渔业”混用，而且更倾向于使用“水产业”这一术语。例如，在《水产经济工作手册》中，作者认为：“人们以水域为依托，利用水产动植物机体本身的生命力繁衍生成的生物资源，通过劳动（采集、捕捞与人工养殖、增殖）获得水产品的物质生产活动，便是通常所说的‘渔业’，即狭义水产业；就广义而言，还包括为渔业生产的产前、产中、产后服务的多种基础设施建设，渔港、码头、船舶、网具、渔用仪器设备和其他生产资料制造、供应、水产品保鲜、贮藏、加工、运销和综合利用，以及水产科研、教育、推广、管理等服务体系的建设。”我们从中可以看出，水产业的概念大，渔业的概念小，渔业只包括捕捞与养殖，而不包括水产品加工业。显然，这一定义中的“狭义水产业”与《渔业法》中的渔业界定一样，都是指渔业统计中的第一产业。

吴万夫和刘大安（1995）在主编的《渔业技术经济学》中认为：“渔业，又称水产业。……人们常常把捕捞业、养殖业和水产品保鲜加工业定义为狭义的渔业，而把以上述三个生产部门为中心而延伸到渔船、渔网制造，水产品贮运、销售，渔港建筑、拦鱼、过鱼工程以及水产科研、教育、推广、管理、服务等辅助产业构成的一个完整的生产体系，称为广义的渔业。”在这里，渔业已经与水产业的概念完全等同起来，它包括捕捞业、养殖业与加工业。该定义中的“狭义的渔业”增加了“水产品保鲜加工业”这一第二产业，这与《渔业法》中的渔业定义和《水产经济工作手册》中的“狭义水产业”是不同的。此外，该定义强调了“完整的生产体系”，与国外学者的定义趋近了一步。

在清光照夫和岩崎寿男（1996）所著的《渔业经济学》中，对水产业的含义有如下说明：“水产业是捕捞、养殖、加工水域生物资源的一种产业，包括捕捞业、水产养殖业和水产品加工业。”但又论述道：“捕捞业和水产养殖业是以水域为生产场所投入资本、劳力等生产要素以获得产品的一个部门，属于第一产业。捕捞业和水产养殖业一般可合称为渔业。水产品加工业是以从水域中获捕的产品为原料，制造水产商品的部门，可列为食品加工业的一个部门。”在这里，仅就字面意思看，两位日本学者似乎是将水产业与渔业加以了区分，水产业包括捕捞、养殖和加工；而渔业则只有捕捞与养殖，这又与《水产经济工作手册》的定义大致相同。

吴万夫和张荣权（2000）主编的《渔业工程技术》，按生产作业方式，将渔业分为捕捞渔业、水产养殖业、水产增殖业以及高度集约化的工业化养鱼业。在此并没有将水产品加工业列入。

在政府对渔业管理的职能部门中，也将水产品加工业纳入渔业一起管理。至此，可以看出，渔业是否就是水产业以及它是否包括水产品加工业都不很明确。追根究底地界定水产品加工和渔业的区别，这也许是没有意义或徒劳的，我们可以抛开这些约束，直接探讨具体的水产品加工企业的生产经营问题。

水产品加工和综合利用是渔业生产活动的延续，它随着水产捕捞和养殖生产的发展而发展，并逐步成为我国渔业内部的三大支柱产业之一。水产品加工是提高水产品综合效益和附加值的重要途径，优质水产品通过深加工可以有效提高产品品位，低值水产品通过深加工既可以增加营养源又能够提高综合利用率。水产品加工和综合利用的发展，不仅提高了资源利用的附加值，而且还安置了渔区大量的剩余劳动力，并带动了一批相关行业如加工机械、包装材料和调味品等行业的发展，具有明显的经济效益和社会效益。

在我国渔业发展的每个重要时期，水产品加工和综合利用都发挥了重要作用。20 世纪 70 年代初，由于马面鱼渔场的开发成功，大量的马面鱼被捕捞上岸，最高年产量达到 20 万吨以上，这种低值鱼类，其貌不扬，消费者难以接受，市场销售不畅，大量鱼货滞留冷库和渔港，鱼货价格急剧下降，造成渔业公司捕捞越多亏损越多的不利局面。通过科技人员的努力，研究开发出了深受国内外市场欢迎的马面鱼干制品等产品，使其价值提高了几十倍，支持促进了马面鱼的捕捞与生产加工，使渔业公司和加工厂都获得了丰硕的经济效益。又如紫菜，经粗加工到精加工，生产出薄如纸张的紫菜产品，除畅销国内市场外，还大量出口日本，大大促进了紫菜养殖的发展。

可见，水产品加工业能够大幅提高渔业资源的附加值，更好地满足顾客的需求。不过，水产品的加工又要细分为粗加工和精加工等不同档次，这种细分依赖于国家和地区的加工技术和竞争地位。我国水产品加工处于较低级的发展阶段，处于产业链的低端环节，以为国外企业提供半成品为主，在水产品加工产业链利益分配中处于不利地位，大量超额收益被国外企业获取。

二、水产品加工企业的主要问题

我国中小水产品加工企业存在以下七方面的问题：

1. 企业规模小，同质化、低水平竞争严重

2003 年，我国水产品加工企业总数共达到 8287 家。2004 年水产品加工企业达到 8745 家，年加工能力 1427 万吨，水产品加工总量 1032 万吨（励建荣和马永钧，2008），2005 年和 2006 年我国水产品加工企业个数分别是 9128 家

和9549家（岑剑伟等，2008）。水产品加工企业总数很多，但是上规模的不多，从业人数超过1000名的屈指可数。

国家统计局数据显示，截至2009年11月底，全国共有规模以上水产品加工企业2351家，亏损企业360家。真正有影响力的水产品加工企业并不多，多为一哄而上的低水平重复建设企业，甚至还存在很多作坊式的家庭手工企业。水产品加工企业的规模过小，生产集中度低，缺少具有竞争力的龙头企业带动和调控，很容易发生行业内的恶性竞争事件，企业生存环境得不到保障。同时，行业组织化程度低，行业内管理协调机制不健全是目前我国水产品加工行业存在的突出问题，如一些鳗鱼出口企业为争夺日本市场竞相压价，相互“残杀”，导致我国鳗鱼加工业利润下滑，增产不增收，在与跨国企业竞争时处于劣势地位，大量利润被国外企业赚取，国内企业有时只能赚取少量加工费，无法保证获取正常利益。

2. 忽视品牌建设，价格竞争成为常用武器

我国中小水产品加工企业走了一条量大、质低、价廉的发展道路，对水产品形象造成了不可估量的损失。多年来，我国水产品出口规模虽然不断扩大，但却没有自己的品牌，大多数企业是“贴牌”生产，以赚取加工费为主，大量的利润被国外进口商拿走（路世勇，2005）。我国企业品牌不少，但称得上名牌的没有几个，企业由于自身意识问题或出于投资成本的考虑，不乐于、不善于，甚至不敢于创建自己的国际品牌。有些以来料加工和进料加工为主的企业，都有自己比较固定的客户和市场，极易满足现状，忽略培育自己的品牌，导致自己产品在国际市场上没有竞争力，受外商牵制过多，经营风险较大。

3. 企业以个体私营加工为主，加工零星分散，无法按照统一的技术质量标准生产，又无统一的货源渠道，导致质量参差不齐

出口水产品加工企业中，虽然已有不少通过ISO质量认证及HACCP体系认证，但是具备较高认证水平的企业还不多，同时获得美国FDA认证和欧盟认证的企业更少，有效按照认证要求进行操作的企业更是罕见。另外，我国2/3以上的水产品加工企业还没有实现机械化流水线生产，大部分企业只是借助简单机械工具，或者在部分加工环节使用工业设备，这种手工为主的作坊式生产，既影响产品质量的稳定性，又浪费渔业原料。

4. 企业非经营性费用支出过高，政府职能部门对水产品加工企业服务力度不够，收取费用过高

有些与企业不相关的政府职能部门也到企业收取各种名目的摊派费、集资款，企业负担重，有的已危及企业的正常运转，有许多费用是某些职能部门自我定价，其行为的实质是在改革开放和经济转型过程中利用行政垄断权力不断寻取租金。在规范市场秩序、控制假冒伪劣、科技创新体系建设及中小企业支持服务等方面，主管部门的表现却还不是很能令人满意，效率、效果和机制建设不是很理想。

5. 原材料污染严重，质量问题令人担忧

水产品中人工养殖原料产品占较大比例，饲料中添加国际卫生组织、粮农组织禁止使用的添加剂，以及添加剂的添加量过高的现象屡有发生。近年来，不少地区在水产养殖、水产品加工以及销售等方面，不按动物的营养需要盲目添加抗菌药物、促生长剂，大剂量添加，不遵守药物的休药期等做法，造成水产品中药物残留过高等质量安全问题十分严重，导致对人体危害的事情时有发生，甚至还发生了由于食用水产食品导致的各种中毒或死亡事件。此外，水污染也是造成水产品质量问题的原因，其中江河的污染比塘、堰、水库严重得多，这直接造成水产品原料本身出现严重的污染问题。水产品安全环境严峻和企业产品质量监督差，导致水产品药物残留问题严重，造成我国水产品出口欧盟受阻，使得水产品加工企业效益受到严重影响。

6. 加工技术水平低，装备落后，产品大多停留在粗加工、初加工阶段

我国水产品产量占世界总产量的1/3左右，位居世界第一，但加工和综合利用方面与世界水平相比差距十分明显（孟庆武，2010）。我国水产品出口的初级产品比重高达74.9%，高附加值的加工出口尚未形成拳头产品和规模优势，属于精深加工或保藏的产品大类只占出口总量的25.1%（黄钟慰，2010）。我国水产品加工企业的技术装备50%还处于20世纪80年代的世界平均水平，40%左右处于90年代水平，只有不到10%达到目前世界先进水平（马滕，2008）。由于企业规模大多较小，无雄厚资金支持技术研发，且政府政策不侧重，因而我国中小水产品加工企业往往技术水平较低，使得大多数企业只对渔业原材料进行简单处理便作为最终产品推向市场，产品精深加工比例

和产品附加值低，直接影响了企业的效益。这种局面可能会随着我国劳动力成本上升和全球竞争加剧而有所改观。

7. 我国水产品市场不健全，企业产品大多面向出口市场，且出口国家与地区较为集中，风险较大

国内水产品市场的相关制度都还处于初创阶段，对于水产品加工品、企业资质、从业人员资质缺乏统一的规定，造成水产品市场鱼龙混杂、良莠不齐。另外，渔用饲料标准不健全，还没形成完整的标准体系，许多渔用饲料企业都是按自己的企业标准生产。标准体系的不完善，致使饵料管理部门无章可循，给一些小型饲料企业生产伪劣产品以可乘之机。

过度依赖国际市场对中小水产品加工企业是个严峻挑战，一旦国际市场出现变动，出口市场集中化会带来较大的市场风险。例如，受2008年金融危机影响，我国对日本、美国以及韩国的水产品出口量分别下降了10.4%、1.5%和21.3%。2009年，我国对日本、欧盟的出口额占水产品出口总额的比例比上年分别下降了1.1%和0.4%（黄钟慰，2010）。

2010年我国水产品出口国家和地区达到170个，其中，日、美、欧、韩这四大市场出口额占我国水产品出口总额的比重呈逐年下降态势，2010年已降至66.9%，比2009年下降2.9%，比“十五”末下降12.3%。虽然出口市场呈现多元化，但日、美、欧、韩仍是我国最重要的出口市场，这种以出口为主的贸易方式，使我国水产品加工企业面临着较大的市场风险和汇率风险，其中存在的水产品标准化与安全问题，无疑增加了水产品加工出口企业的风险，影响我国水产品加工出口业务的发展。

第二节　中国水产品加工产业环境

水产品加工相关产业分析，能够为我们系统了解水产品加工企业大环境提供有益参考，而对水产品加工企业具体环境的进一步探讨，则有必要从宏观环境、产业环境和水产品加工企业面临的机遇与威胁、优势与劣势角度分别展开。

一、水产品加工产业的宏观环境

企业的成长总是受到宏观环境和行业环境的影响，研究宏观环境的一个重要目的是分辨出企业的机会和威胁。影响水产品加工企业成长的宏观环境主要包括政策、社会、经济和自然环境四个方面。

1. 政策环境

政府制定的政策和法律法规引导和调节着水产品加工企业的生产经营活动。政府颁布的减免渔船税，免征用于农、林、牧、渔业的生产用地使用税，免内资渔业所得税等政策，促进了我国水产品加工企业的发展。同时，也有一些政策会造成水产品加工企业暂时性的生产能力浪费，如伏季休渔政策等，当然，这是实现水产业可持续发展所必需的。总体上看，我国的海洋政策还是以国家安全为主，海洋渔业与水产品加工业并不是重点，相应的科技和政策投入比例较低。

2. 社会环境

随着人类对有限资源的过度开发和利用，世界面临着人口和资源危机。我国虽然地大物博，但是耕地面积只占世界的7%，人口却占了22%，人口与资源的矛盾更加突出。为了缓解人口膨胀对粮食需求日益增长的压力，在1995年联合国粮食及农业组织（FAO）召开的世界渔业部长会议以及同年在日本召开的“渔业对粮食安全保障的持续贡献国际会议”上，强调了渔业对粮食安全的重要作用。渔业产品提供了人类所需的主要动物蛋白，特别是在2003年的“非典”和2004年年初的禽流感疫情袭击我国以后，渔业产品因其较高的安全性和高营养价值成为消费者的首选，这大大促进了水产品加工企业的发展。不过，水产品的消费市场尤其是高端市场还在发达国家，我国消费者尤其是中西部地区的消费者还没有形成消费习惯，也没有形成消费能力。

3. 经济环境

中国经济逐步成为世界经济的重要组成部分，理论上讲，为我国水产品加工企业的出口开辟了更加广阔的国际市场，打破了以往国内市场和国际市场长期区隔的状态。但是，也有一些不利因素制约着我国水产品加工企业的发展，如其他国家特别是亚洲国家水产品大量出口会对我国水产品加工企业形成挑战；我国水产品加工企业技术设备落后、人力资源素质不高、管理不善等因素导致出口产品质量不高、品种单一、品牌知名度低等，在很大程度上降低了产品的国际竞争力。所以，经济全球化给我国水产品加工企业带来的机遇能否成为现实，还存在很多制约性因素。另一个需要特别注意的经济问题是2008年的全球金融危机，全球消费能力的降低对我国水产品的出口造成了极大压力。

4. 自然环境

由于长期以来的过度捕捞和工业污染，我国渔业资源环境日趋恶化，渔业原料的供给数量和质量都有所下降。渔业资源衰退已经严重影响到了我国渔业经济发展，且直接影响了水产品的生产成本和产品质量，制约了水产品加工企业的可持续发展。目前，我国有一些中小水产品加工企业从国外进口原料，或者开展来料加工业务，这无疑会增加企业的采购成本和原料管理的复杂性，其国际风险如汇率风险、政治风险等也较难控制。

二、水产品加工企业的产业环境

水产品加工企业除了受宏观环境影响外，还受产业环境影响。著名管理学家迈克尔·波特教授在《竞争战略》一书中提出“五力模型”概念，认为产业中存在着决定潜在利润和产业吸引力的五种力量，是分析行业竞争特征的有效工具。在该模型中涉及的五种力量包括潜在进入者的威胁、替代品的威胁、购买者讨价还价能力、供应者讨价还价能力以及现存竞争者之间的竞争。下面，我们从五种力量模型角度分析一下我国中小水产品加工企业产业环境。

1. 潜在进入者的威胁

潜在进入者，是指目前尚未从事本行业业务，但在高额利润的诱惑下有能力进入该行业的经营单位。新的进入者给行业带来新的生产能力和新的资源，同时也加剧了企业间的竞争，行业中市场份额原有分配格局的均衡状态将被新的均衡状态代替。竞争性进入威胁的程度主要取决于进入障碍、潜在进入者的实力和进入方式、行业吸引力以及退出障碍因素等。潜在进入者的进入必然会引起渔业企业原有市场份额、产品价格、竞争格局以及行业利润水平的变化，水产品加工企业应该随时对潜在进入者保持高度的警惕性。下面从进入障碍、产品差异化方面来说明潜在进入者对我国水产品加工企业的竞争威胁。

（1）进入障碍。从总体上来讲，我国渔业产业的进入门槛较低。首先，渔业属于劳动密集型行业，而且对劳动者的受教育程度和技能水平要求不高，在我国存在大量低成本劳动力的情况下，渔业产业几乎不存在进入障碍；其次，目前国内海水养殖授权专利仅有25件，海洋水产品加工专利申请有138件，但是这些专利技术相对简单，专利技术含量总体比较低，且实用性不高，缺乏高附加值的精深加工技术专利（王淼和段志霞，2007）。不难看出，现有渔业企业凭借已有的技术和专利对潜在进入者设置障碍很难发挥理想的效果。

（2）产品差异化。我国现有渔业企业同质化现象比较严重，从对北京超市水产品市场调查来看，小包装冷冻水产品大致有：带鱼段、冷冻（去鳞、去内脏）黄鱼、冷冻平鱼、比目鱼、多春鱼、墨鱼子、草虾、虾肉、蟹足棒、各类鱼丸等，此类商品在品种的选择、加工方式，以及质量、规格、包装材质等方面几乎一样。在产品同质化严重的行业，潜在进入者不需要花费更多时间和精力消除消费者对原先产品的忠诚度，它们进入该行业的动力更大，信心更足。因此，现有水产品加工企业要想提高竞争力，强化特色经营，从品种、档次、功能等方面追求差异化是必由之路。

2. 替代品的威胁

替代品是与企业产品具有相同功能或类似功能，可以相互替代的产品。生产替代品的企业的竞争行为会影响行业内企业的竞争战略。我国水产品加工企业产品的替代品主要来自以下两个方面：

（1）肉、蛋、奶等畜禽产品。与水产品相比，两者都能为人类提供蛋白质，前者此功能相对较弱，但由于畜禽产品价格较低，方便贮藏，制作和食用简单，因而是水产品的主要替代品。另外，最近几年大量报道揭示水产品受"禁药"、重金属和化工残留物的污染严重，消费者在购买水产品时顾虑重重，他们宁愿消费营养价值稍逊一筹但相对安全的禽肉、蛋、奶。

（2）国外进口水产品。我国水产品加工企业与国外企业相比，虽然具有劳动力的低成本优势，但在渔场信息获取、技术水平、产品创新和管理等方面还存在较大的差距。近年来，大量包装精美、营养价值高、具有差异化功能的国外水产品进入我国，对本土水产品加工企业的市场份额构成了很大威胁。

3. 购买者的讨价还价能力

购买者购买本行业企业的产品作为其投入要素或日常消费，此时本行业企业成为供应者。购买者主要通过降低供应者产品价格和要求提高产品与服务质量来影响行业中现有企业利润。购买者所购买的产品是标准化产品或转换成本较低时，其讨价还价能力增强。水产品加工企业的购买者具有以下特点：

（1）购买数量小且比较分散。水产品属于日常消费类产品，所以购买者每次购买数量有限，且购买者非常分散。一般来说，集中的、大批量的购买者在价格谈判时具有较强的优势。因此，从这方面讲，购买者相对于水产品加工企业的讨价还价能力较弱。

（2）转换成本即转而购买其他产品的成本低。购买者转而消费其他厂家的产品不存在考察成本、建立关系成本、心理成本等转换成本。因此，水产品加工企业相对购买者而言有很大选择余地，具有较强的讨价还价能力。

（3）产品对购买者影响不大。一般来说，水产品对购买者来说只是一种食品而已，是否消费以及消费多少并不会给购买者带来很大的影响，况且购买者很容易就可以找到替代品。对于并非必不可少的产品，购买者相对于厂商具有较强的价格谈判能力。

另外，由于水产品大多具有较短的保质期，甚至有的产品保质期只有一周左右，这也使购买者在讨价还价时多了一个胜利砝码。值得强调的是，水产品的购买者除了最终的消费者以外，还包括零售终端和经销商网络体系。调研发现，分散且小规模的水产品加工企业，往往要受到下游销售环节的制约，那些具有强大分销配送体系的客户如大型的连锁超市，占据了很高的谈判位置。

4. 供应者的讨价还价能力

供应者是指企业所需生产工具、原材料和其他必要经营支持的提供者，供应者主要通过提高其产品价格与降低单位价值质量的能力，来影响本行业中作为购买者的企业盈利能力与产品竞争力。水产品加工企业的原料主要来源于养殖和捕捞等。原料价格的上升，加剧了加工企业的生存压力。

（1）水产品养殖的成本不断提高。水产品养殖成本中，鱼饲料成本占总成本的70%。1990年以来，鱼饲料价格一路攀升，以大宗生产原料菜粕、鱼粉为例，1996年为600元/吨左右，2002年高达1000~1100元/吨，2006年高达1400~1500元/吨。鱼粉价格则以每年8%~10%的速度攀升，从1992年450美元/吨上涨到1999年的890美元/吨，2006年FAQ鱼粉高达1300美元/吨，配合饲料价格更是居高不下（王淼和段志霞，2007）。

（2）远洋捕捞作业的成本不断增加。由于远洋捕捞单次作业的时间较长，捕捞船上通常都需要有冷藏设备进行保鲜。在当前原油价格不断攀升的背景下，长途冷藏和运输的高费用，提高了水产品加工企业原料的价格。

（3）渔业资源不断减少，特别是海洋渔业资源衰退日益严重。楼东、谷树忠（2005）认为，目前我国海洋捕捞产量比1978年增长4倍多，绝大部分是近海捕捞，使得渔业资源总量大大减少，我国渔业资源的日益枯竭使得原料供应商在与水产品加工企业谈判时有了足够的底气。

5. 现存竞争者之间的竞争

产业内现有企业之间的竞争，是水产品加工企业竞争力分析的重要内容，也是企业竞争压力的直接来源。水产品加工企业需要认真分析行业内企业数量、竞争对手规模、策略变化动向、退出成本等，以正确判断目前的竞争态势。总的来看，我国水产品加工企业的同质低价竞争比较激烈，利润率较低。

（1）我国水产品加工企业数量多、规模小且大多集中于东部沿海地区。目前，国内有3000多家水产品加工企业，这些企业绝大多数（占90%）为小型个体私营企业，生产规模较小。另外，由于此类企业对天然资源依赖程度高，我国水产品加工企业大多集中于经济水平相对较高的东部沿海地区，企业的地域集中度比较高，加上很多企业处于资本积累的初级阶段，因而行业竞争较为激烈。

（2）行业内主要竞争者都在加紧扩大生产规模。为了更好地控制水产品加工产业链，国内龙头企业都在紧锣密鼓地扩大生产能力，要么引进新的技术，开发新的产品；要么低成本收购业内企业，如大连獐子岛公司购买山东荣成的一块养殖海域后，养殖范围从渤海海域扩大到了黄海海域。主要竞争者的策略变动会改变行业内的竞争格局和利润水平，中小水产品加工企业的竞争环境进一步动态化、复杂化。

（3）水产品加工行业退出成本较低。市场的退出壁垒是指阻止企业退出市场的各种因素，主要包括沉没资本和职工安置成本等。沉没资本是指企业投资形成的固定资本，如果专用性较强，当转产或退出时就较难处理，其损失构成沉没成本。沉没成本越大，企业就越想坚持经营下去，即使发生亏损，只要产品价格高于平均变动成本，企业就不愿退出。水产品加工企业需要的资金投入相对较少，因此沉没成本相对较低。职工安置成本是指企业解雇员工时需要按国家相关法律法规或双方事先约定，对员工支付一定的金额，数额越大，企业越不愿退出。由于中小企业的管理不规范、制度不健全，因而职工安置成本也较低，二者共同决定了水产品加工行业退出壁垒也比较低。

三、水产品加工企业 SWOT 分析

通过 SWOT 分析，可以将我国中小水产品加工企业的内外环境有机结合，进一步获取企业在机会、威胁、内部优势和劣势等方面的相关信息，进而指导企业根据自身的优劣势并结合内外部环境中的机会与威胁，选择适合自己的发展道路。

1. 我国水产品加工企业面临的机会

（1）我国在现阶段受全球经济形势影响，重点实施“扩大内需”方针，通过扩大内需来拉动经济增长。全球经济的不景气使海外需求急剧下降，出口加工型企业步履维艰。国家“扩大内需”方针的实施为以海外市场为主的水产品加工企业更好地开发与利用国内市场带来了前所未有的大好机会。

（2）我国人口众多，市场需求潜力巨大。我国是世界上人口第一大国，国民购买力随着经济发展不断提高，国内需求巨大，国人长期以来大量而稳定的需求造就了我国经济发展的奇迹。但对于渔业加工企业来说，它们主要将产品销往国外，国内市场狭小，国内需求严重不足。如果能让国人充分了解水产品加工企业的产品价值，进而购买水产品，国内庞大的消费需求必然会促进我国水产品加工企业的持续成长。

（3）水产品加工扶持政策的出台与实施为企业成长提供良好的发展机会。沿海各级地方政府纷纷出台相关产业扶持政策，一切为稳定经济、发展经济服务，相关的水产品加工优惠措施成为水产品加工企业强劲的成长动力。

（4）水产品加工企业前景较好。随着陆上资源的污染与减少，人们开始向海洋、河流、湖泊等要效益。相对于陆地资源，海洋资源开发较少，受污染

程度相对较小。各类水产品营养价值高，有利于人们追求健康、绿色的高品质生活，随着人们了解的深入与购买能力的增强，水产品加工企业的市场前景光明。

（5）水产品加工企业可通过增加产品种类，调整产品结构满足变化的市场需求。当前我国水产品种类少、结构不合理，以粗加工为主，深加工、精加工较少，该类企业可以通过技术研发增加新品种，以技术为支撑调整产品结构以满足多变的市场需求。

2. 我国水产品加工企业面对的威胁

（1）产业结构升级压力不断增大。我国水产品加工企业由于技术水平低，渔业资源利用能力不强，在生产过程中资源浪费现象严重，资源利用率不高，完善产业结构迫在眉睫。在新一轮的渔业产业结构调整中，优胜劣汰规则会发挥更大作用。

（2）受当前经济形势影响，国内外产品需求较少。由于经济衰退的影响，市场购买力显著下降，尤其是受金融危机影响较为严重的国外市场，购买力的下降直接导致了我国水产品加工企业出口市场的严重萎缩，以国外市场为主的水产品加工企业的生存受到严峻挑战，这些企业拓展市场空间的压力较大。

（3）出口贸易壁垒增多，出口困难增大。外国政府为保护本国同行业利益对进口产品的要求越来越苛刻。我国水产品加工企业由于技术水平低，缺乏相应的质检体系，因此很难达到国外要求的技术标准。

（4）国际同行业企业增多，我国企业的海外市场份额减少。近年来，东南亚一些国家迅速崛起，它们借鉴我国经验，不断吸引外资，加之本国劳动力薪资更低，水产品加工企业产品更具成本优势，在国际市场上蚕食着我国水产品加工企业的市场份额，压缩了我国企业的利润空间，给企业带来巨大挑战。

（5）国内企业不断增加，竞争日益激烈。我国水产品加工行业的进出壁垒较低，大量企业竞争着有限的市场，由于产品同质性高、差异化小，导致了各企业之间激烈的价格战，由此导致的内耗严重降低了企业的利润空间与国际竞争力。

（6）人民币升值，企业出口利润缩水。由于国际间的结算业务是以美元进行的，在国际平均加工费用基本不变的情况下，人民币的不断升值造成企业所得换算成人民币后不断缩水，汇率升值直接导致了我国出国产品价格上升，出口企业的价格竞争力下降。

3. 我国水产品加工企业的优势

我国水产品加工产业从形成到现在已有20多年的时间，在此过程中形成了一定的内部沉淀，具备了一定的内部优势。

（1）我国自改革开放以来，政治稳定、经济发展较快，给企业成长提供了良好的发展环境。同其他国家相比，我国政局的稳定保证了国家产业政策的连续性和经济发展的持续性，为水产企业的发展提供了良好的国内环境。

（2）渔业资源丰富。我国地跨温带、亚热带和热带，可捕捞养殖的品种极为丰富。我国水产品种类繁多，其中鱼类3000多种、虾类300多种、蟹类600多种、贝类700多种、头足类90多种、藻类1000多种，此外还包括腔肠动物、棘皮动物、两栖动物和爬行动物中的一些水生种类（励建荣，2005）。丰富的渔业资源为我国水产品加工企业的持续发展奠定了坚实的基础。

（3）劳动力优势尚存。劳动密集型产业的国际竞争，在很大程度上取决于劳动力工资成本和劳动力素质。我国是一个发展中国家，具有丰富的劳动力资源，与亚洲、南美洲、非洲的多数发展中国家相比，我国劳动力素质具有明显的比较优势。我国劳动力富有组织纪律性，特别能吃苦，善于创造，要求少，贡献大。作为劳动力密集型产业，这样一支训练有素的劳动大军是水产业迅猛发展的有力保障。因此，丰富的劳动力资源使我国水产品加工企业具有较高的成本优势。

（4）水产品加工企业已具备了一定的发展基础。我国水产品加工企业经过20多年不断的发展与积累，已经形成了比较稳定的产品类别、比较成熟的销售渠道与地区市场，具备一定的区域和国际竞争力，为未来进一步的发展打下了良好的基础。

4. 我国水产品加工企业的劣势

（1）我国水产品加工企业与发达国家相比技术水平落后，研发投入不足。我国企业对水产品加工技术重视程度不够，很少进行技术研发与创新，技术水平相对落后，产品多为“初加工、粗加工产品”，层次水平较低。

（2）我国水产品加工企业产品效益低，产品附加值低。由于加工技术水平相对落后，导致在产品加工过程中渔业资源浪费较为严重，利用率较低，产品效益低下。由于初加工产品较多，精深加工产品较少，因此产品附加值较低。

(3) 原料、劳动力价格上涨，成本增加。近年来随着国家渔业资源保护开发政策的实施和渔业资源破坏严重的现实，渔业资源获取量减少，受供求关系影响，水产品加工企业原材料价格上涨。此外，加工工人劳动工资不断上涨，再加上进口原料和出口的相关费用不断上涨导致企业经营成本大幅提高。

(4) 我国水产品加工企业管理水平落后，大多尚未建立现代企业管理制度。企业内部管理较为混乱，企业发展缺乏长远战略规划，关键职位任人唯亲，制度建设不健全，企业员工待遇较差，人员流动频繁。

(5) 我国水产品加工标准不统一，质量参差不齐。水产品加工业尚未建立统一的产品标准和科学的质检体系，导致产品质量参差不齐，在影响企业收益的同时，也使企业形象蒙受损失。

(6) 我国水产品加工企业规模较小，产品同质化水平高，产品种类较少，企业创新能力不强。产品的雷同加剧了企业间低水平的竞争与内耗。

我国中小水产品加工企业的产业环境与优劣势分析，可总结如图 2 - 1 所示。

第三节　中国水产品加工业相关产业分析

水产品加工只是承接价值转移的环节之一，其产业结构和盈利水平离不开配套产业的支持，在综合分析产业链上下游有关状况的基础上，我们才能更好地把握水产品加工产业的具体运营环境。

一、中国渔业发展的现状与问题

改革开放以来，我国渔业经济取得了长足的发展，渔业的作用和地位发生了明显变化。发展渔业已不仅仅是满足市场需求，丰富“菜篮子”的需要，

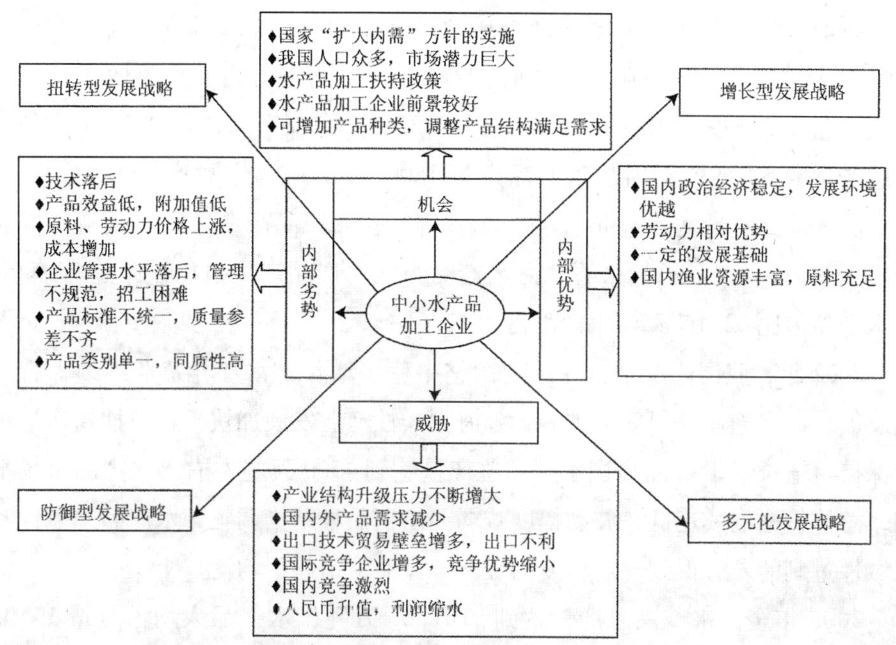

图 2－1　我国中小水产品加工企业产业环境与优劣势分析

而且对促进地方经济发展，增加农（渔）民收入起着重要作用。渔业尤其是水产养殖业在许多地方已成为农村经济的支柱产业和农民收入的增长点，成为贫困地区农民脱贫致富的重要途径，重视并大力发展渔业经济具有十分重要的意义。

1. 中国渔业发展的历史脉络

渔业与我国国民经济发展和人民生活密切相关。随着生产技术和人民生活水平的提高，我国水产品产量不断增加，人们对水产品的需求越来越大，渔业的行业重要性也不断提高。1988 年中国水产养殖产量达到 532 万吨，超过捕捞产量；1989 年中国水产品产量达到 1152 万吨，跃居世界第一位，成为世界主要渔业国家，成功走出了具有中国特色的“以养为主”的渔业发展道路。

20 世纪 90 年代中后期，我国水产品供求总量已经趋向平衡，在局部地区出现了季节性过剩。1998 年开始，海洋捕捞实行“零增长”的指导性目标，改变了过去单纯追求产量、以过度开发利用资源为基础的经济增长方式，真正树立起保护资源、保护生态环境、保持渔业可持续发展的观念。

我国水产品产量已连续20年位居世界第一位，早在2001年，全国水产品总产量达到4382.09万吨，其中捕捞产量1655.6万吨，占总产量的37.78%；养殖产量272.649万吨，占总产量的62.22%。海水产品产量2572.14万吨，占总产量的58.69%，内陆水产品产量1809.95万吨，占总产量的41.31%。水产品人均占有量达到3.46千克。2009年中国水产品产量达5120万吨，同比增长4.6%。从产品结构来看，海水产品与淡水产品产量占比差距逐年缩小，海水产品占比52.4%，淡水产品占比47.6%。

2002年，我国渔业生产在结构调整中稳步增长，水产养殖业继续保持快速发展，远洋渔业取得新的进展，公海大洋性渔业发展加快；近海捕捞产量继续保持负增长。2002年全国水产品总产量达到4500万吨左右，水产品市场平稳，总体价格继续走低，波动幅度减弱。由于品种结构调整，水产品季节性和区域性过剩的矛盾得到一定程度的缓解，产品上市趋于均衡。

2005年全国水产品总产量达到5101.65万吨，水产品人均占有量39.02千克，水产蛋白消费占我国动物蛋白消费的1/3；渔业经济总产值达7619.07亿元，渔业产值达到4180.48亿元，渔业增加值2215.30亿元，约占农业增加值的10%；全国水产品出口额78.9亿美元，占我国农产品出口总额的30%。

2002年我国水产品出口额为46.92282499亿元，进口额为0.27034990亿元，贸易顺差为46.65247509亿元。按现行价格计算，2006年全社会渔业经济总产值8578.29亿元，实现增加值3741.00亿元；其中渔业产值4568.62亿元，增加值2541.06亿元；渔业工业和建筑业产值2039.89亿元，增加值637.89亿元；渔业流通和服务业产值1969.78亿元，增加值562.05亿元。渔业人口2040.05万人，渔业劳动力1259.47万人，分别比上年减少27.59万人和30.81万人，降低1.33%和2.39%。渔业人口中传统渔民为766.66万人，比上年减少15.97万年，降低2.04%。

2007年全社会渔业经济总产值9539.13亿元，实现增加值4127.93亿元；其中渔业产值4956.23亿元，增加值2674.37亿元；渔业工业和建筑业产值2335.05亿元，增加值797.90亿元；渔业流通和服务业产值2247.85亿元，增加值655.66亿元。渔业人口2111.54万人，渔业劳动力1316.86万人，分别比上年增加71.49万人和57.40万人，增长3.50%和4.56%。渔业人口中传统渔民为782.28万人，比上年增加17.28万人，增长2.26%。

按当年价格计算，2008年全社会渔业经济总产值10397.50亿元，实现增加值4619.97亿元；其中渔业产值5520.64亿元，实现增加值3104.62亿元；渔业工业和建筑业产值2561.44亿元，实现增加值830.69亿元；渔业流通和服务业产值2315.42亿元，实现增加值684.66亿元。渔业人口2096.13万人，比上年减少15.4万人，降低0.73%。渔业人口中传统渔民为755.95万人，比上年减少26.32万人，降低3.37%。渔业从业人员1454.37万人。

按当年价格计算，2009年全社会渔业经济总产值11445.13亿元，实现增加值5091.90亿元；其中渔业产值5937.37亿元，实现增加值3337.12亿元；渔业工业和建筑业产值2679.64亿元，实现增加值893.00亿元；渔业流通和服务业产值2828.11亿元，实现增加值861.78亿元。渔业人口2084.56万人，比上年减少11.57万人，下降0.55%。渔业人口中传统渔民为745.65万人，比上年减少10.30万人，下降1.36%。渔业从业人员1384.73万人，比上年减少14.70万人，下降1.05%。

按当年价格计算，2010年全社会渔业经济总产值12929.48亿元，实现增加值5904.12亿元。其中，渔业产值6751.80亿元，实现增加值3790.09亿元；渔业工业和建筑业产值3088.80亿元，实现增加值1121.32亿元；渔业流通和服务业产值3088.88亿元，实现增加值992.71亿元。渔业人口2081.03万人，比上年减少3.53万人，降低0.16%。渔业人口中传统渔民为747.04万人，比上年增加1.39万人，增长0.18%。渔业从业人员1399.21万人。据对全国1万户渔民家庭2010年收支情况调查数据核定，渔民人均纯收入8963元，比上年增加797元，增长9.75%，如表2－1所示。

对从事渔业的这部分人来说，渔业是他们谋生的手段。对社会来说，渔业为这部分人解决了就业岗位问题。渔业的发展对保障我国食品安全也有重要贡献。人类面临人口增长、环境污染和能源缺乏的问题，地球仅有10%的陆地适合于农业生产，这有限的土地也因城市的发展、土地退化等问题逐年减少。对我国而言形势更为严峻，我们要用仅占世界可耕种土地面积的7%养活世界

表2-1　2006~2010年中国渔业经济数据

年份	社会渔业经济总产值(亿元)	增加值（亿元）	渔业产值（亿元）	增加值（亿元）	渔业工业和建筑业产值	渔业流通和服务业产值（亿元）	渔业人口（万人）
2006	8578.29	3741.00	4568.62	2541.06	2039.89	1969.78	2040.05
2007	9539.13	4127.93	4956.23	2674.37	2335.05	2247.85	2111.54
2008	10397.50	4619.97	5520.64	3104.62	2561.44	2315.42	2096.13
2009	11445.13	5091.90	5937.37	3337.12	2679.64	2828.11	2084.56
2010	12929.48	5904.12	6751.80	3790.09	3088.80	3088.88	2081.03

资料来源：根据《中国渔业统计年鉴》整理。

上22%的人口。因此，向占地球面积76%的水面索取食物在我国显得更有必要。

2010年整个水产品的产量是5400万吨左右，其中捕捞产量是1500多万吨，捕捞产量里面，远洋捕捞量是97万多吨，所占比重不大。2010年中国水产养殖总产量达到3829万吨，淡水水产品出口约120万吨。据联合国粮农组织最新公布的资料显示，中国水产养殖产量占世界的62%，占亚洲的70%，是世界唯一一个养殖产量超过捕捞产量的主要渔业国家。据海关数据统计，2010年我国水产品进出口总量716.06万吨，进出口总额203.64亿美元，同比分别增长6.78%和26.8%。其中，出口量333.88万吨、出口额138.28亿美元，同比分别增长12.6%和28.09%，11月和12月先后刷新单月出口额最高纪录，分别达到15.6亿美元和16.2亿美元；进口量382.18万吨、进口额65.36亿美元，同比分别增长2.2%和24.16%；贸易顺差72.92亿美元。水产品继续位居大宗农产品出口首位，出口额占农产品出口总额的比重达到28%，较上年提高1%。

2. 中国渔业发展面临的问题

作为一个重要产业，渔业在保证人们饮食安全、改善食物结构、提供休闲娱乐等方面具有重要作用。水产品已成为人类不可缺少的蛋白质来源，同时，在一些沿海和沿内陆水域地区，渔业在其经济社会发展中扮演着重要的角色，如提供大量的就业机会，提供休闲、娱乐和旅游场所以及其他社会功能。但是，渔业所面临的问题也越来越值得关注，如资源的过度利用、捕捞能力的大量过剩、渔业水域污染等已经严重制约了渔业资源的可持续利用，影响渔业经济的可持续发展等。

（1）渔业资源衰退状况未得到根本扭转。由于人们对渔业资源的有限性认识不足，在经济利益的诱惑下，捕捞强度居高不下，渔业资源的利用仍处于“无序、无度、无偿”的状态，对渔业资源造成了严重破坏。我国海洋机动渔船中，小型渔船占85%以上，马力小，外海出不去，大量的渔船高度集中在沿岸和近海作业，捕捞强度大大超过资源的再生能力，使近海渔业资源遭到严重破坏，主要经济鱼类中心渔场难以形成，资源养护、资源利用与保护矛盾突出。另外，我国捕捞业从业人员众多，捕捞渔船数量庞大，渔港码头遍及全国沿海各地，还有许多数不清的自然港湾，而有限的渔业执法人员和为数不多的渔政船舶，在海上、渔港码头监督检查时显得力不从心、顾此失彼，给违法捕捞生产者以可乘之机，渔业资源日趋衰退。

海洋捕捞强度过大，已大大超过渔业资源的承受能力，影响了渔业经济的可持续发展。渔产品被称为“穷人的蛋白”，全球约有10亿人主要依赖各种渔产品来摄取动物蛋白。据估计，渔产品目前在全球粮食供应中占到7%的比重。根据预测，未来20年中，全球渔业生产的年平均增长速度约在1.5%左右，但仍比全球人口年增长速度低0.4%左右，全球渔业供应短缺的状况可能会进一步加剧。造成海上渔业资源枯竭的重要原因是过度捕捞。以渔业大省山东为例，2001年渔业拖网的产量达160多万吨，占总产量60%。长期实施拖网作业，几乎把鱼子、鱼孙都“一网打尽”，无异于是对渔业资源的毁灭性打击。尤其是中日、中韩渔业协定生效后，山东省大约有4500条大马力渔船只能在近海作业，对近海渔业资源破坏较大。目前我国近海90%以上的水域基本上已无鱼可捕，海洋“荒漠化”的现象开始出现。捕捞渔业过度开发主要是由渔业资源本身具有的共享性、渔业资源产权的虚置性、渔业资源的无偿使用性和渔业资源的有限性等原因造成的。

资源衰退问题已经严重影响到了我国渔业的发展，为此，国家专门出台了一系列的政策措施，如实施伏季休渔、严格控制渔船数量和渔船马力增加、取缔“三无”渔船、实施海洋捕捞量“零增长”等。为实行这些政策措施，国家耗费了大量的人力、物力、财力。例如，首次长江禁渔期制度的实施涉及上海、江苏、安徽、江西、湖北、湖南、重庆、四川、贵州、云南10省市，期间共送达、张贴和散发禁渔通告和宣传材料82.5万余份，出动宣传车船6285余次，出动渔政执法船（艇）384艘，渔政车2772车次，参加执法7940人。但这些政策措施的实施效果并不明显，资源衰退问题仍然存在。

（2）渔业水域污染加剧。自20世纪50年代起，随着经济与社会的建设发展，我国海域和内陆水域开始受到陆基活动的影响与破坏。海洋水域污染的成因来自于海洋污染与陆基活动，如海洋的船舶排污、恶意倾废、事故泄油等；陆地生活污水、工农业废污水直排，生活垃圾、工业废料倾海或填海等，其中陆源污染是目前最主要的污染源。我国陆源污染物占入海污染物总量的80%以上。20世纪90年代初，每年排海污水为80亿吨，此后以年均3亿吨的速度递增。近年来，通过直排、混排和市政下水道等途径入海的污水已超过100亿吨/年，其他有害入海污染物达180余万吨/年。大量的无机氮、活性磷酸盐、石油类和重金属污染物，使近岸海域海水劣4类水质和4类水质占到47%。我国已成为世界上海洋环境污染最严重的国家之一（林学钦，2005）。

渔业水域污染的加剧，给捕捞业、养殖业、育苗业、浅海养殖业造成了巨大的经济损失，加剧了渔业资源的衰退。2002年农业部和国家环保总局联合向社会发布的《中国渔业生态环境状况公报》中透露：2002年共发生渔业污染事故1255次，直接经济损失约3.88亿元；环境污染造成可测算天然渔业资源经济损失36.2亿元，其中内陆水域损失8.7亿元，海洋损失27.5亿元。2004年全国共发生渔业污染事故1020次，污染面积约21.1万公顷，直接经济损失约10.8亿元，因环境污染造成可测算天然渔业资源经济损失高达36.5亿元，其中内陆水域天然渔业资源经济损失8.6亿元，海洋天然渔业资源经济损失27.9亿元。侯子顺等（2010）根据2001～2008年渔业生态环境公报资料统计，8年间全国共发生渔业水域污染事故9749次，直接经济损失38.77亿元，其中特大污染事故45次、重大污染事故150次，如表2－2所示。

表 2-2　2001～2008 年全国发生渔业水域污染事故统计

年份	特大事故（次）	重大事故（次）	年总次故（次）
2001	6	8	1242
2002	4	35	1255
2003	4	23	1274
2004	10	14	1020
2005	8	26	1028
2006	6	14	1463
2007	6	15	1442
2008	1	15	1025
总计	45	150	9749

注：特大事故经济损失在 1000 万元以上，重大事故经济损失在 100 万元以上。

该统计数据表明，我国近海生态系统严重受损，生态环境仍在恶化，生物多样性和珍稀濒危物种继续减少，外来物种侵入带来的危害依然存在，破坏海洋生态的违法行为仍然未得到有效遏制。

（3）产业结构不合理，产业化程度低。渔业经济增长方式的落后使渔业经济的可持续发展缺乏内生力量。随着渔业经济发展“量”的增加，产业结构不合理的现象凸显出来，如地区性和品种层次的结构不合理，第二、第三产业严重滞后。从渔业经济总产值中各产业的比重来看，大部分是科技含量相对较低的第一产业创造的，而水产品深加工业的比例和产业化水平较低，如 2010 年渔业产值为 6751.80 亿元，占总产值的 52.22%，渔业工业和建筑业产值 3088.80 亿元，占 23.89%，渔业流通和服务业产值 3088.88 亿元，占 23.89%。我国水产品产量占世界总产量的 1/3 左右，位居世界第一位，但加工和综合利用方面与世界水平相比差距十分明显。

我国水产品加工量比例不到总产量的 1/3，其中淡水产品不足 5%；加工技术含量低，高附加值产品少；废弃物综合加工利用水平不高，加工过程中的鱼头、内脏、鱼鳞、鱼骨、虾头、蟹壳及腐烂水产品等废弃物，主要用来生产饲料鱼粉，对其中很有价值的成分尚未充分提取和利用；传统产品加工技术落后，我国几千年来形成的许多传统风味水产食品仍然沿用传统的作坊式手工加工方法，市场逐渐萎缩，不利于提高渔业企业的经营利润和产品附加值。调整渔业经济发展思路，转变增长方式，提高科技含量已经迫在眉睫。

从生产组织来看，我国渔业集团作业较少，零星作业、分散管理、各自为政的现象十分明显，使渔业经济难以形成规模化和产业化。以渔民为发展主体、以渔村经济为主要形式、以一家一户分散经营为主要生产组织方式是目前我国渔业经济的基本特征。在市场经济不发达的情况下，一家一户分散经营的生产组织方式曾推动了我国渔业经济快速发展。然而，目前我国渔业经济发展所面临的市场环境已发生了重大变化，一家一户分散经营的生产组织方式已明显不能适应我国渔业经济未来发展的要求，导致渔业经济在发展过程中面临很多非常突出的矛盾和问题，具体表现在以下几个方面：一是分散经营方式下，渔民处于不利的市场地位，制约渔民收入水平的提高；二是分散经营方式下，渔民信息获得不足，渔业生产具有盲目性；三是分散经营方式下，渔业结构战略性调整难度大；四是水产品进出口组织化程度较低，把握市场经济规律难度大，造成了我国目前水产品进出口市场纷乱无序的状况，不能适应不断增多的国外反倾销、反补贴以及所谓的紧急限制进口措施等复杂的对外贸易形势，渔业竞争力难以提高。

从水产品养殖结构看，养殖品种单一、结构雷同、养殖方式落后，名特优产品的养殖比例低，产业化水平低，不适应国内外市场的需求变化。主要产区不同程度地出现了区域性、结构性的产品过剩，致使渔业产品的价格与价值得不到合理的体现，大部分渔民增产不增收。

（4）产品质量存在隐患（武彤，2003）。随着经济的发展和人民生活水平的提高，国内外消费市场对水产品质量安全要求越来越高。但目前我国水产品质量存在许多问题，面临着“绿色壁垒”的威胁。一是所制定的标准、规范、规定还很不全面、不完善，与国际标准及惯例有相当的距离，出口水产品检出药残超标的事件屡有发生，成为出口贸易的重大隐患；二是部分企业不能按标准组织产品的生产与加工。加工企业质量风险防范意识不强，加工过程中存在使用禁用物质或掺假使假行为，水产品质量存在很多隐患（王丽波和扬子江，2008）。同时，我国对水产品质量的监督检测机制也不健全，质检机构少、专业人员少、经费不足、技术水平低，水产品药物残留问题也比较严重。所有这些都制约着我国水产品的竞争力，限制了我国水产品出口贸易的进一步发展。

近年来，技术壁垒以其隐蔽性和灵活性的特点越来越成为发达国家保护国内生产、限制国外产品进口的主要手段，这些国家和地区基本上都对进口水产品制定了较为严格的环境标准，对我国水产品出口贸易形成很大威胁。2001年9月，欧盟因氯霉素残留问题将我国产的冻虾产品纳入其食品快速预警机制。美国食品和药物管理局在接到从中国进口的虾和淡水螯虾中含有氯霉素的报告后，开始严格检查进口虾类中是否含有这种抗生素的残留物。日本等国也大打“绿色壁垒”牌，对我国水产品实行苛刻的检验和检测，使我国出口企业和渔业生产遭受巨大损失。

（5）周边国家专属经济区制度的广泛实行带来挑战。中日、中韩渔业协定的生效和北部湾划界的完成，对我国渔业生产和渔民的生活，以及沿海地区的经济发展和社会稳定带来了重大影响。大量渔船要从传统作业渔场撤出，将造成上百万吨的渔业产量和几十万元的渔业产值损失，几十万渔业劳动力和近百万渔业人口的生活将受到影响，同时还将带来相关产业的萎缩，造成渔区失业人口增加。此类问题如果处理不当，将会对渔区社会稳定带来很大的影响。同时海洋权益的斗争将更加激烈，导致涉外事件发生的因素增多，渔业管理难度加大。

（6）外资利用不足，且投资区域不协调。与渔业发展的需求相比，我国渔业利用外资项目规模偏小，利用外资总量不足。目前，我国渔业利用外资的比例占全国利用外资总量不足1%，外商直接投资项目规模小，其合作伙伴多为中小企业，跨国公司投资渔业的比重仍然较低。

外商资金到位率较低。据有关部门统计，近年渔业实际利用外资占合同利用外资的比重不足一半，究其原因是配套资金不足。从全国范围来看，渔业利用外资新建项目的外币与人民币的投入比约为1：7，即投入1美元，配套7元人民币。实际上国家对渔业的投入本来就不足，对外商投资的配套资金就更加紧张。

外资来源地集中，利用方式比较单一。目前，我国渔业利用外资以港、澳、台及亚洲地区（如日本、韩国等）资金为主，尽管来自欧美国家的投资有所增加，但相对于前面部分国家和地区而言仍然较少。另外，利用方式主要是合资、合作、外商独资三种形式，跨国并购、融资租赁等方式十分少见。

外商投资加剧了我国渔业产业结构和地区结构的失衡。渔业领域中的外商投资项目大多集中在我国东部地区，约占90%，中、西部地区相对较少，不足10%，这在一定程度上加大了地区经济发展的差距。从项目类型看，外商主要投资在水产品加工项目上，对水产品品种的研发和养殖项目则投资较少。

（7）全球化带来的挑战。世界经济一体化已经成为趋势，我国渔业和其他产业一样，也面临着国际化、全球化的严峻考验。我国将在一个竞争更加激烈、机会更加均等、标准更加严格的经济全球化大环境中求发展，这给我国渔业经济带来了极大的挑战，同时也提供了前所未有的机遇。

从捕捞角度看，国际经济合作协议规定市场准入与国际待遇相分离。外资的进入可以从事渔获物的加工销售，但不允许从事近海捕捞。不过，很多外资企业通过合资合作等方式，不断加大在养殖、远洋捕捞和水产品加工方面的进入力度。国际资本的输入和发达国家先进技术、设备和人才的进入直接冲击国内渔业，特别是水产品加工业。国际渔业企业大都运用现代科技手段规模化生产和捕捞水产品，优质低价的水产品必将大量涌入国内市场。我国的部分海洋渔业加工企业科技含量低、生产成本高、加工设备陈旧、加工工艺落后、产品质量偏低、引进先进技术设备能力差、经营管理方式僵化、无品牌优势、难以承受进口水产品的冲击，水产品加工品和制成品在技术竞争中将处于劣势地位（王淼和权锡鉴，2002）。

此外，随着国际形势的变化，柴油价格发生了较大波动，使本来脆弱的海洋捕捞业雪上加霜，不少渔船不得不停航停产，渔业企业利润下降。大多数渔民文化素质偏低、经营意识差，难以及时得到完整、准确的市场信息，导致产品趋同，绝大多数渔民不具备对市场需求做出迅速而正确反应的能力。整体技术设备落后、技改经费投入少、机械化和自动化程度较低、海洋开发基础薄弱、渔业基础设施投入不足、制度创新滞后、政府宏观调控不到位等，这些都是制约我国渔业经济持续、健康、快速发展的重要因素。

二、养殖、捕捞与国际贸易现状

1. 我国水产养殖业的发展现状

水产养殖在我国有着悠久的历史。新中国成立以来，在重捕捞、轻养殖思想影响下，渔业生产一直依赖海洋捕捞，发展受到很大制约。改革开放以后，在解放思想、实事求是思想路线的指导下，我国开始调整渔业发展重点，开始把水产养殖业作为全国渔业发展的主攻方向。1985 年，中央五号文件将“以养为主，养捕加并举、因地制宜、各有侧重”作为我国渔业的发展方针确定下来，方针的核心是“以养为主”。在“以养为主”的方针指导和以市场为取向的经济改革的强力推动下，水产养殖业的发展带动我国渔业经济进入了快速发展的黄金时期，取得了举世瞩目的成就。

（1）渔业结构有了重大改变。随着养殖业的快速发展，养殖捕捞的比例有了重大变化。1990 年，我国水产养殖产量超过了捕捞产量，改变了捕捞业主导渔业的历史，成为世界上主要渔业国家中唯一养殖产量超过捕捞产量的渔业大国。2004 年全国水产养殖总产量 3209 万吨，占世界水产养殖产量的 70%以上，占我国水产品总产量的 65%，比 1985 年提高了 20 个百分点。养殖面积达到 10921 万亩，近 20 年增加了 5000 多万亩。这些数字的背后，反映的是我国渔业生产结构、就业结构、投入结构的一系列重大调整和优化。

（2）水产品供给状况得到了根本改观。渔业生产力的解放和生产的快速发展，特别是通过大力发展海淡水养殖业，使我国水产品供给能力迅速提高。党中央、国务院在五号文件中提出用三到五年时间解决大中城市“吃鱼难”的奋斗目标，到 20 世纪 90 年代前期就已基本实现。我国水产品人均占有量从 1995 年起超过了世界平均水平，2004 年达到 38.69 公斤，比世界平均水平高 10 多公斤。跨越了供给短缺时代之后，国内水产品市场供给丰富、品种繁多、购买方便、价格平稳，呈现了多年的繁荣景象。

（3）水产养殖成为促进农村经济发展的重要产业。20 多年来，水产养殖一直是农业和农村经济中发展最快的产业之一，为农村劳动力转移创造了大量就业和增收机会，对推动我国农业产业结构调整和农村经济全面发展发挥了重要作用。全国渔业总产值占大农业的份额从 1985 年的 3.5% 提高到 2004 年的

10%。20年间，渔业共吸纳了近1000万人就业，其中约70%从事水产养殖，仅对虾养殖近几年就吸纳了近50万就业人员。水产养殖业的发展还带动了加工、储运、销售和水产苗种繁育、渔用饲料、渔药等相关行业的发展。渔业为全国1000多万渔民致富提供了条件，2004年全国渔民人均收入为5460元，比1985年的626元增加了8.5倍，大批渔（农）民通过从事水产养殖摆脱了贫困，步入了小康生活。“十五”时期，我国渔业经济保持较快发展，成为农业经济的重要增长点。

2005年全国水产品总产量达到510165万吨，水产品人均占有量3902公斤，水产蛋白消费占我国动物蛋白消费的1/3；渔业经济总产值达761907亿元，渔业产值达到418048亿元，渔业增加值221530亿元，约占农业增加值10%；全国水产品出口额789亿美元，占我国农产品出口总额的30%；渔民人均收入5869元，比“九五”末增加1140元，比农民人均收入高2614元。2010年，渔业经济总产值突破1.2万亿元，渔业产值6200多亿元，渔业二、三产业产值比重达到48%，渔业经济发展协调性增强；水产品总产量5350万吨，年均增长4%，保证了水产品的有效供给；水产品出口额138亿美元，连续11年居国内大宗农产品出口首位；渔民人均纯收入8963元，年均增长9.75%。渔业成为了农业农村经济中重要的支柱产业和富民产业。

（4）养殖水产品已成为出口的主导品种。改革开放20多年来，我国水产品对外贸易取得了长足发展，水产品贸易量年均增幅达20%左右。2000年，我国水产品出口额跃居大宗农产品首位，出口额由1980年的3.6亿美元增长到2004年的69.7亿美元。养殖产品占出口产品的比重越来越大，一些优势品种所占份额明显，仅六大品种（对虾、鳗鱼、罗非鱼、大黄鱼、贝类、河蟹）就占一般贸易出口的60%左右，其中鳗鱼、罗非鱼、对虾三个品种就出口31.8万吨、出口额18.8亿美元。目前，我国水产养殖产品贸易出口总量及出口额已位居世界前列。2010年前三季度中国水产品出口量230.2万吨，出口额95.2亿美元，分别同比增长8.9%和25.6%，其中对虾、贝类、罗非鱼、鳗鱼、大黄鱼等名优养殖水产品仍是主要出口品种，该五个品种出口额之和占水产品贸易出口总额的50.2%。

（5）水产养殖基础设施和支撑体系建设取得重大进展。目前，我国已经建成国家级原良种场38个，“三合一”（病害防治、环境监测、质量检验）中心39个，地级养殖病害防治中心10个，2004年和2005年还分别建设县级水生动物疫病防治站139个。《全国动物防疫体系建设规划（2004~2008年）》计划在全国490个水产养殖重点市、县，依托现有水产技术推广站，建设水生动物疫病防治站，2006~2008年，计划建设320个县级水生动物疫病防治站。至此，全国水产育种能力会大幅提高，养殖病害防治、水域环境监测、水产质量检验体系将逐步完善，水产养殖领域的公共服务、管理水平和抗风险能力也会明显增强，产业的综合素质明显提升。

（6）水产养殖管理制度建设进一步加快和完善。长期以来，我国渔业管理的重点主要是在捕捞生产领域，水产养殖业发展基本处在自发状态。近年来，随着渔业形势的发展和认识的提高，水产养殖业的管理工作得到了明显加强。一是养殖证制度建设力度明显加大。养殖证制度是我国农村基本经济制度在渔区和渔业领域的具体体现，是渔民依法使用水域、滩涂从事养殖生产的基本保障。截至2009年底，全国已核发养殖证37万多本，确权水域滩涂面积448万公顷，发证确权率达到65%，对稳定水域滩涂养殖使用权，调动渔民生产积极性，统筹城乡协调发展发挥了重要作用。二是水产苗种管理制度进一步完善。《水产苗种管理办法》的修订工作已经完成，规定了水产种质资源保护、水产新品种审定、水产苗种生产许可证、水产苗种进出口审批等制度，其中水产苗种许可制度已全面启动，目前发证率已达50%。三是开展了水生动物防疫工作，制定了规章、开展了培训，初步建立起水产养殖病害和疫情测报体系。四是水产养殖用药管理工作得到加强，制定了水产养殖用药管理规范，组织实施水产品药残监控计划，开展了水产养殖用药管理试点工作。

2. 我国捕捞业的发展现状

随着产业不断发展，中国渔业经济增长方式已开始发生重大转变，从过去单纯追求产量增长，转向更加注重质量和效益的提高，注重资源的可持续利用。为了减缓海洋捕捞产量高速增长对资源造成的压力，我国政府对海洋渔业结构实行战略性调整。自1999年开始，首次提出海洋捕捞产量“零增长”目标，而后又进一步提出“负增长”目标，对海洋捕捞强度实行了严格的控制制度。2002年起，国家实施了海洋捕捞渔民转产转业工程，连续三年由中央政府出资对渔民报废渔船实施补贴，引导渔民压减渔船，退出海洋捕捞业。2003年经国务院批准，农业部制定了《关于2003～2010年全国海洋捕捞渔船控制制度实施意见》，规定到2010年海洋捕捞渔船减少3万艘，功率数减少近126.9万千瓦，这标志着我国渔船管理开始从“总量控制”转入“总量缩减”阶段。近年来，我国捕捞产量已开始出现下降趋势，但是并没有根本扭转我国近海渔业资源衰减的趋势。

按照我国渔业管理区划，我国海洋水域被分为黄渤海渔业区、东海渔业区和南海渔业区。海区当局的管辖范围如下：黄渤海渔业行政管理区包括辽宁、河北、天津和山东；东海渔业行政管理区包括江苏、上海、浙江和福建；南海渔业行政管理区包括广东、广西和海南。

黄渤海是我国海洋渔业开发最早的重要渔区，如2002年的捕捞产量即为448.7×10^4吨，占我国海洋渔业捕捞产量的31.3%（陈新军，2004）。1950～1970年，黄渤海捕捞产量一直处于69.0×10^4吨以下。从1971年开始，由于捕捞数量快速增长，产量有较大幅度的提高。1985年以后，由于海洋渔业体制的改革，黄渤海海洋渔业捕捞产量持续递增到1999年。1986年捕捞产量为104.3×10^4吨，首次超过103×10^4吨的最大可持续产量水平，1999年高达510.2×10^4吨，为最大可持续产量的4.9倍。进入21世纪以后，黄渤海海洋捕捞产量趋于稳定并呈现下降趋势，但仍维持在最大可持续产量4.3倍以上的高过度捕捞水平。

东海是我国渔业资源生产力最高的海域，2002年我国大陆地区在该海域捕捞产量为514.4×10^4吨，占我国海洋捕捞总产量的35.9%。对东海的最大可持续产量的评估数据随研究方法不同而有所变化。陈新军（2004）根据20世纪80年代以来该海域初级生产力和渔获物食物层次的变化，对渔业资源的生产潜力评估表明，东海渔业区最大可持续产量为308×10^4吨。最近根据东海区34种鱼类平均营养级从2.61级下降为2.46级的情况，评估该海区渔业资源可持续渔获量约为400×10^4吨，用Schaefer模式估计最大可持续产量为279×10^4吨。

南海北部和北部湾的渔业资源主要为广东、海南和广西三省区所利用，该海区的潜在渔获量合计为180×10^4～190×10^4吨。该海区的海洋捕捞产量，

1950 年为 8×10^4 吨，1955 年上升到 42.5×10^4 吨，1956～1979 年一直在 40×10^4～80×10^4 吨，1980 年以后由于机动渔船数量的增长，海洋捕捞产量也直线增长，1980 年为 55.2×10^4 吨，1992 年首次突破潜在渔获量，达 206.8×10^4 吨。1992 年到 2002 年实际捕捞量一直逐年增加，2002 年已达到 358.8×10^4 吨，是潜在捕捞量的 1.89 倍。

3. 我国水产品国际贸易发展特点

随着世界经济一体化和全球化的深入，中国渔业将以更加开放的姿态融入世界渔业发展格局。近年来，中国水产品国际贸易保持强势增长态势，优势水产品的出口市场已基本形成，除日本、韩国、香港等传统出口市场外，对美国、欧盟等国家和地区的出口也有较大的增长，形成以发达国家和地区为主的国际市场格局（肖放，2003）。

据海关数据统计，2010 年我国水产品进出口总量 716.06 万吨，进出口总额 203.64 亿美元。其中，出口量 333.88 万吨、出口额 138.28 亿美元，进口量 382.18 万吨、进口额 65.36 亿美元。水产品继续位居大宗农产品出口首位，出口额占农产品出口总额的比重达到 28%，较上年提高 1%。特别是在养殖水产品出口方面，鳗鲡、对虾、贝类、罗非鱼、大黄鱼、河蟹六大类名优水产品在国际市场有较高的知名度和竞争力。

（1）贸易总额快速增长，出口额增长率逐年递增，贸易顺差不断扩大。自 2001 年 12 月中国加入 WTO 以来，中国水产品进出口贸易呈现出良好的发展态势。据海关数据统计，2010 年我国水产品进出口总量 716.06 万吨，进出口总额 203.64 亿美元，同比分别增长 6.78% 和 26.8%。其中，出口量 333.88 万吨、出口额 138.28 亿美元，同比分别增长 12.6% 和 28.09%，进口量 382.18 万吨、进口额 65.36 亿美元，同比分别增长 2.2% 和 24.16%；贸易顺差 72.92 亿美元。这表明我国水产业牢牢把握住劳动密集型产业的比较优势，克服种种不利因素，切实抓住机遇，推动了水产业生产和出口的健康发展。

（2）一般贸易仍为主要的贸易方式，优势产品出口大幅增加。我国水产品贸易中的一般贸易出口和来进料贸易出口均出现较快增长，增幅与水产品贸易出口总额增幅基本接近。2010 年水产品一般贸易表现尤为抢眼，出口量 224.3 万吨、出口额 94.21 亿美元，同比分别增长 13.32% 和 34.44%，占水产品贸易出口总额的68%。对虾、贝类、罗非鱼、鳗鱼和大黄鱼等名优养殖水产品仍是主要出口品种，上述五大品种出口额占水产品一般贸易出口总额的49.9%，其中，对虾出口量21.61万吨，出口额15.36亿美元，同比分别增长15.2%和24.6%；贝类出口量26.07万吨，出口额11.58亿美元，同比分别增长18.6%和39.2%；罗非鱼出口量32.28万吨，出口额10.06亿美元，同比分别增长24.63%和41.61%；鳗鱼出口量4.52万吨，出口额7.9亿美元，同比分别增长5.9%和49%；大黄鱼出口量5.01万吨，出口额2.07亿美元，同比分别增长5.1%和43%。另外，养殖珍珠出口额同比增长17.6%，达到2.57亿美元。一些近海或远洋捕捞产品出口也大幅增加，其中冻、干、盐腌或盐渍墨鱼和鱿鱼出口额达到6.6亿美元，同比增长82%；未列名冻鱼出口额4.8亿美元，同比增长47%；制作或保藏的蟹出口额2.66亿美元，同比增长76%；冻、干、盐腌或盐渍章鱼出口额2亿美元，同比增长50%；冻鲳鱼出口额1.09亿美元，同比增长231%；冻鲭鱼出口额1.09亿美元，同比增长112%。

（3）深加工产品出口发展较快，名优养殖水产品出口势头良好。水产品深加工是产业发展的趋势，我国出口水产品中深加工产品的比例也不断提高。2002年深加工水产品出口44万吨、出口额17亿美元，到2004年达到57万吨和26亿美元，同比增长30%和53%。深加工水产品出口额占出口总额的比例变化不大，仅从2002年的36%上升到2004年的38%。2006年，深加工水产品占出口总额的46% ，比重比2002年提高了9个百分点。深加工的发展，提升了产品附加值，实现了渔业增效，2006年深加工对虾出口占对虾出口总额的83%。整体来说，我国的水产品加工正由过去的初步加工和粗加工向精深加工方向发展，并且开始追求多样化、系列化和高附加值的产品（马滕，2008）。

（4）出口市场结构有所优化，但主要目标市场仍比较集中。日本、韩国、美国和欧盟是我国水产品出口的主要目标市场。日本一直是我国最大的水产品出口市场，但由于日本国内经济持续低迷和对我国烤鳗实施技术性贸易壁垒，近年来对日出口一直呈现下降趋势，直到2004年才出现扭转，出口额大幅上升，但在水产品出口总额中的比例较20世纪90年代已有较大幅度下降。韩国一直是我国冻鱼出口的主要市场，我国对韩国出口总体上保持稳定增长的态势。近年来美国对我国养殖对虾的需求不断增长，出口贸易额增长很快，但由于2004年美国对我国对虾实施了反倾销制裁，造成出口下滑。欧盟是我国来料加工鱼片的主要消费市场，虽然经历了2002年“氯霉素”超标事件和全面禁止我国动物源性食品进口事件的影响，但2002年后对欧水产品出口一直呈较快增长趋势。考虑到目标市场过于集中对我国水产品出口带来的不利影响，我国政府和水产品出口企业加强了对新兴市场的开拓工作。上述四个主要目标市场的出口额占水产品贸易出口总额的比例已由2000年的87%下降到2004年的79%，2010年该比例下降到66.9%，市场结构有所优化，但仍然比较集中。目前出现的新兴市场主要包括俄罗斯、东盟各国、中东和南美等国家和地区。

（5）主要出口省份比较集中，出口的区域性格局基本形成。多年来我国水产品出口主要省份一直比较集中，山东、广东、辽宁、浙江、福建五个省列我国水产品出口的前五位。2002年和2004年上述五省的水产品出口额占我国水产品出口总额的比重约90%。随着我国水产品出口原料基地的建设，优势水产品产业带正在形成。从2004年各省的出口情况看，对虾和罗非鱼出口主要集中在广东和海南，烤鳗出口主要集中在福建，大黄鱼出口主要集中在浙江，胶东半岛则成为我国最主要的冰冻鱼片出口加工基地，水产品出口区域性分布正在形成。到2010年，山东、福建、广东、辽宁、浙江、海南等沿海省份仍是我国水产品主要出口省份，上述六省出口额之和占全国出口总额的91%。其中山东省出口额39.88亿美元，同比增长18.18%，继续位居出口省份首位；福建凭借对台贸易的快速增长，出口额同比增长66.03%，达到25.38亿美元，成为我国第二大出口省份；广东、辽宁、浙江、海南、江苏和广西分列第三到第八位，出口额分别为21.78亿美元、18.85亿美元、15.92亿美元、4.03亿美元、2.71亿美元和2.43亿美元，同比分别增长28.52%、18.18%、24.76%、11.9%、13.28%和59.36%。江西和湖北仍是最重要的内陆出口省份，出口额分别为1.83亿美元和1.45亿美元，同比分别增长41.66%和13.87%。从以上各省的水产品出口数据可以很容易看出，我国水产品出口省份比较集中，且已经基本形成区域性的格局。

（6）来进料贸易加工结构继续优化，来料加工比例下降，进料加工比例上升。来进料加工原料和饲料用鱼粉的进口一直是我国水产品进口的主要部分，二者相加占我国水产品进口总量的75%以上，2004年更是高达81%。供居民食用消费的进口量在水产品进口总量中的比例则呈逐年下降趋势，从2002年的24%下降到2004年的19%，进口额也有所下降，这使我国的贸易顺差进一步加大。国内使用消费进口的主要品种是冻鱼类（带鱼、鲱鱼、鳕鱼等）、软体类（鱿鱼）和虾类。2010年水产品来进料加工贸易出口量109.57万吨、出口额44.07亿美元，同比分别增长11.16%和16.34%，来进料加工贸易出口额占水产品出口总额的比重为31.87%，比上年下降3.22个百分点。加工贸易结构调整成效显著，进料加工贸易在来进料加工贸易中所占的比重进一步增加。进料加工出口量82.56万吨、出口额32.08亿美元，同比分别增长18%和24.19%，出口额占来进料加工贸易总额的比重较2009年提高了4.5个百分点；来料加工出口量27.01万吨、出口额11.98亿美元，同比分别下降5.57%和0.49%。由此可以看出，我国加工出口企业已经不满足于只赚取微薄的加工费，而是更加注重参与市场经营和产品的自主品牌建设，变被动为主动，希望能进一步提高国际竞争能力。

第三章　运用扎根理论方法分析精选企业案例

本章将对本研究采用的研究方法进行比较全面的介绍，在论述了研究设计、方法说明、案例选取和资料收集之后，重点呈现资料扎根理论分析过程和研究结论提炼步骤。

第一节　个案的选取与资料收集

研究方法选取应该遵循问题导向原则，也就是最好选择那些最适合研究主题的方法。个案研究法能够充分描述现象发生的过程和相互影响情况，能把复杂、综合的事件和过程具体而细微地呈现出来，使得研究者能够更容易地体会到现象发生时的状态。对于中小水产品加工企业成长这一研究主题，个案研究法是比较合适的选择，尤其是在针对研究主题选取目标对象上更是如此。

一、个案研究方法的适用性

案例研究是一种实证探究方法，是指在真实的背景下研究现象尤其是现象和背景的关系，通过事先发展的理论命题来引导多重资料收集和三角检定，并提炼和论述结论。Robert（1994）认为，个案研究不仅能验证理论，同时也能促进理论发展，是一个通过对个案进行调查、研究、分析、概括、总结从而发现新知识的过程。

本书在研究中采用案例研究方法，主要有以下四点原因：

（1）研究问题的性质。如果所研究的问题是一种理论空白，或者已有文献不能够解释和回答所要研究的问题，需要从实践中总结、归纳出理论框架和概念模型时，往往采取理论构建过程而不是理论验证过程。[①] 此时，最佳的研究策略应该是归纳方法，而不是从已有的理论假设出发进行演绎分析和推导。中小水产品加工企业的研究还处于探索阶段，可以直接借鉴的理论成果比较少，存在建构理论的空白区，亟待从现象中归纳结论。案例研究就是通过深入的案例调研和系统的资料分析做到更加充分地贴近现实，使得研究者能够对现实产生足够的敏感和全方位的理解，能够将案例中生动的“故事”转化成理论元素。一个理性客观的观察者通过案例研究能够打破现有的概念框架，建立一个有效的探索性理论框架。

（2）问题的复杂性和动态性。很多研究问题具有复杂性和动态性的特点，于是就需要系统地从整体上把握问题的本质和全貌，以便深刻揭示现象背后的理论内涵，这个任务对基于问卷调查的大样本数理统计分析研究而言往往勉为其难。案例研究通过研究者与被访问对象的过程性全面、深入接触，使得研究者能够发现与实际相关的知识、构建有普遍解释能力的理论框架，从而能够更好地解决管理中的实际问题。因此，该方法比较适合企业发展与企业成长这类具有动态过程性的研究领域。

（3）案例研究更有利于通过沟通获取丰富的信息。深入企业现场的案例调研能够使得研究者有机会获取被访问者对有关概念的解释和说明，能够充分体验事件发生的具体情境，并且在调研过程中通过多次反馈达到有效沟通，从而保证了研究者所获取数据的真实性和有效性。中小水产品加工企业研究少有可以依赖的理论文献储备，从现象中搜集资料成为理论分析的必要前提。如果没有有效的数据作基础，再高明的分析方法也得不出科学的论断来，而案例研究在资料汇集方面具有独特优势。

（4）理论框架和数学模型的区别。案例研究是要产生理论框架而不是数学模型，理论框架模式适合变量复杂、关系复杂的研究，它易于找出变量之间的联系、变量之间作用的方式、变量变换的模式、影响结果及其输出方式等。

① Gill 和 Johnson（1991）认为，理论验证方法经常运用数量研究方法，是验证从已有理论推导出的假设的过程。

数学模型方式只适应于有限复杂的问题，它将很多鲜活的情景过滤掉，只适宜于在被小心定义的边界里面开展研究。中小水产品加工企业发展问题涉及的理论要素众多，要素间的关系非常复杂，理论框架的建构有赖于个案研究方法的有效运用。

实际上，Yin（1989）在对个案研究的早期定义中就已经指出，个案研究法有以下九个特点：在自然而非操纵的环境下开展研究；可以使用多种资料收集方式，包括问卷调查、访谈、阅读记录文献、实地观察等；研究对象可以是一个或多个；可以就每个研究对象进行深入了解；较适合运用在对问题仍属探索性阶段，尚未有许多前人研究的情况下，或者用在假说衍生阶段，以及质疑或确认假说阶段；不操纵研究变量；研究的重点为当前的热点问题；对研究“为什么”以及“如何做”的问题较有用；研究的结论与研究者的整合能力有极大的关系。

我国正处于经济发展和改革攻坚的特殊时期，特殊的历史背景、特殊的国情国策加上渔业企业这一组织本身具有的动态复杂性，使得企业研究的难度越发加大，尤其是对于中小水产品加工企业这一不是非常主流的企业组织形态，理论文献少，资料获取和分析压力更大。因此，更需要借助和事件当事人的连续、亲密互动，抵近全面观察来收集资料，来增加对现象的敏感度。在熟悉和了解现象的过程中，才能增加研究者选取有效的代表性样本的可能性，也只有在与事件、现象互动中，才能提高研究者的理论敏感性。

二、基于个案研究选取企业

本研究基于个案研究方法选取多个案例，并以个案研究法的原则指导研究对象的筛选和资料收集。同时，本研究也根据需要，采取有力措施确保较高的研究信度和效度。

1. 个案研究的类型

与问卷调查和其他数量统计研究方法中的“统计性样本”不同，案例研究中的样本被称为“理论性样本”。“理论性样本”关注的是样本的理论内涵，“统计性样本”关注的是样本的数量多少。案例研究不遵从统计意义上的样本数量规则，案例研究方法不在于样本数量的多少，关键在于样本的丰富内容和研究深度，这也是本研究只选定六个企业个案的原因。

在案例研究设计的类型上，可以从个案数目和分析单元数目两个角度加以划分，如表3－1所示。本研究选取六个个案和单一分析单元，是案例研究类型中的第二种情况。一方面，六个企业样本作为案例研究的对象，属于多重个案研究。另一方面，分析单元主要集中于企业成长主题，属于单一分析单元。

表3－1 案例研究设计的类型

单一分析单元	1	2
多个分析单元	3	4
	单一的个案	多重个案

资料来源：Yin R. Case Study Research－Design and Methods. Thous and Oaks：Sage Publications，1994，46.

Anselm 和 Juliet（1997）关于定性研究的资料分析应该到何种程度，主要有三种观点：一是写实派，也就是根本不对收集到的资料进行任何分析和诠释，只是把被研究者的观点如实记录下来呈现给读者，从而避免研究者的主观影响；二是描述派，也就是对收集到的资料进行删减整理，使结论既有描写成分又有研究者一定程度上的诠释；三是理论派，也就是研究者认为说明世界的最有效方法是发展那些具有理论意义的解释，通过资料的诠释和概念化来建构针对现实世界的理论，从而解释和指导世界。本研究即属于上述的第二种情况，只是在理论提炼方面运用了扎根理论方法，在结论阐述方面增加了理论比重。

2. 个案企业的选择

本研究尽量在可及范围内寻找那些最具中小水产品加工企业特征而且能够获取大量有价值资料信息的企业案例。这些样本的最终选取，基于以下的测量标准，如表3－2所示。

表3－2 样本选择的标准

选定标准	水产特征	资源依赖	地区分布	加工属性	企业绩效	创业历史
基本要求	丰富	较强	较广	显著	差异	不同

根据样本选择标准，最终从众多企业中筛选出了六个有代表性的企业作为研究对象，可将个案分别简单编号为A、B、C、D、E、F，表3-3是对这些个案的简单描述。

表3-3　案例汇总

企业案例	所在区域	绩效状况	企业成长主线
康福莱	青岛	转型式成长	创业者离开大企业构建自己创业团队，以国际贸易为切入点，逐渐向加工制造领域转型，但企业水产特色在不断消退
丰华食品	日照	稳定式成长	创业者依赖自有资源，以工厂加工生产为主导，经过时间积累，不断巩固在产业内的领先地位，取得了稳健的成长业绩
东海岸	大连	缓慢式成长	创业者运营企业主要动机是子承父业，事业心和进取精神值得关注。从国内水产贸易发展为生产加工与国际贸易结合
宝隆水产	大连	高速式成长	创业者极具冒险精神与执着理念，在产业内具有很多开创性思维。企业在前期获取了持续成长，资金与管理是主要“瓶颈”
瑞驰海产	大连	管理式成长	生产型与贸易型创业者合作创业，注重向管理要效益，强化内部制度与培训，积极探讨与国内外科研机构、企业的合作
盛华海产	大连	创新式成长	熟知企业管理各层面技能的创业者，在运营企业中不断向高标准、创新型努力，管理理念和发展思路是后续成长的基础

下面就这些企业的基本情况做一个简单说明。

（1）香港康福莱集团有限公司。康福莱公司成立于2003年3月，主要从事西餐食品、海洋食品、农业食品和宠物食品等产品加工出口，公司产品畅销美国、加拿大、墨西哥、日本、欧洲及非洲等国。康福莱公司2006年开始从国际贸易业务逐步延伸产业链，经过6年快速发展，目前形成以研发、制造、海外营销、国内营销各个运营中心为依托的多元化、国际化、集团化经营格局，集团集“研、产、配、供”为一体，国际市场与国内市场协同发展，近三年销售收入年均增长45%，2008年销售收入达5220万元。

（2）山东丰华食品有限公司。山东丰华食品有限公司始建于1993年，以加工各种冷冻水产品为主。1997年成立山东丰华食品有限公司，主要经营以鱼糜为原料的各种海洋仿生食品，如模拟蟹肉、模拟虾、模拟龙虾、模拟干贝、模拟蟹钳、鱼糜原料等。公司也生产干燥水产品，如干烤鱿鱼丝、调味海苔和寿司烤海苔等。

（3）大连东海岸水产食品有限公司。大连东海岸水产食品有限公司成立于2000年10月，属中外合资企业，是集多样水产品加工、储藏及海水养殖为一体的企业。工厂坐落在美丽的海滨城市大连庄河市，庄河市依山傍水、物产丰富，是投资者的首选。该公司年储藏能力为15000余吨，下属两家分加工厂，有专业技术人才和管理人员80多人、加工人员700多人，年加工各类水产品8000余吨。

（4）大连宝隆水产食品有限公司。大连宝隆水产食品有限公司是一家具有雄厚技术实力和现代规模的大型水产品加工企业。工厂按照国际标准建设，具有国际一流的设备和检测手段，严格按HACCP食品安全与SSOP管理体系及美国FDA和欧盟标准要求进行生产，经过多年的积累和发展，不断探索创新，形成多个产品大类，品种齐全。

（5）大连瑞驰海产有限公司。大连瑞驰海产有限公司始建于2000年，是一家从事水产品和农副产品采购、加工、销售，并拥有自营进出口权的民营独资企业。经过几年的发展，公司已初具规模。现有现代化的水产品加工厂两家，共占地20000余平方米。工厂全部按照国际卫生标准设计，并获得了美国的HACCP注册、欧盟卫生注册。公司采取以外贸为主，内外贸相结合的经营策略。

（6）大连盛华海产食品有限公司。大连盛华海产食品有限公司是一家中外合资企业，共拥有四位大股东，公司成立于1997年3月，总经理和主要技术人员多年从事海产品加工，有丰富的实践和国际贸易业务往来经验。公司采用国内外20世纪90年代最先进的生产设备和技术，推行HACCP管理，通过了俄罗斯MDC的认证。公司推行多种灵活的经营方式，包括自行生产、来料加工、国内贸易、中介业务等。

三、基于访谈方法收集资料

Yin（1994）指出，个案研究的证据来源有文件、档案记录、访谈、直接观察、参与观察以及实体人造物资料等。资料收集的真实准确、丰富全面，是开展分析的必要前提，因此，从众多资料来源中找寻出最有效的获取方法，成为落实研究的一个关键任务。

1. 通过访谈收集资料

本书研究的对象是中小水产品加工企业成长及关键活动，包含了那些与企业成长和发展有关的内容。因此，要求资料的收集满足全面、系统和主次分明、重点突出的要求。我们认真分析了个案研究的资料收集方法，寻找那些更适合研究目的和研究对象的资料汇集途径，最终明确为以深入访谈法为主、以其他方法为辅，基于深入访谈法来建构企业个案数据库。

案例研究的数据收集一般有访谈、观察和企业文档三种方法，其中访谈是最重要的一种直接接触企业、获取第一手资料的手段。访谈具有及时辩明问题的特性和很强的灵活性。Parkhe（1993）认为，对于中小水产品加工企业这一研究领域，很多新概念说法不一、模棱两可，只有通过访谈才有可能使双方互动探讨，这可能比问卷调查和二手资料分析更能保证数据的真实性和有效性。同时，访谈还具有启发性，访谈的一个重要功能就是有机会发现实践中的新思想、新做法，甚至连被访问者也没有意识到的思想火花，研究者都可以对其加以显性化、条理化、系统化，进而升华至理论层面。

总之，访谈可能会增加研究者发掘理论空白点的机会，适合于对那些新现象和新事物的深入研究，这正好满足了本研究的要求。因此，本研究选取深入访谈法来获取一手资料，通过面对面的深层问询，通过他们的翔实叙述，通过在资料整理中发现的有意思议题、有疑问议题及时追问（笔者采取再次约见、电话和邮件互动等做法），最终收集到了大量有价值的、内涵丰富的水产品加工业信息。

同时，本书也非常重视局外人士观点、现场观察和亲身体验。局外人士尤其是那些熟知我们所研究的企业但又没有各种利害关系的人（笔者认为有些政府部门就符合此标准，以及相关领域的专家学者），往往能给我们以新的信息、新的启示。在深入访谈和实地调研中，观察到的数据信息可以与通过其他方式获得的资料进行比较和验证。而且，那些广泛存在于企业内部的刊物、年度报告、历史总结、项目资料、网上信息以及公开言论和媒体报道中的文档资料，也是访谈和观察资料的重要补充。

2. 资料的检验与呈现

为了保证资料的真实、准确，案例研究使用三角测量法来整理资料，也就是通过多种数据的会聚和相互验证来确认资料有效性。三角测量法是科学研究中的一种精确测量距离和方向的方法，它可以通过数据资源的多样性（人、事件、地点等）、方法的多样性（观察和访谈等）、观察者的多样性、理论和数据类型的多样性（文本、数据等）等来实现。本研究首先将深入访谈和其他途径获得的资料进行“原样复现”，不加入研究者任何主观评论。其次，对来自于不同时间、不同渠道的资料加以比对、质证。资料整理体现了以访谈资料为核心的原则，因为经过精心设计和直接参与而获得的访谈资料可能更具有真实性、准确性。资料整理过程中出现的疑点、难点，笔者都进行了追踪和资料补充，经过补充和验证的资料成为下一步分析的对象。由于资料收集、整理和分析不是分离而是互相关联、紧密联系的，待分析的资料也就具有了动态性。

在个案呈现上，本书采取将个案描述和资料分析分开进行的方式，具体来说，我们对六个案例进行了整理并形成内容丰富的案例库，书中只提取了案例的简要信息如附录所示。附录信息对中小水产品加工企业案例是个完整且简洁的展示，读者通过阅读这些案例描述，能够有一个整体印象和体会。同时，个案描述本身就是完整的故事脉络，没有研究者过多分析的个案本身就蕴含着大量有价值的理论信息。

第二节　扎根理论方法简介

定性研究是一组各类研究方法的统称，如民族志法、自然探究法、片段分析法、个案研究法和生态样本记录分析法等都属于定性研究的范畴（Peter，1993）。Hammersley（1989）将扎根理论（Grounded Theory）视为定性研究方法中比较科学有效的一种方法，此理论最早由两位社会学者 Galsser 和 Strauss 在 1976 年发展出来。所谓扎根理论，是指经由系统化的资料搜集与分析，而发掘、发展，并已暂时地验证过的理论，它在某一时期可能指代一种研究方法，在另一时期则可能指代基于该方法得出的研究结论。Strauss、Corbin（1994）指出，扎根理论强调理论的发展，而且该理论根植于所搜集的现实资料，以及资料与分析的持续互动。

一、扎根方法适用的领域及前提

（1）扎根理论法的特点在于其认为社会学需要建立理论，它认为定性研究或任何研究都应着重资料分析与理论建立（胡幼慧，1996）。因此，该研究方法比较适用于那些现有理论体系不是很完善、很难有效解释实践现象的领域，或者也可以说是存在理论的空白点、出现了一些全新现象的领域。

例如，笔者曾参与了科技部科技促进发展研究中心和挪威国家应用科学研究所（Fafo）的一项合作研究，该课题基于深入访谈实地调研了四川和青海两省的大样本企业，获得了大量有价值的资料信息。在资料整理分析时，课题组发现存在一种创业者多次直接或间接参与创建新企业的“连次创业”现象（笔者给此现象的命名），这引起了研究者的极大兴趣。国内外对企业创业行为的研究由来已久，并且成果颇多，各种原因所致，研究者们得出的结论与研究目的、研究地域、研究样本和研究方法高度相关，从而显得硕果纷呈。鉴于“连次创业”是一种非常特殊的社会现象，相应的研究比较少，而我国西部地区又具有独特的区情，于是，在掌握了翔实的企业访谈资料基础上，笔者运用扎根理论法进行了资料分析，得出了一些初步结论（李志刚和刘银龙，2006）。

（2）扎根理论研究方法是一个不断比较、思考、分析、转化资料成概念以建立理论的过程（Layder，1983）。这种重视资料、重视互动的方法特性，使得研究者可以借助和事件当事人的连续、亲密互动和抵近观察来收集资料。在与事件、现象的互动中，研究者用以提炼全新结论的理论敏感性不断提高，其归纳提炼的研究结论也逐渐丰满。扎根理论对资料的依赖性，使得其与案例研究方法紧密联系起来。这是因为基于案例的选取和资料收集才能更好地开展后续的扎根分析。对于企业问题的研究更是如此，深入企业现场的案例调研能够使得研究者有机会获取被访问者对有关现象的解释和说明，并且在调研过程中通过多次反馈达到充分沟通，从而保证了研究者所获取数据的真实性、有效性和丰富性。

（3）案例研究方法曾经在某段时期被研究者所质疑，是扎根理论的出现及其资料分析的严密性、科学性带来了案例研究方法的复兴。李志刚、王迎军（2007）提出值得特别注意的是，扎根理论方法的资料搜集与分析是一并发生、同时进行、连续循环的，也就是研究者要以研究过程中分析所得的暂时结论为指导，不断审查资料储备是否丰富，不断调整分析的重点方向，不断进行资料的补充工作。这与一般定性研究方法资料收集完毕后展开集中分析的做法有很大区别。扎根理论法要求边收集资料、边分析资料、边补充资料、边调整研究的具体方向或重点，这就使得研究者最初界定研究领域或主体时不能过于狭窄，而其整体控制能力和动态灵活性也显得尤为重要。

二、扎根理论方法一般分析流程

扎根理论研究方法的核心是资料收集与分析过程，该过程既包含理论演绎又包含理论归纳。扎根理论资料收集方法与其他定性研究没有显著区别，而其资料分析则要求严格。Strauss（1987）将扎根理论对资料的分析称为译码（Coding），系指将所搜集或转译的文字资料加以分解、指认现象、将现象概念化。① 再以适当方式将概念重新抽象、提升和综合为范畴②以及核心范畴的操作化过程。该过程要忠实于资料，挖掘出资料的范畴，识别出范畴的性质和性质的维度。范畴间复杂交错的本质关系就是研究所得的理论，也就是说扎根理论研究之目的在于从理论层次上描述现象的本质和意义，从而建立一个适合于资料的理论。通过对多种文献资料的整理归纳，得出比较规范的扎根理论。其研究流程如图 3－1 所示。

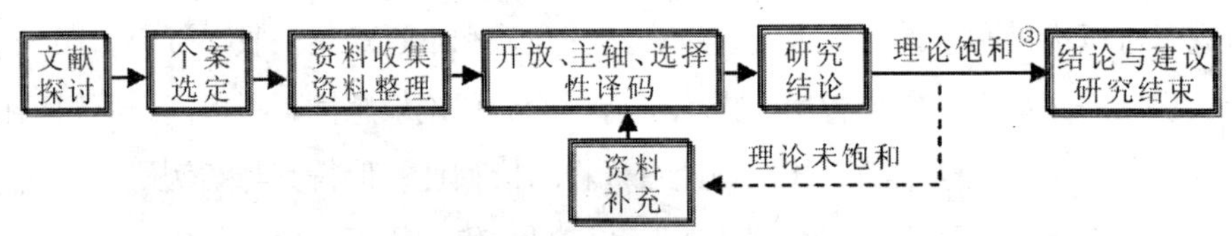

图 3－1　扎根理论研究的一般流程

资料来源：Pandit. The Creation of Theory：A Recent Application of the Grounded Theory Method，The Qualitative Report，1996，2（4）.

① 概念是附着于个别事情、事件或现象的概念性标签，概念化就是标签化的过程。

② 当一组概念都指代同一现象时，就由一个层次较高也较抽象的概念统合，这种概念称为范畴。

③ 理论饱和是指研究所得的结论要有资料的充分支持，或者是要不断补充相应资料，直到穷尽为止。

一般观点认为，扎根理论方法既然是一种从现象归纳理论的技术，那么其对文献的依赖度就应该是非常低的，而且大量的文献成果说不定还会起到打乱研究者思路的消极作用。实际上，文献分析也是扎根理论方法一个不可或缺的组成部分，这主要体现在以下两个方面：一方面，基于文献回顾和分析，我们才能够识别出哪些研究命题可能会存在理论空白点，或者既有的理论是否真的无法有效解释现象，这是选择研究方向的前提；另一方面，任何社会现象都存在某种联系，不可能有完全孤立的现象或理论。因此，扎根方法最终提炼的结论需要与既有理论进行比较、互验，既有理论也可能起到丰富扎根理论的作用，何况扎根分析的一些概念和范畴还可能直接引自文献资料。

同时，扎根理论对资料信息的丰富度和代表性要求较高，这就使得案例的选取显得非常重要。定性研究的抽样必须要以能深度、广泛和多层面反映研究现象的资料为样本，而不能像定量研究那样选取能代表人口并推论到人口母群体的样本（胡幼慧，1996）。定量研究的样本注重代表性，倾向于样本的随机本质和统计推论所需的数量要求，而定性研究则注重样本信息的丰富性和内涵深刻性。

三、扎根方法的分析技术与步骤

扎根理论方法对资料的分析过程可以分为三个主要步骤，依次为开放性译码、主轴译码和选择性译码。这三重译码虽然在形式上体现为三个阶段，但实际的分析过程中，研究者可能需要不断地在各种译码之间来回转移和比较以及连接。

1. 开放性译码

开放性译码指将企业资料记录逐步进行概念化和范畴化，也就是根据一定原则将大量的资料记录加以逐级“缩编”，用概念和范畴来正确反映资料内容，并把资料记录以及抽象出来的概念“打破”、“揉碎”并重新综合的过程。Patton（1990）认为，开放性译码的目的在于指认现象、界定概念、发现范畴，也就是处理聚敛（Convergence）问题。开放性译码的程序为定义现象（概念化）—挖掘范畴—为范畴命名—发掘范畴的性质和性质的维度。对范畴的性质和性质的维度进行界定，是为了确保概念到范畴的提炼操作尽量科学贴切，以研究过程的程式化提高研究质量。

这里概念和范畴的命名有多重来源，具体来说概念和范畴的命名可以来源于：文献资料、访谈记录、小组研讨或研究者“新创”。其原则标准是一定要能够真实、准确反映现象的本质。同时，概念和范畴的得出也并不是一劳永逸的，为了找到最能反映资料本质的概念和范畴，我们在资料和概念、范畴间不断循环往复考察。而且，概念和范畴也处于动态变化之中，这或者是由于我们研讨后找到了更贴切的概念，或者是由于我们对资料的理解有了新的进展。

经过以上的第一层译码分析，得出的概念和范畴都逐次暂时替代了大量的一手资料内容，我们对资料的精练、缩编和理解也在逐渐深入，继而将分析和研究复杂庞大的资料数据的任务转而简化为考察这些概念，尤其是这些范畴间的各种关系和联结。不对资料进行概念化和范畴化，扎根理论研究的后续分析和成果展示是无法进行的。换言之，概念化和范畴化将收集来的资料转换为一个个利于比较和分析的单位，促动研究者对资料里反映的现象提出问题，引导着研究者对各种假设和现象提出质疑，推动了研究者进一步探索、识别和导出范畴间的新关系。

2. 主轴译码

在概念化和范畴化阶段，研究者将资料分解并指认出范畴，该过程对资料进行了一定程度的抽象和提炼，但最终得出的范畴几乎都是独立的，其间的关系并没有得到深入探讨，而关系的建立是得出结论的必要前提。为此，要将各个独立的范畴加以联结，将被分解的资料重新整合，这有赖于主轴译码阶段典范模型工具的运用。

Strauss 和 Corbin（1997）认为，主轴译码是指通过运用“因果条件→现象→脉络→中介条件→行动/互动策略→结果”这一典范模型，将开放性译码中得出的各项范畴联结在一起的过程。主轴译码并不是要把范畴联系起来构建一个全面的理论架构，而只是要发展“主范畴”和“副范畴”。换言之，主轴译码要做的仍然是发展范畴，只不过比发展其性质和维度更进一步而已。

典范模型是扎根理论方法的一个重要分析工具，用以将范畴联系起来，并进一步挖掘范畴的含义，其作用体现在：我们可以利用产生某个事件的条件、这个事件发展的脉络（也就是该事件在维度上的位置）以及在事件中行动者采用的策略和采用后的结果来帮助我们更多、更准确地把握该范畴，从而实现剖析范畴内涵和识别范畴关系的统一。因此，条件、脉络、策略和结果虽然也都是范畴，但都是与某一“主范畴”有关而用来帮助了解该主范畴的，故将其称为副范畴。

典范模型用六个主要方面引导对范畴的整理和分析，实际上就是将范畴安排至典范模型六个方面的不同位置，位置即体现了关系。典范模型建构起了范畴间的紧密关系，通过典范模型分析，我们对主范畴有了更加全面、更加准确的了解，这其实也展示了研究过程与企业资料的持续互动。基于现象的复杂性，我们得出的主范畴可能不止一个（当然太多的话也会失去意义），对应的典范模型也会不同。于是，某一范畴可能在针对不同主范畴的典范模型中发挥不同作用，也就是说，某范畴在分析主范畴 A 时可能是原因，而在分析另一主范畴 B 时则成为结果。我们可以把同一范畴反复置于不同典范模型的不同位置，原则是服从于解释和说明主范畴的内涵及体现范畴间的联系。

3. 选择性译码与结论生成

经过以上对范畴的典范模型分析，我们对范畴及其关系的理解又加深了一步。在对原始资料、概念、范畴，尤其是范畴关系不断比较的过程中，扎根理论分析进入了第三个译码阶段——选择性译码。选择性译码是指选择核心范畴，把它系统地和其他范畴予以联系，验证其间的关系，并把概念化尚未发展完备的范畴补充整齐的过程。该过程的主要任务包括识别出能够统领其他所有范畴的“核心范畴”；用所有资料及由此开发出来的范畴、关系等扼要说明全部现象，即开发故事线；继续开发范畴使其具有更细微、更完备的特征。

选择性译码中的资料统合与主轴译码差别不大，只不过它所处理的分析层次更为抽象。核心范畴及故事线的提炼，简化和集中了我们对个案的理解。为了使分析更有说服力也更丰富，有必要对核心范畴展开进一步探讨，这可以通过识别核心范畴的性质、维度和位置来实现。根据扎根理论研究方法，围绕核心范畴、主副范畴以及所有范畴和概念而构建的立体网络关系，就是研究的结论。主轴译码和选择性译码的分析已经体现了结论的雏形，但“理论的扎根”还有待于运用所有资料来验证范畴和关系。

理论扎根的过程是“保持资料与理论间来来回回的互动性，不断将来自现实世界的资料转化成较高的抽象层次的范畴、维度与概念，并建构概念之间的关系、直到理论性饱和为止”（徐宗国，1994）。理论的生成，需要研究者再次运用典范模型这一工具将核心范畴与其他范畴尤其是主范畴加以联结，并用所有资料验证这些联结关系。就个案的扎根分析而言，如果研究者对围绕核心范畴构建的范畴体系关系不满意，或者觉得其中某个部分存在逻辑模糊性，就需要再次收集、补充有关资料，再次对三重译码分析的准确性加以检视，或者对范畴的关系加以调整。

总之，对于那些既有理论不多且现象解释无力的企业研究领域，扎根理论方法不失为一种有效的分析技术。该方法可以帮助研究者舍弃文献演绎模式，利用归纳方法从现象中提炼该领域的基本理论，从而在逐渐创建和完善该理论体系的过程中实现其与既有理论的有效对接。当然，该方法的有效运用主要有赖于以下两方面的努力：一方面，选择一个好的、有意义的研究方向或领域，识别可能存在理论空白的命题实际上是件很难的事情；另一方面，注意资料的收集和整理，并严格按照扎根方法的原则、步骤和技巧、要求进行资料分析，并大胆提出理论假设和提炼全新结论。

第三节　运用扎根方法分析所选定的水产企业

资料收集、整理完毕后，就进入了扎根理论的译码分析阶段，下面依次从开放性译码、主轴译码和选择性译码三个步骤来分别展示本研究的中小水产品加工企业成长资料分析过程。

一、资料的开放性译码分析

开放性译码的主要工作就是对资料进行初步归纳，并为资料所反映的本质内涵给以重新命名。概念或范畴（更高层次的一种概念）的命名或提出是一项复杂的工程，这不仅由于资料的庞杂性，还由于寻找合适名称的困难性。一般来讲，概念的来源可能是文献、研究者的创造，或者是被访谈者的用语，此阶段的要求是要有创意，最好能提炼出一些全新的、具有丰富意义的词组。根据扎根理论方法，这里的概念可以是一个词、一个短语，甚至一个短小的句子，但其必须能够准确体现对应句子的本质内涵，而不能是一个简单的“摘要”。

我们通过以下两个方面的操作来进行开放性译码：

一方面，采取对资料进行逐句概念化的做法，在每句话句尾都用“a_x + 概念”加以标注，其中，a_x 是指句子在资料中的顺序，概念是指我们为该句话本质含义所贴的“标签”，或者说是对其的“定义”。具体列举如下：

（1）开始是一种小型加工贸易，作坊式，这是个积累过程。（a_{14}作坊式加工贸易）

（2）这 10 多年的过程也是比较缓慢的，那时候业务量也小。（a_{17}缓慢成长）

（3）中间偶尔多少依靠了银行的资金，但是不是很大。（a_{19}慎用外部资金）

（4）说到主线就是自我积累、自我补充的过程，没有很大程度地依赖银行、融资等。（a_{22}自我资源驱动成长）

（5）到了 1997 年就上了现在这个鱼糜制品，鱼糜制品在海产品当中相对来说属于一个大的行业，除了鱼片就是鱼糜产品。（a_{25}转入核心产品）

（6）咱们国内的水产品不像肉制品那么广泛，那么好接受。（a_{28}市场认知障碍）

（7）这个产品的限制性较强，必须在冷冻情况下运输销售。（a_{32}流通条件）

（8）咱们还停留在加工的概念上，没有上升到科学的程度，配方工艺设备都不很好。（a_{33}多层差距）

另一方面，资料的逐句定义难免会出现多个定义同时指代同一现象，或者多个定义具有本质一致性的情况，因此，对以上过程得出的概念“标签”进行重新归类，并以“aa_x + 概念”来表示。于是，aa_x 就成为一个表达同类定义的范畴，基于这些定义归类的范畴提炼过程本质上反映了对现象的归类，范畴的得出实现了对资料的分解、比较、归类和整合。

例如，上面的 a_{19} 和 a_{22}（还有其他一些没有列出）等概念都反映了一个共同问题：即企业在成长过程中，更多地依赖于自有资源，是一种内生型的发展，没有更好地整合、利用外部资源，该行为会降低企业的运营风险，但企业的成长速度会受到影响。因此，我们经过对这一组相似概念的挖掘，最终决定用“aa_3 内驱成长”这一范畴来概括整个事件。经过类似的操作，我们可以实现对其他概念（群）的合并，最终将大量的概念转化为数量更少的范畴。

经过以上两步分析，得出的概念和范畴都逐次暂时替代了大量的资料内容，我们对资料的精练、缩编和理解也在逐渐深入，我们分析和研究复杂庞大的资料数据的任务转而简化为考察这些概念，尤其是这些范畴间的各种关系和联结。若不对资料进行概念化和范畴化，则扎根理论研究的后续分析和成果展示是无法进行的。换言之，概念化和范畴化将收集来的资料转换为一个个利于比较和分析的单位，促动研究者针对资料里反映的现象提出问题，引导研究者对各种假设和现象提出质疑，推动了研究者进一步探索、识别和导出范畴间的新关系。

经过对多重个案调研资料的开放性译码初步分析，共提炼出 78 个基本概念，这些概念集中反映了原始资料的本质内涵，具体如下：

从业经验积累、原料资源丰裕度、贸易驱动增长、产业链整合拓展、利润空间日低、低端加工、营销能力低、企业家事业心与魄力、企业家学习能力、从商传统、营销辐射型、业务多元化、订单化生产、资金制约、协会和政府作用小、生产的间歇性、新管理思想排斥性、集权型与忙碌型企业家、进入障碍低、同质竞争激烈、产权改革促动创业、劳动密集与工资压力、科研动力不足、生产分工度/流程化低、原料周期性、采购时机、资源保护成效差、品牌未建立、实用研究和基础研究欠缺、产品研发人才急需、产学研合作差、研发的国外资源整合、模仿创新的低风险、国外市场优于国内、低端技术主导、设备和工艺落后、吸收合作伙伴、基层员工素质低、中层员工能力差、国外市场波动、产业吸引力周期、国内生产能力强、工艺设计标准欠缺、汇率变动、低成本/附加值产品创新、原料/工艺控制模仿、产品外观设计专利保护、品牌保护/商标保护尚未建立、民营家族企业、历史型原料资源驱动、作坊式加工贸易、缓慢成长、慎用外部资金、自我资源驱动成长、转入核心产品、市场认知障碍、流通条件、产业规模、多层差距、洗牌的趋势、无关多元化的动机、高端产品的必然出现、企业聚集、沟通与合作缺乏、员工流动率高、国内技术研发投入不足、产业发展阶段限制技术、综合性与全面性创新、产业地位、领导者的素质、生产主导的弊端、朴素的经验式的管理、员工吸引力低的产业和地理原因、创业者驱动型成长、产业整体利润低/工资低、贴牌与自主品牌并举、渠道成本和利润高、产业质量检验标准欠科学的低质产品诱发性。

接下来，我们进一步对以上概念进行范畴化，也就是对同类概念进行整理、分析、归类，并用另一个概括性更强的词语来反映这组相似概念的实质，从而实现对资料的继续归纳，便于后续分析。该阶段的工作如表3－4所示。

表3－4 多重案例概念的范畴化

概念组	范畴
贸易驱动增长、营销辐射型、营销能力低、作坊式加工贸易	aa_1 贸易驱动型创业
从商传统、原料资源丰裕度、历史型原料资源驱动、吸收合作伙伴、产权改革促动创业	aa_2 创业外力
慎用外部资金、自我资源驱动成长	aa_3 内驱成长
从业经验积累、企业家事业心与魄力、企业家学习能力、领导者的素质	aa_4 企业家能力
业务多元化、产业链整合拓展、无关多元化的动机、渠道成本和利润高	aa_5 多元化
利润空间日低、产业整体利润低/工资低、产业吸引力周期	aa_6 产业吸引力
低端加工、高端产品的必然出现、洗牌的趋势、低端技术主导	aa_7 质量
订单化生产、生产的间歇性、国内生产能力强	aa_8 市场主导
进入障碍低、同质竞争激烈、、劳动密集与工资压力、市场认知障碍、产业规模、产业地位、产业质量检验标准欠科学的低质产品诱发性、流通条件、企业聚集	aa_9 产业特性
汇率变动、国外市场波动、国外市场优于国内	aa_{10}国际影响
新管理思想排斥性、朴素的经验式的管理	aa_{11}摸索管理
集权型与忙碌型企业家、创业者驱动型成长、民营家族企业	aa_{12}领导者作用
协会和政府作用小、产学研合作差、沟通与合作缺乏	aa_{13}外部资源价值
实用研究和基础研究欠缺、研发的国外资源整合、产品研发人才急需、工艺设计标准欠科学、设备和工艺落后	aa_{14}科研水平
科研动力不足、模仿创新的低风险、国内技术研发投入不足、产业发展阶段限制技术	aa_{15}低技术多因
原料周期性、资源保护成效差、采购时机	aa_{16}原料资源
基层员工素质低、中层员工能力差、员工流动率高、员工吸引力低的产业和地理原因	aa_{17}人力资源
低成本/附加值产品创新、原料/工艺控制模仿、产品外观设计专利保护、品牌保护/商标保护尚未建立	aa_{18}创新窘境
多层差距、综合性与全面型创新	aa_{19}差距
转入核心产品、生产分工度/流程化低、生产主导的弊端	aa_{20}生产
资金制约、品牌未建立、贴牌与自主品牌并举、缓慢成长	aa_{21}成长绩效

二、资料的主轴译码分析

在前述开放性译码分析中，共识别出 21 个范畴，即贸易驱动型创业、创业外力、内驱成长、企业家能力、多元化、产业吸引力、质量、市场主导、产业特性、国际影响、摸索管理、领导者作用、外部资源价值、科研水平、低技术多因、原料资源、人力资源、创新窘境、差距、生产、成长绩效。

在开放性译码中，研究者将资料分解并指认出范畴，该过程对资料进行了一定程度的抽象和提炼，但最终得出的范畴几乎都是独立的，其间的关系并没有得到深入探讨。而主轴译码则是将各个独立的范畴加以联结，从而将被分解的资料重新整合的过程。典范模型是扎根理论方法的一个重要分析工具，是主轴译码阶段用以将范畴联系起来并进一步挖掘范畴含义的有效措施。典范模型包含“因果条件→现象→脉络→中介条件→行动/互动策略→结果”六个主要方面，用以引导对范畴的整理分析，以及主范畴和副范畴的提炼和识别。典范模型的六个主要方面，用以引导对范畴的整理和分析，实际上就是将范畴安排至典范模型六个方面的不同位置，位置即体现了关系。典范模型建构起了范畴间的紧密关系，通过典范模型我们对主范畴有了更加全面、准确的了解，这其实也展示了与企业资料的持续互动。基于现象的复杂性，我们得出的主范畴可能不止一个（当然太多的话也会失去意义），对应的典范模型也会不同。

通过对范畴间关系的不断理清，我们共建立了三个典范模型，得出了三个主范畴，分别为创业历程、成长之力和技术差距。

（1）创业历程这一主范畴由创业外力、市场主导、国际影响、产业特性、产业吸引力、贸易驱动型创业、多元化等范畴互动联系提炼而出。具体如表 3－5 所示。

表 3－5 “创业历程”的典范模型分析

因果条件	创业外力、企业家能力	现象	市场主导、国际影响
脉络	产业特性	中介条件	产业吸引力
行动（互动）策略	贸易驱动型创业	结果	多元化

中小水产品加工企业创建的主要动力来自两个层面：一个是外部环境提供的机遇，另一个是创业企业家的机会把握能力。创业的外部驱动因素主要表现为：企业创建地的商业历史传统浓厚，具有从商的习惯与文化；企业创建时当地的渔业资源相当丰富，很容易获取有关原料，进入行业的困难降低；创业者一般会吸收一些具有互补作用的合伙人加入企业，以弥补自身能力的缺失，但民营家族企业的性质没有变化；创业企业所在沿海地区发生的众多国有、集体企业产权改革和民营化过程促动创业者可以通过收购、兼并实现快速创业。创业的企业家能力因素表现为：中小水产业企业家一般都具有极强的事业心与冒险精神，从创业中实现自我价值的内驱力较强，企业家在实践中自我学习能力不断增加，领导者的素质不断提升。(因果条件)

中小水产企业大量创建时，除了有内、外部的动力因素外，其所面临的宏观环境和产业环境表现为：中小水产企业受国际市场影响的现象比较普遍。这些现象可以归结为市场的主导性和国际性。市场主导性说明水产企业大都是订单化生产，根据市场需求变动调整生产的间歇性，虽然国内企业的生产能力很强，但一般不会制造大量库存。市场国际性说明，中小水产品加工业的需求以国外客户为主，国内市场尚未培育完全，消费能力也存在不足，国际贸易领域的汇率变动、市场波动、政策改变等复杂性和动态性因素，对水产品加工企业是一个不可回避的挑战。(现象)

中小水产品加工业具有自己独特的产业特点，这为创业者的成功创业提供了产业环境基础。对企业初期创业比较有利的产业特性包括：中小水产品加工业的进入和退出障碍比较低，创业门槛较小，加工制造的技术含量可高可低，新企业可依托劳动密集度应对高技术，中小水产品加工的质量检验标准并不是非常完备导致企业产品质量的分布较宽泛，低起点企业具有生存空间。同时，产业的企业聚集特征，也为新创企业的人力、技术、市场等提供了很好的平台。当然，水产品加工产业具有的以上特性对创业有推动作用，但对企业的后续成长可能具有破坏影响。(脉络)

大部分中小水产品加工企业都是在产业处于高速发展和利润空间较大的时期创建的，或者基本经历过这样的时期，这对企业积累经验和实力具有关键作用，也有力促进了创业的成功率。中小水产品加工业的生命周期与其他产业类

似，存在波动性，产业的吸引力也是在变化之中，这种波动性对企业是机遇，也是陷阱。（中介条件）

水产品加工业的国际依赖性导致众多制造业企业都直接或间接地将产品输出到国际市场，而一些依赖国内市场的企业也以国内贸易为最初的从业方式。在这种国内外贸易盛行的态势下，中小水产企业的贸易内容也发生变化，由原料产品向半成品和成品演变，而单纯贸易活动的对两端依赖性（产品和市场），促使很多企业谋求更大和更有力的发展空间，结果，企业开始向制造端延伸，具备加工基础和加工条件的企业很快从纯粹贸易公司转变为加工—贸易型公司。（行动策略）

中小水产品加工企业的贸易裂解特征最终导致了其创业结果的多元性，这既包含企业业务的多样性，如既从事水产品加工，也从事其他食品贸易，还包含了企业业务的整合性，企业开始沿着产业链和供应链拓展，力图赢取在销售渠道中的潜在高利润。同时，随着竞争加剧和产业吸引力降低，部分企业出现了核心业务战略转型的迹象，意欲退出水产品加工企业，转而从事其他产业的企业为数不少。（结果）

（2）成长之力这一主范畴由企业家能力、摸索管理、领导者作用、外部资源价值、内驱成长、成长绩效等范畴互动联系提炼而出。具体如表 3－6 所示。

表 3－6　“成长之力”的典范模型分析

因果条件	企业家能力	现象	摸索管理
脉络	领导者作用	中介条件	外部资源价值
行动（互动）策略	内驱成长	结果	成长绩效

对于中小水产品加工企业而言，企业成长的最主要动力来自于企业家的能力，企业家的能力处于动态变动之中。作为企业家基本素质之一的事业心与魄力，在中小水产品加工企业中有充分体现，该领域企业家一般都具有强烈的事业心和冒险精神，能够准确把握历史机遇，敢于和善于利用创业机会。而且，这批企业家能够在企业经营实践中不断总结经验教训，善于学习新事物，不断

探索和创新，在企业中发挥了精神领导作用，是企业成长强有力的支撑源。（因果条件）

由于中小水产品加工业企业家一般都不具备高技术或高学历，因此，其对国内外先进的管理思想和管理理念的接受能力不足，管理者更依赖和信任自己的经验积累，不乐于借鉴和引进其他优秀企业的成功模式。同时，企业家也认为自身的能力和企业素质使得先进管理经验的接入没有发展环境，体现为突破管理瓶颈的障碍很高。（现象）

中小水产品加工企业大部分都为民营家族企业，股份制公司比较少，具有现代企业制度和企业法人治理结构的公司不多。在企业内部，夫妻创业和父子创业的现象比较集中，职业经理人制度缺乏。可见，中小水产品加工企业虽然经历了几十年的发展，但企业的家族氛围和集权特色还是比较突出的。这种管理分工和职能分权的缺失使得企业家异常忙碌，日常工作和危机处理成为其管理重点，学习的时间和战略思考的时间很少，对整体企业，尤其是规模企业的管理极为不利。（脉络）

在中小水产品加工企业的发展过程中，外部主管职能部门的价值和作用没有很好发挥，政府不但没有很好起到支持和服务企业发展的作用，而且设置了很多障碍，在程序上和成本上限制了企业成长。意在规范产业秩序的行业协会，由于没有领导企业的制约和参与，缺乏权威性和控制力。并且，加工制造企业之间的沟通、交流和协作较少，远不及供应链合作伙伴的互动水平，这进一步加剧了竞争的恶化。（中介条件）

在多年的企业成长过程中，大部分企业没有很好地整合外部资源，对其他资源的利用和控制能力弱，基本都是依赖于自身资金积累来推动企业发展，从而战略缺乏张力，目标缺乏挑战性。（行动策略）

中小水产品加工企业的成长绩效不是很理想，成长速度缓慢，资金制约较多，企业品牌和产品品牌多未建立，贴牌生产和代加工普遍，企业利润率较低。（结果）

（3）技术差距这一主范畴由低技术多因、原料资源、人力资源、科研水平、创新窘境、生产、差距、质量等范畴互动联系提炼而出。具体如表3　7所示。

表 3 –7 “技术差距”的典范模型分析

因果条件	低技术多因	现象	原料资源、人力资源
脉络	科研水平	中介条件	创新窘境
行动（互动）策略	生产	结果	差距、质量

大部分国内中小水产品加工企业在产品、工艺等方面的投资动力不足，通过简单模仿国外的创新成果以降低开发风险成为业内的主流做法，这与水产业在我国的发展尚处于成长阶段、大量低质无特色产品可以广泛存在也有关系，而且，企业群体的这一做法进一步加剧了我国企业抢占产业链高端的困难，大量高附加值高利润的环节被外国企业长期独占。（因果条件）

我国在水产原料资源方面的优势已经消失，这与历史上的资源过度消耗和保护不利不无关系。不但在制造原料层面，即使在廉价劳动力方面也面临新的挑战，如基层员工素质过低、中层员工能力过差、员工流动率过高、企业员工招募困难等，这些因素在整体上进一步降低了企业的竞争力，增加了企业的管理和运营成本。（现象）

我国在水产品加工业的实用研究和基础研究方面极为欠缺，由于科研院所的研究集中于高科技领域，使得能为企业真正所用的技术非常匮乏，如水产品研发人才短缺，产业质量标准、工厂设计标准、加工设备和工艺等都比较落后，这些因素综合在一起，使得个别企业技术突破特别困难，而企业团体创新又没有很好的环境。（脉络）

现在，有一些中小水产品加工企业开始重视技术问题，进行了一些模仿创新，但只限于在外观设计等层面，突破性的、深层次的创新较少。于是其他企业的跟进和学习比较容易，而且，国内尚未形成比较好的品牌保护机制，通过专利、商标进行品牌保护也没有广泛使用。个别具有创新意识和行动的企业只是通过对有关原料、辅料进行控制和垄断，对加工制造工艺和流程进行控制和保密来限制模仿，但效果不是很理想。（中介条件）

中小水产品加工企业一般都拥有某几种核心产品，围绕其进行加工、制造，并适当加以多元化，充分运用生产线的加工能力。在生产过程中，技术设备的比例较低，主要以手工操作和劳动密集型为主，且生产过程中的劳动分工比较粗放，流程化较低，很多还处于传统的一人多岗、一人多能、一人负责始终的状态。同时，有很多企业家战略视野过窄，将主要精力全部投入在生产加工领域，营销和技术改进等涉足太少，造成客观上的被动局面。(行动策略)

我国水产品加工业与国外先进国家如日本等差距显著，尤其是在技术领域存在系统性落后，即设备、工艺、配方、基础研究、应用研究和市场认知等众多领域都存在不足，这就导致我国企业的突破有赖于综合性与全面性的创新，而不是局部的某些环节的进步。摆脱水产品加工低端、低质、低价的状态，这是众多企业不断追求却又很难实现的目标，企业在利益诱惑和恶性竞争中走向洗牌，是产业发展的必然趋势，在这一过程中，政府的引导和企业的自律不可或缺。(结果)

三、资料的选择性译码分析

选择性译码阶段的主要议题是继续分析和集中范畴，对范畴关系进一步理清和验证，其分析重点为主范畴，需要从主范畴中挖掘出核心范畴，最终用故事线的形式描述资料所反映的现象或事件。

创业历程、成长之力和技术差距这三个主范畴，分别从创业、成长和技术这三个主要视角概括了我国中小水产品加工企业的有关状况，使我们对案例资料的理解更加深入。实际上，这三个范畴具有内在的逻辑递进关系：创业历程决定了成长的动力，创业和成长的特性又导致了技术上的差距。

通过对这三个主范畴和其他副范畴及其相互关系的不断挖掘、识别，最终，本书认为可以用“波动式演化成长”这一核心范畴来统摄整个资料。我国中小水产品加工企业的成长，受产业历史和企业群体行为的共同影响，在艰难困境中顽强发展和演进，面临着市场、原料、技术和管理等多重阻力限制，未来之路决定于洗牌和整合力度。受制度环境和技术环境等方面的制约，我国中小水产品加工企业呈现出外延式小规模生产、家族式民营化经营的成长特点，而产业市场的持续增长又构成了其生存和发展的基础。

“波动式演化成长”这一核心范畴，全面反映了我国中小民营水产品加工企业的成长特点：

(1) 机会拉动和资源驱动是企业蓬勃发展和持续成长的重要基础。我国大部分中小水产品加工企业都是靠外部环境提供的机会和自身拥有的优势资源创建并成长起来的，外部机会得益于政策环境和市场环境，如国家对渔业产业及水产品加工业的政策扶持，产业发展初期国内外市场需求旺盛；自身优势资源是指集中于沿海的优越地理位置，距离原材料较近，获取渔业资源的途径便捷。

（2）众多新兴的中小水产品加工企业基于机会推动而发展，基于资源支持而进步，但起点不一，良莠不齐，规范性不强，领导者素质整体偏低，在经营管理模式上带有浓厚的家族特色，在技术研发思路上多以简单引进和模仿为主，在战略设计制定上注重短期利益和局部价值，系统性的创新、变革、学习、突破和冒险等精神不足。

四、扎根理论研究结论概述

经过对案例资料及其扎根分析结论的多次审视和循环分析，不断修订研究结论的不足，本书最终得出以下中小水产品加工企业成长规律：

1. 中小民营水产品加工企业的典型成长模式

在对调研企业的深入扎根分析后，本书共识别出四种典型的中小水产品加工企业成长模式，案例企业在发展过程中充分演绎和阐释了这些模式的本质内涵。

（1）环境依赖型成长模式。中小水产品加工企业以渔业资源为原料，以国际市场为渠道，以外国技术为基础，体现了对客观环境的高度依赖性，企业突破创新的难度大，价值获取的比例低。

（2）集约专业型成长模式。中小水产品加工企业创业之初拥有的资金、设备、技术、人才等资源通常十分有限，规模和实力非常弱，在激烈竞争的市场环境中，许多企业向专业化发展演绎。

（3）多元国际型成长模式。成长到一定阶段后，为降低规模小、产品单一的风险，很多中小水产品加工企业开始选择从事多类水产品加工，并以联合、兼并、参股等形式，寻求国际化发展机遇。

（4）创新拓展型成长模式。在模仿的基础上进行创新，突破思维定式和路径依赖，逐步摆脱技术引进方式下的过度依赖，成为众多中小水产品加工企业拓展成长空间、获取超常发展的手段。

2. 影响中小民营水产品加工企业成长的外部因素

影响我国中小民营水产品加工企业成长的外部因素可以粗略划分为以下两个主要方面：

（1）外部宏观因素的影响。它包括政策、社会、经济和自然环境四个主要维度。政策环境体现为水产业的方针政策、法律法规和产权改革；社会环境体现为水产品尤其是高价值水产品在我国尚未形成消费习惯和消费能力；经济环境体现在入世后我国水产品的国际市场机遇和挑战加大；自然环境体现在渔业资源衰退直接影响水产品加工企业的成本、创新和质量提升及利润获取。

（2）外部产业因素的影响。它包括潜在进入者威胁、替代品威胁、购买者讨价还价能力、供应者讨价还价能力以及现存竞争者之间的竞争。由于水产品加工业在技术、资金、专利、人才、规模等方面的进入门槛较低，导致产业如出现利好消息就会促使大量企业进入；由于同样为人类提供动物蛋白的畜禽产品的大发展以及国外进口水产品的涌入，水产品加工企业的替代行为普遍存在；由于国内消费需求不足、国外需求主要为初级产品，我国水产品加工业对国外客户（大部分为高附加值产品再加工企业）的议价力较低；由于渔业资源的衰退，加工企业进行国内外采购、养殖和捕捞的成本大幅提升，与原料供应者的讨价还价能力低；由于数量多、规模小、分布广，以及进入障碍低且退出障碍高的产业基本特性，致使价格战和以次充好的恶性。

3. 影响中小民营水产品加工企业成长的内部因素

我国中小水产品加工企业最终还是要依赖自身素质的打造来改变外部环境，来实现可持续健康成长。影响我国中小民营水产品加工企业成长的内部因素可以归结为以下四个主要方面：

（1）企业家因素。在中小水产品加工企业的多年发展过程中，涌现出了大批创业者和企业家，但是，我国水产品加工业发展历史、发展阶段与国外相比还有很大差距，这些因素无疑在一定程度上影响了我国水产品加工企业的创业者及其行为。从总体上看，我国中小水产品加工企业创业者大多为生存型创业，发展型创业活动较少，创业者自身素质、产业抱负和成长定位、文化精神不是很高，这对企业的持续稳定成长极为不利。

（2）技术研发因素。现代科学技术不仅越来越多地渗透到水产品加工业原料来源的各个要素上，而且广泛地渗入到后续的企业运营环节上。而我国中小水产品加工技术虽然有了一定程度的发展，但基本上还处在一个比较初级的阶段，以粗加工为主，技术含量低，附加值不高，品牌影响力小。技术研发滞后的局面直接影响了我国水产品加工业的价值创造与获取。制约技术发展因素包括自主意识、体系建设、利益关系等。

（3）企业管理因素。中小水产品加工企业存在的管理问题严重制约了企业成长，而人力资源管理和营销管理更是重中之重。人力资源管理职能缺位和人力资源体系不完善是中小水产品加工企业急需改进的问题，这需要从战略、文化、制度和理念上更新。流通成本高、信息体系缺乏、市场权利过大等问题，对传统水产品销售提出挑战。

（4）资金融通因素。中小水产品加工企业与其他中小企业一样，面临着缺乏发展资金的严峻挑战。中小水产品加工企业自有资金积累比较缓慢，因为整个水产产业的利润率比较低；中小水产品加工企业向外筹资比较困难，因为缺乏金融机构要求的质押或担保资产。中小水产品加工企业创新融资途径，突破资金限制，是快速成长的重要条件。

第四章 中国中小水产品加工企业成长模式

制度环境、市场环境和技术环境相结合，使得市场机制灵活、技术学习普遍和生产要素充足成为我国水产品加工企业发展的积极因素；资源匮乏、资金短缺、管理落后、传统观念束缚等成为束缚我国水产品加工企业发展的制约因素。

受我国制度环境和技术环境的限制，中小水产品加工企业只能采取落后的外延粗放式小规模生产、家长制管理的成长模式，加之市场竞争日益激烈，使得我国中小水产品加工企业的生存和发展面临着更多挑战。我国中小水产品加工企业在发展过程中表现出以下特点：

第一，经营方式呈现出非规范性。我国大部分中小水产品加工企业依靠外部环境提供的机会和自身拥有的优势资源发家并成长起来。外部机会的获得是依靠国家宏观政策环境和市场环境，如国家政策对渔业产业及水产品加工业的政策扶持，渔业产业发展初期市场处于空白状态；自身优势资源是指地理环境优越，距离原材料近，获取资源的途径便捷。众多新兴的中小水产品加工企业基于机会推动而发展，起点不一、良莠不齐、规范性不强。

第二，家族式管理主导企业发展。我国中小水产品加工企业的产生最初起源于家庭，在经营管理模式上自然要带有浓厚的家族模式，在用人上以家庭成员为主，在分配上也主要考虑家族成员，管理方式上主要依靠亲情、血缘关系上产生的信任，而不是制度。在企业发展初期，其规模和市场份额相对较小，这种家族式管理模式可能会使企业实现快速成长，但是随着企业规模的不断扩大以及市场竞争的日益加剧，家族式管理模式的弊端就会显现出来，并且阻碍我国水产品加工企业的持续成长。

第三，企业成长缺乏战略规划。由于在初创期，中小水产品加工企业主要依靠外部环境支持，企业初创者由于受自身素质局限而忽略了战略规划的制定，使得企业在成长模式上表现出战略短期化、目标缺失等缺陷。而且，创业者普遍缺乏企业家所应具备的创新、学习、冒险等精神，在做大做强企业方面的信心与动力不足，在企业持续发展方面缺乏必要的战略规划，对企业成长过程中可能会遇到的困难与障碍缺乏必要的准备，企业小富即安的现象严重。

第一节　环境依赖型成长模式

大量渔业企业遵循一种环境依赖型的成长模式。渔业是弱势产业，渔民是弱势群体，渔业企业的发展在很大程度上依赖于外界环境的支持与合作，以及对这种外界环境的有效利用。水产品加工企业以渔业资源为原料，对客观环境的依赖程度较强，所以水产品加工企业的成长与发展必须有良好的资源供应和宏观政策环境的有力支撑。通过对大连、青岛等海滨城市的水产品加工企业的调查，笔者发现此类型企业的成长与其环境的确密不可分。

一、环境依赖型成长模式基本特点

1. 政府依赖性

政府对渔业企业的影响几乎是全局性的，企业在政府的宏观政策调控下开展生产运营，政府对渔业产业的投资方向、资源配置进行总体规划．政府的战略导向就是企业的生产和投资方向。可以说，政府是渔业企业成长与发展的指挥棒，在一定程度上决定了渔业企业的竞争能力与发展水平。

2. 资源依赖性

渔业是一种典型的资源约束型产业，这就决定了渔业生产将受到资源“瓶颈”的制约。各地区的渔业资源禀赋不同，渔业资源开发的阶段和力度不同，这种天然差异必然导致不同渔业企业构建竞争优势和选取发展路径的差异，企业会根据渔业资源状况决定自己的运营架构和盈利模式。

3. 市场依赖性

运输、仓储、物资等社会化服务水平，龙头产业集团的辐射带动效应，产品和服务的需求波动状况等因素，是渔业企业得以生存发展的前提。消费者的消费习惯呈现出动态变化趋势，国际市场的竞争压力日益增加，市场环境的变化会直接影响水产品加工企业的生存发展，特别是主要市场在国外的沿海一带加工企业，一旦国际经济环境有所变化，就会直接影响其海产品出口数量与效益水平。在受访的众多企业中，凡是经营出口业务的企业都曾遭受了经济环境变化给企业造成的影响。

4. 技术依赖性

技术创新正在从单纯的生产制造系统逐步向企业的销售、服务、人力资源管理、运营流程控制等方面渗透，企业流程再造、虚拟经营等工作都体现着技术创新的重要作用。渔业企业发展过程中存在各种转型机会，而机会的获取最终依赖于技术的掌握，渔业经济素质的提高和产业的升级最终还是要依靠科学技术进步。

大连盛华海产食品有限公司是笔者调研的一家中外合资的中小企业，公司成立于1997年3月，坐落在沈大高速公路大连金州路口，交通、通信十分便利，其主要产品为蟹足棒、鱼丸系列、香酥虾饼以及三文鱼柳等。该公司总经理和技术人员多年来一直从事海产品加工，有丰富的从业经验和广泛的国际贸易网络。公司在创立之初，产品主销俄罗斯，供不应求。但随着竞争对手不断涌入，行业平均利润率下滑，而且国际形势也发生了很大变化，金融危机的爆发导致许多像俄罗斯一样的国家消费需求降低，直接导致产品滞销，公司曾一度陷入发展停滞的困境。

可见，对于中小水产品加工企业来说，要想实现可持续发展绝非易事，不仅要不断提高公司内部管理能力和技术水平，还要关注宏观环境、政府政策、经济环境等因素对企业的影响，并采取有效措施加以应对。我国中小水产品加工企业对于客观环境的依赖性普遍较强，有必要将企业战略与客观环境联系起来，从客观环境特点出发，不断调整战略重心，优化配置企业各项可利用资源，在产品与市场、营销与战略、人力资源开发与管理等层面开放思维、大胆创新，采取各种对策支持企业的持续成长（李志刚和张新磊，2009）。

基于以上思考，大连盛华海产食品有限公司根据国际市场环境的变化，开始重新定位其目标市场，由俄罗斯向西欧和日本转移，并在产品品质和消费习惯方面进行深入调查研究。例如，为了更好地出口日本，该公司专门聘请日本调味师进行调味。目前公司有多项产品申请了专利，成为公司利润的重要来源。同时，公司一直专注新产品的开发合作，产品从低档到高档系列都比较完善。尽管行业内新进入者仍在不断增加，但是公司凭借自己的经营理念和发展思路，积极应对宏观环境的变化，依靠过硬的产品质量和多年的行业经验，较好地实现了公司复兴和稳健发展。

二、水产品加工企业应对环境变化

渔业产业特点决定了水产品加工企业在企业规模上大都属于中小企业，中小企业的先天不足决定了其发展过程必然受环境因素变化的影响。在被调研的众多水产品加工企业中，许多企业都明显地表现出了对环境资源的依赖性。企业要注重对这种依赖关系的分析与利用，甚至要研究打破这种依赖关系的途径和方法。中小水产品加工企业可以采取以下一些措施来应对环境的动态变化，改变和塑造发展环境。

1. 针对政府依赖问题的对策

我国实行改革开放政策以来，国家为中小水产品加工企业提供了一个有利的宏观政策环境，中小水产品加工企业在政策扶持下有了长足的发展。目前市场逐步开放，经济日益活跃，中小水产品加工企业应在这种大环境下，进一步大力推动和有效利用政府在法律保护与规范、税收优惠、金融准入、财政资助等方面的有利政策。政府应在培育和完善市场体系以实现水产品加工业产业化经营的过程中扮演好自己的角色，努力搞活水产品市场流通，强化批发交易市场建设，形成以中心市场为主导，以专业市场为延伸的市场交易体系，并加强渔业市场体系的规范化、法制化建设，规范交易行为和提高自律。

2. 针对资源依赖问题的对策

渔业资源型企业应围绕地区特有的自然资源来创建优势，依托资源的有效占有、控制、开发、转移和利用而成长，基于提供具有资源特性的产品为顾客创造价值。企业可以通过基地建设、与资源占有者合作经营或者合资经营等途径实现对资源的占有。企业对资源的建设是对资源的培育与提升，可以提高资源质量和增加资源数量，消除资源对企业发展的制约，进而提高资源对企业发展的贡献。在缓解资源约束过程中，有关渔业资源的保护和可持续使用是一个关键问题。在竞争日益激烈的今天，企业需要加大对资源的获取能力、议价能力，这样才能在市场竞争中独占鳌头，获得利润。

3. 针对市场依赖问题的对策

中小水产品加工企业应积极发展各种合作经济组织，形成以联合体和龙头企业为中心纽带的竞争团队，以应对国际竞争和减少风险，优势互补、风险共担，从而提升整体的砍价竞争力。解决市场依赖的关键是要在龙头企业、生产基地、渔户、市场，以及产前、产中、产后等系列环节中建立健全有效的利益分配和激励机制，充分融入渔业产业化发展框架。目前，我国中小水产品加工企业还没有形成这种以市场为中心，以龙头企业或者联合体为领头羊的竞争团队，企业大多各自为战，以自己所在区域的市场为主，排斥竞争企业，没有形成竞合理念，缺乏沟通，这样就无法形成区域联盟以达到“双赢”。

4. 针对技术依赖问题的对策

中小水产品加工企业应注重技术的积累、引进和升级，形成具有丰富技术创新资源、有很强技术创新能力、系统整合度高、内外兼顾的创新网络。企业对于先进技术的需求与创新能力的提高之间并不矛盾，技术引进是后进企业提高自主创新能力的必经之路，关键是要把先进技术当做让企业拥有更好的学习条件的一种工具和手段。我国中小水产品加工企业要重视产品开发的整个流程，提高企业的自主研发能力，把对产品的理解转化为产品的特性，形成自己的产品概念，同时把对外部知识的吸收建立在理解的基础上，通过组织过程将产品概念转化为产品和生产能力，提高企业适应市场变化的能力（王彦敏和郭丽岩等，2007）。

第二节 集约专业型成长模式

中小水产品加工企业在创建之初拥有的资金、设备、技术、人才等管理资源通常十分有限，规模和实力非常薄弱。因此，在激烈竞争的市场环境中，许多中小企业依靠将小产品做大的专业化成长模式实现企业快速成长。在专业化发展过程中，企业兼顾成长速度和经济效益的双重目标，实现了企业规模的集约化扩张，演绎了集约专业型的企业成长模式。

一、集约专业型成长模式基本特点

（1）中小水产品加工企业根据国内外市场和新经济发展趋势以及政府的指导，制定正确的、长远的专业化发展思路，尽量缩减或控制业务覆盖范围，不断强调企业综合素质和能力的提高。企业从而可以借此经营基础实现依托内涵动力的规模成长，规模经济和规模效益反过来又进一步促进企业发展。

（2）基于龙头企业的整合协同效应，为企业规模发展和素质提升提供路径。企业通过结构性调整实现集团化发展和企业间联盟，有效融合众多企业的优势资源，企业内部与企业之间的有形资源与无形资源得以最佳匹配，企业的专业化规模扩张能带来集约效益，专业化经营的外部价值网络将不断完善。

（3）中小水产品加工企业依靠深入细致的市场调查、分析和预测，获取充分的需求信息，在市场中寻求补缺基点，运用市场补缺的发展战略，选择市场领导者认为工艺复杂、利润不高而不愿做或不值得做的产品，将其做精、做大、做专、做深、做细，从而避免与强势企业的恶性竞争，发挥渔业中小企业“船小好掉头”、应变能力强的优势。

二、集约专业型成长模式价值意义

在集约专业型企业成长模式中，专业化龙头企业或大型企业具有示范作用，能为众多跟随企业提供可借鉴的经验参考。我国中小水产品加工企业必须迅速全面地进入品牌竞争时代，以寻求更大发展出路和掌握未来主动权。当前水产品市场供应丰富，消费者会从不重视品牌逐步转为依据品牌购买。特别是大中城市，水产品零售交易方式正在由集市交易向超市交易方式过渡，超市交易方式的迅速发展为品牌水产品特别是名牌水产品提供了扩大市场份额的机会。

树立品牌意识就要从专业化和规模化入手，既要生产出品质好、适销对路的优质水产品，又要注重个性品牌树立和独特形象塑造。实施兼并、破产、联合、资产重组、出售等各种纵向、横向经济联合渠道已经成为渔业企业专业化发展的有效手段。走专业化布局和规范化发展的道路是中小水产品企业增强抵御风险能力、集聚优势资产、营造规模效益的必然要求。对政府主管部门而言，可以把科技示范园区作为培育规模经营大户、带动养殖用海使用权流转的关键来抓，以示范辐射大户、以大户带动流转，形成流转吸引大户开发的良性循环。鼓励浅海、滩涂、内塘养殖向水产龙头企业和水产专业合作组织集中。按照政府引导、民办民管民享的原则，扶持发展各种新型渔民专业合作组织和行业协会，发挥它们在水产品研发、生产、加工、销售等各专业环节的组织、引导、带动和自律作用。

笔者调研的山东日照丰华食品有限公司于 1983 年创建，经过 10 多年漫长的积累，于 1993 年建立加工厂，从事冷冻式的海产品初加工。现在主要经营以鱼糜为原料的各种海洋仿生食品，如模拟蟹肉、模拟虾、模拟龙虾、模拟干贝、模拟蟹钳等，产品行销国内 30 多个省、市、自治区，并远销欧、美、日、韩等 50 多个国家和地区，年销售额可达 3. 5 亿元，产量和销量多年来位居全国同行业前三位。

随着渔业资源的不断减少和产品初加工利润的不断降低，公司为了谋求更好的发展，于 1997 年开始实施转型，学习模仿日本企业，从事模拟产品的生产加工，并于当年从日本引入第一条生产线。为进一步扩大生产规模，1999 年引入第二条生产线，2000 年又新上七条生产线。丰华食品有限公司顺利实现水产品初加工到深加工的转型，并在鱼糜产品领域建立了规模优势和品牌形象，不但使得日照市的岚山地区成为全国最大的鱼糜产品加工基地，而且提升了企业在国内外贸易中的优势地位。在经济形势不断变化和有效需求降低的今天，公司仍然能够坚持自己以往的产品价格，没有进行价格战，成功支持了企业内部运营的连续性。

第三节　多元国际型成长模式

多元化和国际化是中小水产品加工企业对外界环境变化做出的积极反应，为了有效降低规模较小、产品单一的风险，很多中小水产品加工企业都选择了同时从事多类产品加工这一方式。为了拓展市场范围，充分利用国内和国外两个市场，中小水产品加工企业也在积极探索国际化运营之路。

一、多元国际型成长模式概念内涵

所谓多元化，一般是指以新的产品进入新的市场，也就是企业在现有业务基础上开发新业务。多元化的驱动因素主要有：出现了很适合企业把握的新的产业机会；企业自身闲置的资源要找到利用空间；企业通过在多个领域经营以避免单一业务的高风险。多元化可能是相关的，也就是新旧业务之间有若干共通点，如市场（渠道、顾客）、技术（生产、工艺）和基础设施的分享使用等，因而由于资源及能力的协同得以产生规模经济效应。多元化也可能是无关的，即新旧业务之间不存在任何合作关系，两者完全独立运营。一般而言，相关多元化能够发挥企业的既有优势，切入较顺利，风险较小。

国际化用来描述企业的国际性营运发展状况，以国际贸易的观点而言，是指企业为国际贸易而促使商品在国与国之间流通，这些商品有的在本国制造，也有的在国外设厂生产。若以投资的观点来看，国际化是指企业的投资经营跨越两国或两国以上，而其投资模式也代表着不同的涉入程度，而且在海外的投资管理方面有不同程度的涉入或参与。在全球一体化的新时代，任何企业都已经成为国际市场和国际产业链的组成部分。

企业实施多元化和国际化一般有以下两种路径：一是通过垂直整合产业价值链上游或中下游相关活动，经由对上游供货商或下游渠道控制的增加，来降低市场交易成本，增加经济效益；二是通过水平整合进入和原有业务相关的新业务，透过相关业务的共同生产或共享资源等，来达到范围经济的效果。当然，多元化和国际化的动态性和复杂性，决定了企业选择这类发展模式时要面临众多的不确定性和全新挑战。

二、中国水产企业多元国际化现状

目前，中国中小水产品加工企业正呈现出多元化发展的强劲势头，这种成长模式在大型龙头企业和国际贸易优势企业中表现得尤为突出，已经成为企业走综合经营路线、壮大企业实力、参与国际市场竞争的重要手段。

一方面，这一模式的内部支撑体系是通过联合、兼并、以大并小、参股等形式，联合组建整合的多元化大型企业集团。例如，福建远洋渔业集团公司从一个资产只有500多万元的企业，发展成拥有资产3亿元，年经营额突破1亿元，出口创汇2001万元，利税1500万元的全省龙头企业，集远洋捕捞、水产养殖、水产品加工、进出口贸易、海洋化工、房地产开发、酒店旅游于一体的综合性企业，成为全省渔业企业参与国际资源分配和市场竞争的龙头企业。

另一方面，这一模式的驱动力在于顺应国际合作与交流，拓宽国际市场，满足企业成长需要和充分利用资源的客观要求。例如，山东荣成渔业企业依靠科学的分配积累机制积聚了大量资金，这些资本急需寻求新的投资领域，而其他产业一些好的项目、好的产品、好的资源却因为缺少资金而不能开发。为此，该市有效实施了渔农联姻、渔工联姻、渔商联姻，把投资领域拓展到农业、工业、商业，取得了非常好的经济效益。

与此同时，国际化发展已经成为不容忽视的潮流，中小型民营企业多以合资经营、特许经营、虚拟经营等国际化成长模式逐步成长，具有一定规模和实力的民营企业纷纷瞄准国际市场实施跨国经营，自觉融入国际技术交流与合作之中。现有从事跨国生产经营协作的海外企业和有外向性经营潜力的中小水产品加工企业可以以资本契约关系为纽带，遵循一定合作原则和相关章程，采用合资经营、独立经营、跨国并购等国际经营资本化形式，加速组建海外企业集群，充分利用国外生产要素，扩大国际市场份额。据统计，从2003年初到4月末，大连市累计新增渔业三资企业九家，福建省也大力加强外向型渔业的发展，为福建渔业开辟新资源、新市场，扩大合作领域，引进外资和技术，以促进渔业企业的发展。

中小水产品加工企业在发展到一定阶段适时推行业务扩张，实施多元化与国际化不失为有效的选择。在被调研的中小水产品加工企业中，多数企业家都强调了未来要进行业务扩张或战略调整，强调了国际化对企业获得长足发展的重要性。国际化尤其是国际销售和国际进出口贸易对制造业企业的制约不言而喻。当然，中小水产品加工企业大部分不具备国际化的条件和实力，国际化更多的是大型企业的“专利”，或者是长期从事国际贸易的企业，更具有国际化的优势。不过，由于海外是中小水产品加工企业的重要市场，这些企业普遍与国外的代理商或渠道商有直接贸易联系，这为其开阔国际视野和向国际化过渡创造了重要条件。

笔者调研的香港康福莱集团有限公司，是2000年康福莱投资（中国）有限公司与美国B. F风险投资基金斥资1000万美元在香港合资成立的一家综合性企业集团，主要从事海洋食品、农业食品和宠物食品等产品加工出口业务，公司产品畅销美国、加拿大、墨西哥、日本、欧洲及非洲等地。经过多年的积累和发展，集团不但拥有广阔的海外市场网络和美国股东支持，而且以此为依托，在青岛控制着一个自建工厂、一个合资工厂。

集团创始人大学毕业曾先后就职于一家台湾公司和国内某知名上市公司，之后在青岛保税区创办了青岛保税区康福莱国际贸易有限公司，从事纯贸易业务。创业者本着诚信经营的思想做企业，得到了采购商及合作伙伴从资金到业务上的大力支持，并且也有诸多采购商由业务上的往来关系发展为合资关系，与公司合作融洽的美国股东，曾经是康福莱的美国经销商。

该公司深知自身的优势在于国际市场销售，所以不断加强自己在挖掘国际市场和经营国际市场上的优势。同时，公司也意识到了品牌的重要性，除了贸易业务之外还积极开发新业务。在经过实地考察、市场研究之后，公司进一步加强了与国内水产品加工企业的联系，精选优秀企业进行联合或交叉持股。同时，公司在经营水产品国际贸易业务的同时，积极与国际接轨，并洞察到西餐加工制造业在中国的未来前景，提出打造中国的西餐世界的企业愿景，并引进国外优良的西餐产品种类，与国际知名研发机构合作，在青岛胶南市率先创建中国第一个西餐产业园区，成功转型为多元化和国际化集团。

第四节　创新拓展型成长模式

21世纪是创新的世纪，信息技术的迅猛发展进一步推动了全球各行业的创新革命。在模仿的基础上进行企业创新，在摸索中探寻企业的发展轨迹，开展技术开拓型竞争，突破思维定式和路径依赖，逐步摆脱技术引进方式下对国外技术的依赖，成为众多中小企业的重大课题，也是它们拓展成长空间、获得超常规发展的有效手段。在新时代、新环境下，我国中小水产品加工企业开展全面创新已成为必然要求，问题是如何管理创新并使之产生预期效果。

一、创新拓展型成长模式主要路径

创新是包含多个维度的过程性活动，企业在体制创新、价值创新、技术创新及管理创新等方面不断推陈出新。创新的程度和规模不同，影响效应和管理挑战也不同。

1. 体制创新是搞好中小水产品加工企业管理工作的必然选择

体制创新有租赁、承包、联营、合资、“三资”、股份制、拍卖、出租等众多形式，通过体制创新可以使经营者进一步解放思想、转换经营机制，充分调动人的积极性和创新性。例如，股份制承认参与者个人利益，也适应个人对产权的要求，并将所有者的权益对象化，使个人的收入与其劳动效果和资产份额直接挂钩。这就可以增强管理者的紧迫感和责任心，增强风险意识，通过产权改革和激励制度改革提高企业的经济效益和社会效益。再如，股份合作制不仅能拓宽资金筹措渠道，增加资金量，而且使集体、个人的资金有了好的投向，形成以国有经济为主体的多种经济成分协调作用的经济结构，为渔业生产注入新的生机与活力。

2. 价值创新是另辟蹊径实现快速成长的有效策略

价值创新是一种不同于传统战略思维方式的逻辑，这一概念的价值，主要不在于它概括了一种创新模式，而在于它变换了认识创新的角度。金昌为和莫泊奈教授从顾客的角度而不是从技术活动的角度来分析价值创新，认为出发点的不同会引起企业资源及能力的配置与要求也不同。价值创新逻辑与传统创新逻辑的比较如表 4－1 所示。

表 4－1 价值创新逻辑与传统创新逻辑比较

战略的五个维度	传统创新逻辑	价值创新逻辑
产业假设	产业条件已经给定	产业条件可以改变
战略重心	公司培养竞争优势 寻求在竞争中获胜	竞争不是基准 应该立足价值
顾客	进一步细分市场 保留和扩大顾客群体	顾客价值差别 价值要素组合创新

续表

战略的五个维度	传统创新逻辑	价值创新逻辑
资产与能力	有效使用现有资源与能力	如果重新开始应该做什么
产品和服务	产业传统的范围决定公司所提供的产品与服务	从顾客的问题出发可以跨越产业边界

资料来源：Kim W C，Mauborgne R. Value innovation：the Strategic Logic of High Growth. Harvard Business Review，January – February 1997.

顾客价值是一个动态概念，企业应当根据顾客需求与偏好及其变化趋势，有针对性地为顾客提供更具价值的产品或服务。对于中小水产品加工企业来说，加工水产方便食品、快餐食品、海洋食品等，不但能消化季节性或地区性产品过剩问题，而且还能实现基于价值创新的成长。从国外的情况来看，海洋休闲渔业也是一个开展价值创新的良好领域，企业完全可以在运动体验型（以垂钓和捕捞为主、集休闲娱乐于一体）、游览观光型（以游览观光为主、集休闲观赏于一体）、品尝购物型（以品尝海鲜为主、集休闲购物于一体）、风俗体验型（以食宿渔家为主、集休闲娱乐于一体）、展示教育型（以展示海洋鱼类为主、集休闲科普于一体）等不同业务中，根据不同顾客的差异化需求进行全新定位。

3. 技术创新是中小水产品加工企业最紧迫的发展命题

技术创新是改变和改善组织技术系统绩效的创新，技术创新可能包含新程序、新服务或在组织的生产程序与服务操作系统中引进新元素。多数国内学者认为技术创新是在经济活动中引入新产品或新工艺从而实现生产要素的重新组合，并在市场上获得成功的过程。不论是为市场提供新产品或新服务、创造一种产品或服务的新质量的产品创新，还是引入新的生产工艺条件、工艺流程、工艺设备、工艺方法的工艺创新，所有从新产品、新工艺的设想、设计、研究、开发、生产和市场开发、认同与应用到商业化的完整过程都是企业技术创新的主要活动和组成部分。

据统计，中国远洋渔业发展迅速，年产量已经达到世界总产量的20%以上，但结构不平衡，产值只占世界比重的2%左右。要改变这一现状，有待于运用新技术、新渔船，探索新市场，掌握新的作业方式。也就是说，渔业企业的技术提升是一个必然趋势和必然要求。很多水产品加工企业已经开始重视技术问题，如浙江海氏集团参加了科技部、质检总局和国家标准委员会联合启动的重要技术标准研究，成为唯一一家被选中的水产品精深加工企业，其研发的具有国际先进水平的水产品加工标准体系可能会成为在行业中推行的典型模式。实施科技促企战略是实现有效规模扩张的捷径，可以通过强化行业企业间的协作，形成产、供、销一条龙的生产经营配合，以及促进企业内部资源流动和流程再造大幅度提高企业生产效益和竞争优势，支撑其持续健康发展。

4. 制度创新是其他创新的基础

制度创新的核心内涵是产权制度创新，现代企业产权制度要求产权明晰化、多元化和流通化。虽然我国中小水产品加工企业的产权清晰，但大部分企业还未实现产权的多元化和流通化，这样就在一些生产要素上限制了企业发展，增加了企业的资金成本。中小水产品加工企业同样要进行产权制度变革，当企业选择以产权改革作为突破口，并以此带动企业其他方面的变革时，就是选择了以制度创新为核心的创新拓展型成长模式。这种模式的基本内涵包括，实现产权结构的多元化乃至公众化，建立完善的董事会，完成所有权、经营权和监督权的有效分离，并在此基础上强化技术创新，加强内部管理，建立起科学化的决策和管理体系，最终提升企业竞争力。制度创新成长模式的基本路径是：资本原始积累—以产权改革为核心的制度创新—企业其他创新—现代企业制度—企业成长。其特点是启动产权改革，以产权结构多元化吸引社会资本，带动企业内部其他方面的变革，从而进入企业成长的新阶段。

5. 管理创新是提高企业竞争力的保障

中小水产品加工企业有相当一部分的企业决策权和控制权完全被企业老板掌握，企业成长完全依靠企业老板个人能力。由于自身能力有限，企业管理很不规范，甚至粗糙，企业内部管理成本很高，这在很大程度上限制了企业赢利水平的提高，进而又限制了企业成长。

企业成长是一个过程，企业管理者及企业内部管理体系要随着企业成长而不断提升，成长阶段和管理水平的任何不匹配都可能会导致灾难性后果。突破老板个人管理“瓶颈”是许多民营中小企业无法逃避的管理挑战，引进职业经理人或创业者成长为领导者，改革内部管理体系并以此为契机推动产权改革，建立现代企业制度是企业成长的必由之路。这种成长模式的基本路径是：资本原始积累—管理创新—制度创新—现代企业制度—企业成长。其特点是集中于管理投资，以引进职业经理人为前提，推动产权结构调整、内部管理体系变革，从而促进企业的发展。

二、企业创新拓展模式的主要挑战

创新拓展型企业要有强烈的创新意识和浓厚的创新文化，要有对环境变化的高度敏感和警觉，要有对机会创造、分析和把握的相关技能，要关注信息技术飞速发展对创新的各种影响。中小水产品加工企业只有遵从创新逻辑才能获得更好的发展，才能构建成长中的先动优势。但随着环境不确定性的增加，创新的不确定性也在增加，创新的风险和成本也在提高。Souder 和 Moenaert (1992) 认为，创新的不确定性有以下四个主要来源：消费者不确定性、技术不确定性、竞争不确定性和资源不确定性，其中消费者和技术不确定性对其他不确定性有正向的影响作用，如图 4－1 所示。

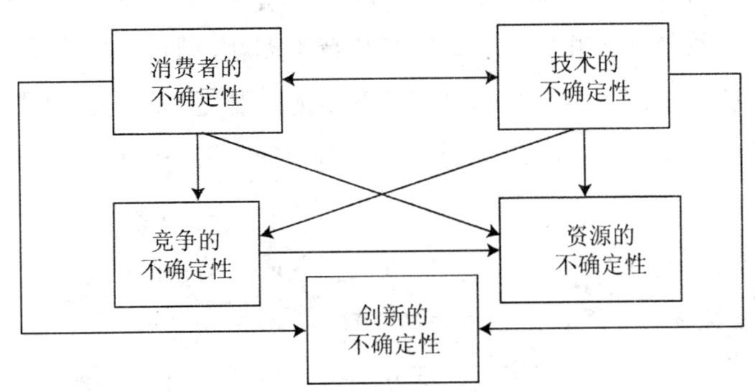

图 4－1 创新的不确定性的主要因素及其相互关系

资料来源：Souder，Moenaert. Intergrating Marketing And R&D Project Personnel Within Innovation Projects：An Information Uncertainty Model. Journal of Management Studies，1992，29（4）：485－511.

对于沿海中小水产品加工企业而言，要想提升企业价值，一定要拥有自己的核心技术。遗憾的是，中国众多中小水产品加工企业在技术方面只是一味地引进国外技术，企业对自有技术发展的投入较少，直接影响了企业在国际市场的竞争力。中小水产品加工企业在技术方面要加大投入，除自身努力外，可以发挥资源整合的优势，主动和一些相关院校或者科研机构深度合作，进行联合研发，不断提高企业的核心技术创新能力。

不过，从案例调研情况来看，实现创新拓展式发展绝非易事。企业一般认为，除了管理创新、价值创新和产业链创新是属于企业职责外，有关制度创新和技术创新的问题应由外界解决，而外界的配套却非常不理想。例如，我们调研的一家企业就认为，我国的大学等科研机构在水产品深加工等层面研究不力，不能为企业开发新产品提供有效支持，原来企业也与大学合作过，但效果不好。可见，中小水产品加工企业在合作研发的意识、模式和管控方面还存在诸多问题，等、靠、要等思想比较严重，将研发职责推给了科研机构和政府，以企业为核心纽带的研发体系尚未建立。

官、产、学、研相结合是常见的整合创新模式，更早的时候有学者从创新的三重螺旋等角度也探讨过，但这一模式在中国背景下究竟如何运行才能确保效果，目前来看还比较模糊。一个不容置疑的事实是，政府更关注和更乐于投资于海洋基础理论研究，应用研究尤其是水产品开发研究似乎更应通过市场化手段解决。问题是在这一市场化过程当中，科研机构、企业和政府的角色定位和职责功能是什么，现在的情况可以说是既不明确，又不关心，各个角色主体还没有理解和认同自己职能。

第五章　中国中小水产品加工企业成长影响因素之一：产业结构特性

不同产业必然具有不同的产业特性。对于中小水产品加工企业而言，其成长和发展离不开水产品加工这一产业自身状况的影响。对水产业独特特性的识别和分析能帮助我们从产业差异的角度发现问题。这些产业特性包括产业的具体类型（如是资源依赖型还是技术知识依赖型）、产业的具体特点（包括产业进出壁垒的高低、产业内企业之间的竞争情况、产业的供需特性和消费特性）和国家的相关产业政策等，它们共同对产业内企业的发展产生影响。

第一节　水产品加工产业的高度资源依赖

水产品加工企业依赖渔业资源作为原料进行生产加工，它具有自己的产业特殊性，这种特殊性，必然影响到水产品加工企业的发展，是企业管理尤其是供应链管理的重点。

一、资源型企业概念内涵与特点

1. 资源型企业的界定及特点

李烨、彭璐（2010）认为，资源型企业是指以特定的自然资源为主要劳动对象，生产、加工和经营人们生活所需的基础原材料的相关企业，如矿山、油田和海洋资源提取等企业。资源型企业具有与国民经济的关联度高、投入原料特殊、对生态环境影响大和工作环境艰苦等特点，在国民经济中占据着特殊的地位。

资源型产业最突出的特征就是自然资源对产业的贡献大，产业对自然资源的依赖性很强。茶娜、郭晓川（2007）将资源型企业与其他加工制造企业进行比较，认为资源型企业具有以下一些特点：

（1）自然资源禀赋对资源型企业的发展起着决定性作用。资源型产业就是依赖当地自然资源，以自然资源作为主体投入要素进行产品加工和生产，是一种消耗大量自然资源、获取微薄利润的过程。在其成长过程中，通过对当地自然资源的独占或垄断（其形式有自造资源、后向一体化获取资源、获得国家赋予的资源开采权、与原材料资源生产企业合作等）获取企业竞争优势。资源型产业的发展通常是以自然资源的消耗为前提，以牺牲自然环境为代价。

（2）资源型产业的技术水平低，产品附加值低。资源型企业的产品大多是初级产品，资源型企业的竞争优势，一般在于对自然资源的垄断，而不是产品本身的质量或其技术水平。在产品的具体生产过程中，通常基于相对较低的技术水平，通过对自然资源的开采和初加工，形成了以初级原材料为主的最终产品。这种产品科技含量低、附加值低，因此在竞争充分的市场上企业利润较低。

（3）资源型产业的负外部性较大。外部性是指企业在发展过程中给企业外部环境带来的影响，它既可以是好的，即正外部性，也可以是不好的，即负外部性。一般制造业也存在外部性，但资源型产业在消耗大量的自然资源和环境资源的同时，其外部性表现得更为明显。具体表现在由于资源的不当开采、开发和利用，造成资源的浪费、枯竭，造成自然环境的恶化，抑制产业的长远发展。

2. 资源型企业的资源消耗组合

曲福田（2001）认为，资源配置是指自然资源之间以及自然资源与其他经济要素之间的组合关系在时间结构、空间结构等方面的具体体现。一般企业的资源消耗主要包括两大部分，即物质资源消耗和人力资源消耗。其中物质资源消耗又包括自然资源消耗、能源消耗、固定资产消耗；人力资源消耗又包括智力资源消耗和劳动消耗。

由于资源型企业有着与其他加工制造业不同的特点，因此，资源型企业的资源配置（资源消耗）具有以下一些特点（茶娜和郭晓川，2007）：

（1）物质资源消耗占绝大比重。资源型企业的物质资源投入主要有两种形式：一种是物质资源的投入，如厂房、设备及重复使用的大型材料。这些资源的投入是维持企业生产进行的基本条件，是资源型企业产品价值实现的保证。这种资源消耗的价值补偿时间较长。另一种是自然资源的投入，这种资源投入是资源型企业的根本性投入，也是资源型企业生存发展的依赖性投入。这种资源消耗价值补偿时间较短。物质资源消耗构成资源产品价值的主要部分。

（2）智力资源、组织资源投入相对较少。企业的智力资源指的是企业中所有企业员工身上体现出的才能，包括企业员工的专业技能（专业知识）、创造力、创新力、解决问题的能力、管理者的管理和执行能力。企业的组织能力指的是企业内部各种被用来实现某一个预期目的的组织流程。企业的组织能力往往以信息为基础，具有企业特定性，它们是通过企业内部各种其他资源复杂的长期相互作用建立起来的。这两种资源可以被抽象地看做是企业创造的一种中间产品，这种中间产品可以提高企业的竞争力，从而形成企业的竞争优势；也可以被抽象地看做是对企业最终产品或服务的战略性保护机制。但传统资源型企业往往只重视对某种自然资源的独占或垄断所带来的优势，而忽视了更为重要的企业内部的智力资源和组织资源的开发和利用。

（3）劳动消耗较大。这里的劳动消耗一般是指企业员工在产品生产过程中的体力消耗。资源型企业最初大多为劳动密集型企业，因此大量的劳动消耗是资源型企业生产过程中必不可少的条件之一。物质资源的消耗必须是由消耗劳动来实现，它成为资源产品价值的一个组成部分。

3. 资源型企业的自然资源特性

由于自然资源在资源型企业中的重要地位，并且在资源型企业的产品价值构成中占有主要部分，下面分析资源型企业中的自然资源特性。

（1）自然资源价值性。价值本质上是一个哲学范畴，从哲学意义上来说，是指作为客体的外界物与作为主体的人的需要之间的关系，客体有无价值或价值大小取决于它在多大程度上能够满足人们的需要。通俗地讲就是只有自然资源对人们有用它才具有价值。人们可以利用自然资源作为生活资料，也可以当作生产资料，作为原材料进行加工生产出新的产品。

（2）自然资源的有限性。这种有限性是双重的，一是外部的有限供应，指自然界所蕴含的能够提供的资源数量与人类需要满足的欲望相比的稀缺，即物质资源的有限性与人类需求的无止境；二是企业内部的有限资源获取能力，即任何经济资源的获取都必须付出一定的代价。在商品经济条件下，企业为了获得一定数量和种类的资源，必须支付一定数量的货币。而企业在经营过程中的任一时点能够动用的资金数量总是有限的，它不可能随心所欲地从外部获得内部活动所需的任何生产条件。因此企业不能随心所欲地获取企业发展所需的各种资源，资源的有限性一定程度上限制了资源型企业的发展。

（3）自然资源的垄断性（自然资源产权特征）。垄断产生的最简单的原因是一个企业对生产其产品所必需的某种投入（自然资源）品具有独家所有权。造成这种自然资源垄断的因素可能产生于政府政策、自然垄断（技术垄断）或不完全信息。自然资源的垄断性也会直接影响资源产品价格。

（4）自然资源分布的不均衡性。不同地区的自然条件千差万别，不同的自然资源要在不同的自然条件下才能形成，从而各地区的自然资源分布呈现出不均衡的特性。资源型企业的发展与所处资源分布地区的距离和资源丰富程度等存在关联。

二、水产品加工企业资源型属性

水产品加工企业是以从事水产品加工和深加工为主要活动，满足社会对水产品的需求，进行自主经营、自负盈亏的商品生产者和经营者。该类企业直接从大量的养殖户和捕捞业主处购进原材料，进行加工后再向市场销售。其主要原材料有鱼、虾、海藻等各种水生生物，主要产品有各种鱼虾类制品。其具有很大的渔业资源依赖性，没有渔业资源作为原材料投入，企业便无法展开生产，渔业原材料构成了水产品加工企业产品的主要成本，渔业资源的变化对水产品加工企业的发展产生决定性的影响。

1. 渔业资源概述

渔业资源又称水产资源，广义上指水域资源、水生经济动、植物资源，以及从事渔业的劳动力资源和服务于渔业的科技人员与渔业的物质装备资源。狭义上仅指水域资源和水生经济动、植物资源。世界渔业资源总量十分丰富，产量巨大，但由于不正当的开发和利用，世界渔业资源开发形势依然严峻。2005年3月7日，联合国粮农组织（FAO）渔业委员会第26次会议在罗马召开，来自50个国家的代表对世界渔业资源现状进行了讨论。在两年出版一次的世界渔业和水产养殖状况的报告中，FAO渔业委员会指出，只有3%海洋资源处于未开发状态，21%的渔业资源可以少量提高捕捞努力量，而52%的资源目前处于充分开发状态，16%的资源处于过度开发状态，7%的资源遭到完全破坏，仅有1%的资源从衰竭状态开始恢复。

同时，报告指出，渔获量最高的十种资源中，其中七种处于完全开发或过度开发状态，包括智利竹筴鱼、狭鳕、日本鳀、蓝鳕。捕捞总量的增加可能会导致严重的生态失衡、经济波动和社会矛盾等问题。东北大西洋、地中海和黑海以及西北大西洋、东南大西洋、东南太平洋和南大洋被确认为受损害最严重的区域。FAO渔业委员会某官员说，恢复被破坏的资源，实际上首先应该避免目前认为还处于健康状态的资源遭到破坏。报告呼吁大量减少过度开发资源的捕捞或采取临时性的禁渔，同时采取措施恢复遭到破坏的鱼类栖息地。报告强烈呼吁各国遵循2002年世界峰会可持续发展提出的目标，到2015年将资源恢复到健康水平。

2. 中国渔业资源概况

中国渔业水域广阔，生物资源丰富，渤海、黄海、东海、南海四大海域总面积达470万平方千米，有海洋生物3000多种，其中可捕捞、养殖的鱼类有1694种，经济价值较大的有150多种。中国在四大海域的管辖面积近300万平方千米，15米等深线以内的浅海和滩涂面积12万平方千米，可供养殖的约1.62万平方千米。潮间带面积2万平方千米，大陆海岸线长达1.8万千米，另外，还有6500多个岛屿。岛屿海岸线1.4万千米。我国内陆水域面积达17万平方千米，可供养殖的约5.66万平方千米。以上数据充分表明，中国可供开发和利用的渔业资源总量十分丰富。

改革开放30多年来，中国渔业资源开发利用稳步发展，效益显著提高；进入21世纪后，在稳定捕捞业的同时，大力促进养殖业、远洋渔业和海洋新资源开发的快速发展，渔业资源相关产业的发展成为了中国渔业经济发展的新增长点。2004年我国渔业产品总产量达4901.77万吨，约占全国动物性（肉、禽、水产品）食物产量的1/5，其中海水产品达2767.79万吨，淡水产品达2133.98万吨。人均占有量达到38.69千克，超出世界平均水平10多千克。近20年来，年总产量平均递增率高达10%，连续多年位居世界第一。

目前，中国获取渔业资源的重要途径仍是捕捞和养殖。对于获取海洋渔业资源的方式来说，捕捞和养殖基本起着同样重要的作用。2004 年我国海洋捕捞产量为 1451.09 万吨，海水养殖产量为 1316.70 万吨。而对于淡水渔业资源来说，则主要是通过养殖的方式获取资源，2004 年我国内陆捕捞产量为 241.98 万吨，内陆养殖产量则更高达 1891.99 万吨。

中国渔业资源的开发与利用目前已出现很多问题。20 世纪 60 年代，我国近海捕捞对象主要是经济价值较高的大型底层和近底层生物种类。随着资源开发力度的盲目加大，这些重要经济种类逐渐减少。20 世纪 70 年代，近海年捕捞主要种类包括马面纯、太平洋鲱等经济价值稍低的种类。80 年代以来，小型中上层鱼类逐渐替代了传统的底层鱼类，成为捕捞的主要对象。1992 年渤海渔业资源调查表明，虾蟹类动物产量与 10 年前相比减少了 39%；鱼类产卵群体平均体重只有 10 年前的 30%；鲈鱼、对虾、梭子蟹等重要经济渔业资源生物产量只有 10 年前的 29%。综上所述，从侧面可以明显地看出，目前中国渔业资源存在着严重的衰退（王世表等，2006）。

渔业资源虽为可再生资源，但人们若不尊重自然规律，肆意开发渔业资源，仍会给渔业资源带来致命性的损坏。近年来渔业资源的急剧减少给水产品加工企业的发展带来了很大影响，这种影响主要表现在两方面：一是水产品加工企业渔业资源原材料的获取更加困难，阻碍了水产品加工企业根据生产需要或市场要求扩大生产规模的横向扩张要求；二是随着渔业资源数量的减少，受供求规律的影响，渔业资源的价格上涨，以渔业资源作为原材料进行生产的水产品加工企业成本急剧上升，成本的上升占用了企业大量的资金并大大缩小了企业的利润空间，使很多水产品加工企业步履维艰。

第二节　中国水产品加工企业多角度分析

一、水产品加工企业的产业结构

产业结构是指各产业的构成及各产业之间的联系和比例关系。在经济发展过程中，由于分工越来越细，因而产生了越来越多的生产部门。这些不同的生产部门，受到各种因素的影响和制约，会在增长速度、就业人数、占经济总量比重、对经济增长的推动作用等方面表现出很大的差异。

各产业部门的构成及相互之间的联系、比例关系不尽相同，对经济增长的贡献大小也不同。水产品加工产业与其他产业相比，基本结构差别较大，下面主要从水产品加工产业的进出壁垒、内部竞争状况等方面分析我国水产品加工产业的基本结构。

1. 水产品加工企业的产业市场进入壁垒较低

产业市场的进入壁垒是阻止潜在竞争对手进入市场的各种因素，其作用是增加潜在竞争对手的竞争成本，使新进入企业处于竞争的劣势。从产业经济角度分析，规模经济、产品差异、资本需求量、技术和绝对成本优势构成了一个产业市场的主要客观进入壁垒。另外，在位企业为不让其他企业涉足此行，可以有多种方式，如对相关技术、原材料，甚至初级产品的正当或不正当的控制，用贸易战相威胁（如香港康福莱集团有限公司用此方式阻止新企业涉足该领域相关产品），或者与分销商建立良好关系等，我们把这种限制称为人为壁垒。

目前，中小水产品加工企业因技术、资金等的限制，生产规模较小，大多不存在规模经济，多数现存企业的生产规模相对于潜在进入者毫无优势可言，该类企业需要资金投入不多，且技术要求不高，因此该产业进入壁垒较低。另外，我国水产品加工业是在近 20 年快速发展起来的，产业内企业数量多、规模小，缺少名优产品，加工产品的同质化程度高。水产品加工产业进入壁垒低，吸引了众多企业蜂拥而入，产业内过度进入问题严重，致使水产品加工产业的市场集中度低。

2. 水产品加工企业的产业市场退出壁垒较低

产业市场的退出壁垒是阻止企业退出产业市场的各种因素，主要包括沉没资本和职工安置成本。中小水产品加工企业需要资金投入相对较少，因此沉没成本不大。中小企业的管理不规范，制度不健全使职工安置成本也较低，二者共同决定了中小水产品加工产业退出壁垒也比较低。这种局面在一定程度上鼓励了很多沿海渔民或其他产业从业人员不断进入水产品加工领域，利用该产业出现的发展机会投资创业，并在产业衰败期迅速退出。

3. 产业内企业竞争激烈，企业利润较低

由于中小水产品加工产业进入与退出壁垒均较低，造就了大量的同类竞争企业，加上市场的不规范，企业间竞争激烈，甚至出现恶性竞争，各企业大打价格战，严重压缩了水产品加工企业的利润空间。

随着近年来水产品加工企业原材料价格上涨，工人工资上升，物流运费激增（许多企业原材料需大量进口，同时产品出口依赖性很大），出口依赖型企业因外币贬值等原因，导致企业生产经营成本大幅提高，而产品价格提高速度跟不上成本上升速度，甚至下降，企业的利润空间大大缩小。

二、水产品加工企业产业链特性

1. 水产品加工产业的需求特性

从生产者角度来看，水产品加工企业属于产业市场。所谓产业市场又叫生产者市场，是由那些购买货物和劳务，并用来生产其他货物和劳务，以出售、出租给其他人的个人或组织构成。一般认为，产业市场主要由以下产业组成：农业、林业、渔业、采矿业、制造业、建筑业、运输业、通信业、公用事业、银行业、金融业、保险业和服务业等。

与向最终消费者销售产品相比，对产业用户的销售，要涉及更多的资金流动及商品项目。例如，就服装的生产与销售来说，首先需要农民将生产的棉花卖给纺织厂，纺织厂生产的坯布再卖给印染厂，印染企业将加工过的布再卖给服装生产商，而生产的服装又需依次经过批发商、零售商，最终才到达消费者。生产和销售链条上的每一环节都需要购买许多商品和服务，这就说明了生产者的购买要远多于消费者的购买。杨慧等（2001）认为，产业市场具有以下一些特点：

（1）购买者数量较少，购买规模较大。在消费者市场上，购买者是个人和家庭，购买者数量虽大，但购买规模较小。而生产者市场上的购买者，绝大多数都是企事业单位，购买的目的是满足其一定规模生产经营活动的需要，因而购买者的数量很少，但购买规模很大。考虑到生产集中和规模经济要求达到一定的生产批量，一次的购买额必然很大，采购成本所占比例较高。

（2）地理位置集中。由于国家的产业政策、自然资源、地理环境、交通运输、社会分工与协作、销售市场的位置等因素对生产力空间布局的影响，容易导致其在生产分布上的集中，中国现代化大工业主要集中于东北、华北、东南沿海一带。地理位置上的集中使得企业把生产资料卖给企业购买者的费用降低。

（3）生产者市场的需求是派生需求。派生需求又叫引申需求，即生产者市场的需求是由消费者市场需求派生和引申出来的。例如，消费者对电视机的需求，引申出电视机厂对电视机生产资料的需求。派生需求要求生产者市场的企业不仅要了解直接服务对象的需求情况，而且要了解连带的消费者市场的需求动向，同时企业还可通过刺激最终消费者对最终产品的需求来促进自己的产品销售。

（4）生产者市场的需求波动性较大。生产者市场比消费者市场的需求波动性更大。这是因为，生产者市场内部的各种需求之间具有很强的连带性和相关性，而且消费品市场需求的结构性变化会引起生产者市场需求的一系列连锁反应。受经济规律的影响，消费品市场需求的少量增加与减少，会导致生产者市场需求较大幅度的增加和减少。生产者市场的需求更容易受各种环境因素（尤其是宏观环境因素）的影响，从而产生较大的波动，运营风险和规律掌控的难度较大。

（5）生产者市场的需求一般都缺乏弹性。在生产者市场上，生产资料购买者对价格不敏感，一般不受市场价格波动的影响。生产者市场的需求在短期内尤其缺乏弹性，这首先是因为生产者不能在短期内明显改变其生产工艺。例如，建筑业不能因水泥涨价而减少用量，也不能因钢材涨价而用塑料代替钢材。其次是因为生产者市场需求的派生性，只要最终消费品的需求量不变（或基本不变），引申的生产资料价格变动不会对其销量产生大的影响。最后是因为一种产品通常是由若干零件组成的，如果某种零件的价值很低，这种零件的成本在整个产品的成本中所占比重很小，即使其价格变动，对产品的价格也不会有太大影响，因此这些零件的需求也缺乏弹性。

（6）供需方长期联系。生产者市场上的买卖双方倾向于建立长期的业务联系，相互依存。卖方在顾客购买决策的各个阶段往往要参与决策，帮助顾客解决一些购买过程的问题，提供完善的售前咨询、答疑及售中、售后服务，有时要帮助顾客寻找能满足其需要的商品，甚至按顾客要求的品种、性能、规格和时间定期向顾客供货。生产者市场的供方一定要通过有效的服务与顾客建立长期的业务联系，以保持自己产品的市场占有率和企业的稳定客户。

（7）生产资料的购买要求较为严格。这是因为，生产资料所购买的产品将被用于生产经营活动，不易替代，且单位产品价值较高，购买的数量较大，其质量好坏、适用性、经济性、供应等会给企业的生产经营过程、满足市场需求、应变能力、竞争能力及盈利能力等方面形成较大的影响。因此，生产资料购买者对所购产品在技术经济性等方面有着严格的要求。

具体到水产品加工企业的产业市场，表现为水产品加工企业数量相对较少，但购买的渔业资源数量多；水产品加工企业为获取原材料、出售产品方便，集中分布于我国东部沿海一带；水产品加工企业生产的产品由水产品加工企业的产品目标市场消费者决定；因消费者消费偏好的改变和消费的季节性等使水产品加工企业对原材料渔业资源的需求波动较大；水产品加工企业为维持正常生产经营，即使原材料价格上涨也要购买，原因在于它们是渔业资源依赖型企业，所以它们对原材料的价格变动没有控制力；水产品加工企业在渔业资源不断减少的情况下，为保证原材料的稳定供应和正常生产，必须处理好与供应商的关系，与之建立长期持久的合作伙伴关系；因水产品加工企业生产的产品大多为食品，其卫生条件要求严格，因此水产品加工企业对原材料购买要求比较严格。

2. 水产品加工企业的供给特性

中国水产品加工企业类别较多，产品种类丰富，因此在产品供给上存在以下特性：

（1）产品品种较多，复杂多样。中国水产品加工企业类型多种多样，从加工品种上可分为烤鳗加工业、冷冻鱼虾加工业、鱼粉加工业、鱼糜加工业、紫菜加工业等，丰富的类型造就了水产品加工企业产品的多样性，为顾客提供了空间较大的消费选择。

（2）从地域上看，产品大多以国外市场为主，国内市场为辅。由于消费习惯的差异，中国居民对于水产品加工企业的产品需求较小，仅在我国一些大城市有市场。中国水产品加工企业产品主要用于出口，满足国外需求，国外市场主要包括美国、俄罗斯和欧洲等国家与地区。但近年来随着人民币升值与国内消费者消费观念与消费意识的改变，水产品在国内市场的销售份额不断扩大。

三、水产品加工企业的终端市场

水产品加工企业生产的主要为各种鱼制品，居民消费习惯的差异严重影响着消费者对水产品加工品的需求。中国居民鱼制品的消费特性严重影响了水产品加工企业国内市场的开发。中国居民在鱼制品消费上与国外相比存在很大差异：

1. 鱼制品的人均消费量不高

鱼类是人体蛋白质的最佳来源。科学研究证明，吃鱼有助于婴儿和成年人的大脑发育，能抵御高血压和糖尿病，并且可以美容、健脑和强身，达到延年益寿的效果。日本国民人均每年吃鱼 70 千克，是世界平均消费水平的 5 倍，日本男女寿命分别为 77.2 岁和 84.6 岁，均列世界第一。而我国人均年吃鱼量还不到 14 千克，远远落后于日本和其他经济发达国家。

2. 鱼制品的消费习惯不科学

中国人习惯吃活鱼、冰鲜鱼或盐渍鱼，最近几年由于冷藏业以及高速路运输业发展较快，各地市场的冰鲜鱼纷纷上市。这种以未经深加工的鱼类为主的消费方式，与国外经过工厂化加工的鱼段、鱼块或鱼糜制品相比存在很多问题：给冷藏运输带来压力，加大了冷藏和运输成本，限制了市场发育，使中国广大内陆边远地区的消费者吃鱼不便；增加家庭劳动强度，从买鱼到做鱼，每道工序都不能少，而且使鱼头鱼刺等下脚料白白浪费，失去了下脚料集中利用的机会，不仅浪费了资源，还增加环境污染；带刺吃鱼给老人儿童造成意外伤害，这种情况在各地时有发生，随着人们法律意识的提高，酒店、餐馆经营带刺未加工鱼产品也将面临高额的赔偿风险。

3. 鱼制品的营养摄取不合理

我国的传统吃鱼方法主要包括清炖、油炸、红烧等，容易造成蛋白质流失，并且也无法做到使消费者经常地、适量地摄取营养。而食用经过加工的成品或半成品鱼，就可以随时随地吃鱼，做到少吃多餐。所以，欧美日本等发达国家早已改变了传统吃法，未加工的鱼制品几乎早已从餐桌上消失，取而代之的是经过加工的净鱼肉，或者是经过深加工的鱼肠、鱼饼、鱼糜等产品。消费者可能会出现理解误区，认为活鱼比冷冻鱼和加工过的鱼好。其实，海上捕捞技术发展较快，渔船不仅有先进的卫星导航设备，而且有先进的冷冻冷藏设备，从捕捞到冷冻到冷藏完全是一条龙作业，保证了鱼制品的新鲜度。此外，因为有了先进的保鲜设备和工艺，加工鱼也不再需要任何添加剂，完全可以采用物理方法制作为罐头等真空包装食品。工厂化批量加工鱼制品不仅可以完整地保存营养成分，而且可以避免敞开式运输发生的变质和二次污染问题。

4. 鱼制品的消费氛围不浓厚

中国不缺少鱼文化，莲（连）年有鱼（余）、鲤鱼跃龙门、美人鱼的故事等民间俗语和传说家喻户晓。不过，由于受千百年来以农业经济为主的长期影响，中国的海洋文化并不发达，特别是对海洋科普的研究还很有限，还没有形成像日本吃金枪鱼、吃鱿鱼那样花样翻新的鱼制品饮食文化，更没有形成吃鱼保健的消费氛围。随着经济社会的发展，中国消费者对营养健康的认识逐步提升。例如，乳制品以其独特的营养价值被消费者普遍接受。然而，在中国鱼制品的价值尚未被挖掘和认知，其价格也长期保持低位。实际上，如果能够引导消费者形成正确的吃鱼观念，启动中国 13 亿人的鱼制品市场，无论是对渔业企业还是国民素质都有重要的意义。

中国消费者在鱼制品人均消费量、消费习惯和消费氛围等方面的特点，使得中小水产品加工企业所能够服务的国内市场非常狭小，这些企业只好选择出口导向。但近年来，随着国际水产品加工企业竞争加剧，人民币的不断升值和国际货运费用攀升，导致中国中小水产品加工企业利润下滑，发展受阻。于是，一些有战略远见的中小企业开始重视国内消费者消费习惯和消费理念培育，努力尝试塑造和启动国内市场。

第三节　中国近年相关水产政策及其变迁

国家的相关产业政策会在很大程度上影响产业的发展，水产品加工企业作为渔业资源依赖型产业受国家渔业政策变更的影响比较普遍。

一、中国渔业政策的历史演变轨迹

新中国成立以来，中国出台的与渔业管理相关的法律、法规及规范性文件达500多件。吴海川（2006）将我国渔业政策的演变与渔业发展相对应，分为以下三个阶段。

第一个阶段是新中国成立初期的渔业政策（刘洪滨等，2007）。新中国成立初期，近海丰富的渔业资源为解决食物短缺提供了可能，发展近海捕捞投入少、见效快，发展海洋捕捞成为当时渔业政策的重点。首先对渔村进行了民主改革，恢复了渔民个体所有制，组织了各种不同形式的渔业互助组，使渔民走上了集体化的道路，建立了渔业资源国家所有的制度安排。给渔民有效的激励，使得劳动力、资本投入与当时的技术水平紧密结合，促进了经济增长。

第二个阶段是计划经济时期的渔业政策（程金成，2005）。1959年，水产部召开全国水产工作会议，提出开展淡水和海水养殖，肯定了“以养为主，积极发展捕捞”的方针。1961年渔业管理体制进行调整，实行“三级所有，队为基础”的体制。由于公社的组织规模大，对社员劳动的计量和质量监督的成本高昂，因此该时期渔业经济增长缓慢，渔业经济增长完全依赖于投入的增长。

第三个阶段是1978年以来的渔业政策（刘洪滨等，2007）。1978年以后，确立了家庭联产承包责任制作为农村经济体制改革的重点。渔业生产体制和流通体制的一系列改革，给渔业生产以极大的推动力。但是，在沿海渔村，由于生产队组织的船队解体，新增加大量小规模渔船，作业范围由外海为主转变为以内海为主，致使近海渔业资源过度捕捞问题更加严重。

1979年，国家水产总局发布了《关于渔业许可证的若干问题的暂行规定》，规定只有取得许可证才能从事渔业生产，这意味着中国的自由入渔制度从此变为进入控制制度。1986年制定并颁布了中国渔业基本法——《中华人民共和国渔业法》（以下简称《渔业法》），这标志着渔业资源管理法制化进程的开始，强调了实行渔业许可证制度加强对渔船和渔具的控制。在渔业组织制度上，分散的渔民开始走向新的联合，渔业股份合作制在沿海各地形成，完善了产权界定的原则，确立了资源使用的排他性，提高了渔民的生产积极性。1996 年，中国批准了《联合国海洋法公约》，同时宣布中国实施 200 海里专属经济区和大陆架制度。由于专属经济区制度强调海洋渔业资源的保护和必须实行限额捕捞，对中国海洋渔业资源管理意味着从“投入控制”制度转向“产出控制”制度。

为了恢复已经严重衰退的内海渔业资源，我国从 1995 年起在东海、黄海实行伏季休渔的制度，1999 年又开始在南海实行伏季休渔，休渔时间由两个月延长到三个月。1999 年提出了海洋捕捞产量“零增长”的目标。2003 年制定了《全国海洋经济发展规划纲要》，明确提出了海洋渔业的发展目标和方向：积极推进渔业和渔区经济结构的战略性调整，推动传统渔业向现代渔业转变，实现数量型渔业向质量型渔业转变。2004 年通过的《全国人民代表大会常务委员会关于修改〈中华人民共和国渔业法〉的决定》在继续强调捕捞许可证制度的基础上，明确提出“根据捕捞量低于渔业资源增长量的原则，确定渔业资源的总许可捕捞量，实行捕捞限额制度”。

二、中国海洋渔业管理的制度安排

海洋渔业资源的衰退制约着海洋渔业经济的可持续发展，为了有效保护渔业资源，维护水产品加工企业的正常经营，中国逐步建立起了海洋渔业管理制度，这对合理有效利用、保护和恢复渔业资源起到了一定作用。新中国成立以来，中国的对海洋渔业资源管理制度的安排如下（刘洪滨等，2007）：

1. 渔业资源费

渔业资源增殖保护费的征收制度是中国特有的一项管理制度。2000 年通过的新《渔业法》第 28 条规定：“县级以上人民政府渔业行政主管部门可以向受益的单位和个人征收渔业资源增殖保护费，专门用于增殖和保护渔业资源。”

渔业资源增殖保护费分为海洋渔业资源费和内陆资源水域费。海洋渔业资源费年征收金额由沿海省级人民政府渔业行政主管部门或海区渔政监督管理机构，在其发放捕捞许可证的渔船前三年采捕水产品平均总产值的 1% ~3% 幅度内确定。大黄鱼等经济价值较高的渔业资源品种，按 3% ~5% 的幅度交纳。

渔业资源费的征收是受益者负担原则的制度化，即把渔业资源增殖保护费的一部分让渔业生产者承担，使受益者和费用负担相一致。过去由于渔业资源的公共性，加上从事渔业不需要支付利用资源的费用，致使渔业捕捞过度。所以，做好渔业管理税收制度是渔业管理的一大趋势。

2. 捕捞许可证

《渔业法》正式确立了捕捞许可制度。《渔业法》提出中国从事内水、近海捕捞业者，必须向渔业行政主管部门申请领取捕捞许可证。1987 年农牧渔业部颁发的《中华人民共和国渔业法实施细则》更明确地规定国家对捕捞业实行捕捞许可制度。新《渔业法》继续强化了捕捞许可证制度，并明确规定了取得捕捞许可证的条件。按照新《渔业法》的规定，只有同时具备"渔业船舶检验证"、"渔业船舶登记证"和"捕捞许可证"这三证的渔船才能从事捕捞作业。2002 年农业部发布了《渔业捕捞许可证管理规定》，对捕捞许可证制度给予了进一步的强化，对获得捕捞许可证的条件以及对许可证的管理做出了更加严格而细致的规定，详细规定了捕捞许可证必须明确核定许可的作业类型、场所、时限、渔具数量及规格、捕捞品种等，并明确提出了渔船的数量及其主机功率数值、网具或其他渔具的数量的最高限数。2000 年颁布的新《渔业法》对捕捞作业船舶的购置和管理、到他国海域从事捕捞作业等问题进行了详细规定。

中国的捕捞许可制度是将捕捞许可与渔船直接对应的"一船一证"制度，且不可转让。捕捞许可证的申请人是渔船所有人，申请人在其申请获得批准后成为持证人。持证人对其申请从事的渔业捕捞活动负责，并承担相应的法律责任。这种"一船一证"的制度，从理论上讲，可以通过控制许可证数量而达到"双控"目标。

3. 休渔制度

休渔制度是根据渔业资源的繁殖、生长、发育规律和开发利用状况，划定一定范围的禁渔区，规定一定的休渔期，在禁渔区内或休渔期间禁止某些渔具的使用或全面禁渔的一系列措施和规章制度的总称。中国的休渔制度仍然属于投入控制制度。中国自 1995 年起开始在东海、黄海实行伏季休渔制度，1999 年将伏季休渔措施推广到全部海域，禁止所有拖网、帐网、围网作业。

休渔制度一方面可以保护鱼类的产卵场、保护幼鱼，另一方面在一定程度上还可以控制或减少总捕捞量。休渔制度禁止了对产卵群体的捕捞和其栖息环境的破坏，为鱼群的存量带来更多的补充群体。幼鱼生长期内禁止对其捕捞，可延长其生长时间，提高开捕后渔获物的产量和质量，增加单位捕捞努力渔获量。此外在一定时期内禁渔能减少渔业生产成本，休渔制度禁止了一些对生态环境破坏严重或对渔业资源有严重危害的渔具，对渔业水域生态环境和渔业资源的保护起到了积极的作用。在一定时间和一定区域内休渔，可以促进渔业生产者调整作业方式或退出渔业生产，一定程度上控制或减轻了总捕捞强度。

休渔制度被认为是中国保护近海渔业资源符合国情的最有效的渔业管理措施之一。事实上，无论是休渔两个月还是三个月甚至在个别海区实施更长的禁渔期，都不能掩盖或从根本上解决近海渔业捕捞强度长期处于超负荷、渔业资源持续衰退的问题。这是因为：①它不能从根本上解决渔业资源的过度捕捞问题，恢复资源的目标很难实现。休渔期间，全部渔船进港，修船补网，恢复、增加生产能力，积蓄强大的生产能量整装待发，休渔结束后，千帆竞发，大量的渔船集中到捕捞中，形成了捕捞高峰。伏季休渔效果被更大的超强度捕捞所抵消，主要经济鱼类小型化、低龄化、性早熟，资源养护和利用的矛盾突出。②捕捞总量难以控制。休渔期间为渔民进行技术创新提供了机会。开捕后良好的经济效益预期诱导渔业生产者增加渔业生产的投入，改进捕捞技术、增加渔网渔具等，从而使“双控”目标受到冲击（刘洪滨和孙吉亭，2002）。

4. 捕捞限额制度

中国提出的实现1999年海洋捕捞产量“零增长”可以说是捕捞限额制度的开始，它还不是一种制度而仅是一个目标。2000年所修正的新《渔业法》正式提出了在中国海洋渔业中实行捕捞限额制度。2004年颁布的新《渔业法》规定，国家根据捕捞量低于渔业资源增长量的原则，确定渔业资源的总可捕捞量，并在具有较高经济价值和遗传育种价值的水产种质资源的主要生长繁育区域建立水产种质资源保护区。禁止使用破坏渔业资源的方法进行捕捞，禁止制造、销售、使用禁用的渔具，禁止在禁渔区、禁渔期进行捕捞，捕捞的渔获物中幼鱼不得超过规定的比例。中国的捕捞限额制度就是TAC制度，捕捞限额总量是按行政区域和级别逐级分配，配额的接受者应该是持证渔船。中国的渔船与捕捞许可证是一体的，捕捞许可证必须由渔船所有人申请和持有。因此，在一定意义上，可以将中国的捕捞配额制度归结为个人配额制度（Individual Quota，IQ）。中国的捕捞许可证不能以任何形式转让，于是，捕捞配额、捕捞许可证和渔船形成一一对应的比较稳定的关系，个人的捕捞配额（Individual Transferable Quota，ITQ）不能流动或交换（慕永通，2004）

中国的渔业产业政策影响了渔业资源的开发与利用，一定程度上抑制了渔业资源开发的盲目性，使我国的渔业资源开发与利用走上了一条相对科学与规范的道路。国家的渔业产业政策通过影响渔业资源的开发与利用间接影响到以渔业资源为原材料而进行加工生产的水产品加工企业的成长。一些限制措施使水产品加工企业不能轻易获得企业成长所需资源，从而在一定程度上限制了水产品加工企业的成长壮大。

第六章 中国中小水产品加工企业成长影响因素之二：企业家的特质

在中小水产品加工企业的多年发展过程中，涌现出了大批优秀创业者和企业家。这些企业家的不断出现、成长和成熟，推动了水产品加工产业的发展演变，而产业不断演进又反过来促进了企业成长及企业家能力的提高。水产品加工企业既是市场的主体，也是水产品加工产业结构调整的主体。

美国经济学家熊彼特在他的《经济发展理论》中认为，企业家应该是“革新者”，是破坏一般均衡的技术创新者，并不是所有的经理人员都可以被称做企业家。中国学者张维迎在他的《企业的企业家——契约理论》中，以经营能力、个人财富和风险态度作为决定职业选择的三个变量，建立了企业家一般均衡模型。丁栋虹在《企业家成长制度论》中，从制度环境的角度出发，提出促进企业家队伍成长的制度支撑体系，他认为，企业家不是静态的存在，而是动态的行动，只有拥有异质型资本、对经济环境做出创造性反应以推进生产发展的企业领导才能被称为企业家。

第一节 水产品加工业企业家创业背景

企业家的成长是一个不断发展的过程，是企业家在一定的时间内在特定的环境变量因素刺激下，进行的一系列行为反应活动的综合表现。企业家成长受主、客观因素影响，主观方面是作为行为反应主体的企业家的个人素质，如性格特质、认知模式、价值观念、风险意识等；客观方面是企业家所处的客观环境，包括个人环境、组织环境、外部环境等，涵盖文化环境、信用环境、市场环境、制度环境、法律政策等。

有学者认为可以从企业家机会、企业家动机、企业家能力三个维度入手，沿着这三个维度展开企业家成长的独立和交互研究。这三个维度几乎包含了心理学、社会学、行为学、经济学等众多学科领域，内容比较全面，但三者间的关系和相互影响很难识别。还有的学者认为企业家成长是一个复杂的创业过程，受到社会环境、产业环境和个体环境的制约：社会环境分析表明企业家成长受政治、经济、法律与文化环境影响；产业环境分析表明创业者可以依托有效战略选择在竞争中成长；个体环境分析认为企业家的社会网络、人力资本与社会资本禀赋等会影响创业者的成长速度。

一、社会变革与企业创始人成长

可以说，改革开放为民营企业的创业活动提供了千载难逢的机会，也只有改革开放的环境下，中国才能够有真正的企业家出现。相比于计划经济条件下的种种束缚，市场经济的发展给予了创业者更大的成长空间和更多的发展机会，使得许多有才能、懂技术的人能够真正实现自己的抱负，通过创业来实现自己的人生价值。他们能够以此为契机自主创业，为人生开辟新的起点、设定新的目标，实现人生的新跨越。改革开放的不断深化和市场经济的日益成熟，成就了国内千千万万的创业者和企业家。他们在创业之初历经心酸，曾经给予他们的一些如“下海”、“倒爷”、“个体户”等特殊称谓，正是对这批人的真实写照。

中小水产品加工企业就是伴随着社会的变革不断成长并发展起来的，创业者们随着国内渔业政策的变化，随着渔业资源的变化，从最初的倒买倒卖海产品，到后来的水产品初加工，再到现在的水产品深加工不断向前发展。为什么在社会变革时期会涌现出如此多的创业者？为什么水产品加工企业的创业者能够一步一步地走到今天？笔者调研发现，在改革开放所带来的社会变革驱动下，产业进入壁垒、相关制度规范以及历史文化观念等因素对中小水产品加工企业创业者的崛起具有较大推动作用。

1. 社会变革时期，水产行业的进入壁垒相对较低

在这一时期，社会上会出现一些新技术、新市场，这必然会带来大量商

机。那些反应机敏的创业者会洞察出市场机会，并适时进入。他们以行业先行者的身份进入，由于缺乏相关的制度性约束，所受到的限制较少，因此他们就成为标准制定者和行业领导者，这既可以使其获取垄断利润，又能限制后来者的进入。在笔者调研的企业中，一些海产品加工企业就是作为行业先行者进入市场的，如大连宝隆水产食品有限公司是我国第一家做鳕鱼生意的公司，是他们首先将鳕鱼引入我国。在创业之初，该公司凭着鳕鱼获得了他们的第一桶金。而在那些相对成熟的行业中，企业的生存与发展一方面会受到一些标准以及人们习惯思维的制约，另一方面会受到市场上比较成熟或者规模和实力都比较雄厚的企业极力打压。

2. 社会变革时期，旧的限制被消灭，然而一种健全的、新生的制度尚未建立起来，有许多可以操作的空间和机会

在社会变革时期，价值趋向多元化，这时人们的思维会发生变化，一些具有创新意识、认清社会发展方向的人，一旦抓住市场机会，比别人先行一步，就可以创出一条光辉的财富之路。几十年前，由于渔业资源相对比较丰富，渔业企业有力促进了我国社会经济的发展，所以国家对这种资源消耗型企业的限制并不是很多。然而，随着渔业资源的不断减少和人们可持续发展观念的不断增强，许多限制渔业过分发展的政策法规相继出台，这些对我国经济社会的可持续发展是有益的，但是却在一定程度上限制了水产品加工企业的发展。

3. 社会变革时期，人们的思想观念会受到一些先进的文化或观念的冲击，人们的思维更加活跃、更加开放

社会变革过程中，除了政治制度、经济政策等会发生变化之外，关于人才的衡量标准也会发生变化，个人的价值观也在不断发展的过程之中。在现代社会中，那些在商界中纵横驰骋的商人，那些经营着庞大公司的企业家对社会经济的发展做出了巨大的贡献。尤其值得一提的是，人们对于创业者态度发生了根本转变，不再将他们视为小商小贩，而是将其作为艰苦创业、勤劳致富的榜样并加以学习，这也激励着更多的人走上了创业的道路。在笔者研究的企业中，许多创业者就是因为能够紧跟时代潮流，不断学习先进理念、把握市场需求变化、调整企业发展重心，从普通的渔民成长为今天的企业家。

二、企业创始人的创业动机分析

创业者为什么甘愿放弃稳定的生活走向创业之路？每一个人都深知创业是一个艰难的过程，既然如此，又有哪些产业和机会值得他们去创业？通过对创业者进行访谈笔者发现，有许多因素推动着创业者进行创业，如想拥有自己的事业、可以自由支配个人时间、从事业中赚钱、实现个人梦想等。创业的过程就是实现自我价值、增加收入、积累财富的过程，同时也是造福社会、实现企业目标的过程。因此，与其他方式相比，创业的收益更实在、前景更诱人。结合调研过程中对水产品加工企业创始人的访谈，笔者将企业创始人的创业动机总结如下：

1. 为实现自我理想走上创业的道路

个人受到一系列强有力的因素驱动而成为创业者，拥有一个自创企业可以实现个人目标。明略市场策划（上海）有限公司对北京、上海、广州、杭州、成都的 904 家注册资金在5000 万元人民币以下的中小企业的老板进行了一次调查。结果显示，76.4%的被访者是为了实现自我理想而选择自主创业，而为了改变工作环境、获取更多利益和实现自我价值选择创业的被访者占被访者总数的45%。根据美国帕吉特商业服务企业的调查，拥有一个中小企业最大的好处分别是：独立占调查总数的72%、控制占 10%、满足占 10%、其他因素占 8%。英国国家经济研究结果与此相似，46%的个体经营者都“非常满足”，在美国这一数字是63%。因此，正如古希腊哲学家苏格拉底所说：“为了理想而工作，可能是世界上最愉快的工作了。”

经过我们的分析，结合相关文献资料的查阅，我们大致将为实现自我理想的创业活动分为以下四种类型：

（1）为获得丰厚的利润回报而创业。许多创业者在创业初期的创业动机很简单，就是为了能够获得更高的收入、更多的利润和更优越的经济地位，其中利润丰厚这个动机要比其他因素具有更强大、更直接的推动作用。新东方创始人俞敏洪也毫不避讳自己的创业动机：“当时我曾对自己说，只要能赚到 10 万元钱，就一辈子什么也不干了。”我们访谈的大连东海岸海产品加工企业的创始人，创业初期没有很高的知识水平，又没有其他谋生的技能，就是觉得靠近大海，想通过做海产品生意赚钱贴补家用，创业之初就是从事一些倒买倒卖的生意，工作很努力也很辛苦，就是希望能够多获得更多经济收入。

（2）为获得独立性而创业。创业者在创业初期考虑更多的是经济利益，但是当创业进行到一定阶段时，经济利益就显得不是那么重要了，取而代之的是独立性更强的工作方式和自我满意度更高的生活方式。自主创业的最大优势在于个人完全可以为自己的事业设计发展蓝图和经营模式，创业者能够在不受外界干扰的情况下用自己的方式做事，以自己的方式赚钱。中小水产品加工企业主们乐于自主地从事经营活动和施展理想抱负，虽然独立性并不能保证生活轻松，但这些自由活动常常有利于产生创新思维和成果，并且能使他们在经济因素和其他环境因素并存的复杂局面中作出清醒的决断。在笔者调研的企业中，大连盛华海产食品加工企业的创始人鲁先生，曾经是一位公务员，并且担任一家国有企业的总经理，工作待遇和条件可以说相当不错，但他最终还是选择了自己创业。香港康福莱集团的创始人薛先生，曾经在某大型海外上市公司工作，之后裂变创业建立了自己的公司，其目的都是能够使自己的意志独立地贯彻于公司上下，从而实现自己的个人价值和理想抱负。

（3）为帮助自己的家庭而创业。创业者不但会受到经济利益、生活方式的驱动，同时还会受到来自家庭的压力。他们创办和经营这些企业以帮助他们的父母、孩子和其他家庭成员，很多人都是由于自己家庭的困苦和艰难才被迫走上了创业之路。我们经常可以在家族企业中看到，企业主的子女很多会接替父母去管理企业运营或者在父母的帮助下建立新的企业，而这也成为了家族企业发展的一种趋势。此外，有越来越多的夫妻一起创业并管理企业运营，这可能是现阶段数量增长最快的一类新型企业。在笔者走访的几家海产品加工企业的创始人中，许多都是希望自己的子女将来能够过得比自己现在更好一些，不要在经历那么多的挫折之后才走上创业的道路，并以此作为自己对家庭的一份责任，可见很多中小水产品加工企业受家庭因素影响较多。

（4）为提供较具新意的产品而创业。目前，我国食品、造纸和印刷品行业产值的70%以上，服装、皮革、文体用品、塑料制品和金属制品行业产值的80%以上，木材和家具行业产值的90%以上都是由中小企业所创造的。我国出口的许多大宗商品，如服装、玩具、工艺品等劳动密集型产品，以及一些高新技术产品等大都是由中小企业生产的。这些企业能够提供多样化产品和服务，实现人们多样化的需求。随着人们饮食习惯的变化以及健康理念的加强，具有较高营养价值、种类丰富的水产品在提高人们物质生活水平方面起到了重要的作用。大连宝隆水产食品有限公司准确把握市场行情，成为我国第一家做鳕鱼生意的公司，也是第一家将鳕鱼产品引入我国的企业。该公司凭借鳕鱼及其相关产品赢得了市场的认可并迅速扩大了市场份额，使公司在创业之初成功占据了水产品市场的一席之地。

2. 为实现企业目标走向创业道路

企业创始人的重要作用之一就是必须为企业制定发展目标，并在自己的努力下，带领企业的员工共同实现企业目标。对企业发展来讲，比较重要的目标有：服务目标、利润目标、社会目标、增长目标。

（1）服务目标。一般来讲，企业的目标是通过一定的产品生产和销售或服务来满足顾客的需求，同时产品价格要保证对顾客合理并且保证企业有足够的利润空间。因此，中小企业的管理者必须将服务作为企业发展的一个主要目标，而把企业利润当做是实现服务目标的必然结果。随着水产品加工企业生产技术的不断提高，企业之间产品质量与种类的差别正在逐渐缩小，因此谁能够提供更高的服务水平，谁就能够在激烈的竞争中赢得更大的市场。

（2）利润目标。在自由的企业经济下，利润是被接受的，并且被看做是公共的利益，简单来说，利润动机是为了获取利润而建立一个企业，利润是对企业创始人承担风险的回报。利润不是自然产生的，而是要求企业以足够低的、能获得盈利的成本生产商品和提供服务，同时还要求价格是顾客愿意并能够接受的。因此，利润是承担企业风险和提供经济服务所得到的报酬，它对于保证企业的持续运营是必要的。然而对于水产品加工企业来说，随着竞争的加剧和渔业资源的不断减少，原材料价格不断上涨，产成品价格不断下降，许多企业处于微利甚至亏损状态，水产品加工企业需要经受严峻考验。

（3）社会目标。成功的企业必须具有社会目标，这意味着企业要承担起帮助社会的不同群体，包括顾客、员工、供货商、政府和社会本身的责任。即使是中小企业，除了追求利润目标之外，也有责任保护所有团体的利益。市场经济条件下公司制的企业管理，是以法律规范和政府政策为准绳，以服务于顾客的社会目标和利润目标为导向，通过对企业内部运行稳定和谐的一致性和对外部市场竞争持续不断的适应性来承担有限责任的创新型管理（张祖华，2003），因此利润目标和社会目标是可以统筹兼顾的。在笔者的调研过程中，一位企业创始人曾说，如果企业管理者只知道赚钱而没有社会责任感，那就是暴发户，不能称为企业家。

（4）增长目标。创业者们必须关注企业的成长，并要制定增长目标。增长目标的实现取决于对“我是否满足于企业的小规模”，“我的企业是否要增长和向大企业挑战”，“我是否仅仅追求所谓满意的利润，还是考虑到我付出的努力和投资，想办法使利润最大”等问题的回答。当然，以上谈到的创业者个人目标和企业目标应该有效结合起来。实际上，在利润、顾客满意、管理能力提高和非金钱报酬之间存在着紧密的联系，当企业的各项目标与创业者个人目标有效结合起来时，企业成功的可能性就会增大。

三、水产品加工企业的创业类型

1. 创业类型的一般观点

Gartner、Mitchell 和 Vesper（1989）三位学者从个人、组织、环境和过程四个角度，对 106 位创业家进行研究，发现创业的类型可以分为以下八种：离开原公司创立新公司，新公司与原公司是不同性质的，而且必须面对高度竞争的市场；总合性的公司，将各行业领域的人集中起来，以发挥每个人的优点；以技术和人际关系为基础创立的公司，创业者具有专业技术以及所建立的顾客群，能够提供更好的服务；购买一家公司；有见地的专业技术人员新创立一家公司，创业者能察觉因环境改变而使消费行为改变的情况，进而把握创业机会；积极进取主动服务的公司，它是以积极服务为导向的公司，具备各种专业及技术服务能力，懂得顾客的需要以把握机会扩展业务；拥有独特理念的创业家，能针对某一产品或服务提供新的而且是具有影响力的理念；方法上有所改变的公司，其产品或服务和其他公司一样，但是作了改进。

Christian（2000）认为创业依照其对市场和个人的影响程度，可以区分为以下四种类型：复制型创业、模仿型创业、安定型创业和冒险型创业。复制型创业是指复制原有公司的经营模式，创新的成分很低，虽然新创公司中属于复制型创业的比率很高，然而这类创业的创新贡献太低，缺乏创业精神。模仿型创业虽然无法创造巨大的市场新价值，但与复制型创业不同之处在于，创业过程对于创业者而言还是具有很大的冒险成分。模仿型创业者如果具有适合的创业人格特质，经由系统的创业管理培训，掌握正确的市场进入时机，还是有很大机会可以获得成功。安定型创业虽然为市场创造了新的价值，但对创业者而言，仍然从事比较熟悉的工作，本身并没有遭遇太大的改变。这种创业类型强调的是创业精神的实现，也就是创新的活动，而不是新组织的创造，企业内部创业也属于这种类型。冒险型创业除了对创业者本身的转变大、不确定性高之外，对新事业的产品创新而言，也将面临很高的市场不确定风险。冒险型创业是一种难度很高的创业类型，有很高的失败率，但成功所得的报酬也很惊人。这种类型的创业如果想要获得成功，则必须要在创业者能力、创业时机、创业精神发挥程度、经营策略、创业过程管理等方面都有很好的搭配。Christian 的创业类型划分如表 6 -1 所示。

表 6 -1　Christian 的创业类型划分

对个人的改变多	模仿型创业	冒险型创业
对个人的改变少	复制型创业	安定型创业
	新价值的创造少	新价值的创造多

资料来源：Christian B，Julien P A. Defining the Field of Research Inentrepreneurship. Journal of Business Review，2000（16）：165 -180.

Ucbasaran、Westhead 和 Wright（2000）认为，从创业者选择的组织形式角度，可以将创业划分为以下四种：个体创业、组织创业（或公司创业）、管理者收购或管理层换购（MBO/MBI）、特许经营以及家族企业的继承。有学者认为，尽管管理者收购的企业可能不如所有者创建的企业运营得好，但现有企业所有权的转移一般会伴随着重组企业运营方式上的创业行为。特许经营是创业者为了使风险和不确定性最小化而选择的一种创业方式。也有学者认为，特许经营并不是建立新的独立企业的创业活动，但 Bates（1998）指出，由于企业绩效差通常是销售的原因，因此，从前任持有者手中购买特许经营权的经营者，比从零开始的特许经营者风险更大，而且实际上也比新创企业的风险更大。

杨艳萍（2004）认为从创业者的创业基础出发，可将创业粗略分为以下三种类型。一是自主创业，又称独立创业，是指创业者通过发现商机，独立自主地组织各项资源进行白手起家式的创业。这类创业风险最大，但成功后的收益和创业者的成就感也最大，因此，许多创业者对自主创业趋之若鹜。二是脱胎创业，一般由企业内部掌握一定资源（如市场资源、技术诀窍或供应链等）的人脱离原企业，利用所掌握的资源重新创立一家独立企业的创业活动。这类创业在一些新兴行业或进入成本低的行业以及我国经济转轨时期出现较多。相对而言，这种创业风险稍低，成功的概率较大。但是，在市场经济体系较健全、法律法规较严谨的社会，这类创业可能会遭遇法律侵权诉讼。三是二次创业，包含企业内部创业和再创业两种类型，主要是指企业根据发展的需要或市场环境的变化，主动或被动地寻求新的商机，创立新的业务部门或进行转型经营等。在竞争环境日趋动态复杂、创新精神逐渐高涨的新时代，内部创业已被越来越多的企业所关注，成为企业不断发展的推动力。

张升正（2001）整合学者的观点以及高科技公司的实际状况，对创业种类和特性作了详细分析。他认为可以将创业分为以下五种类型：一是本业转投资，即由相关技术的产业转投资或公司内部移转出来的创业，具有人才充裕、技术成熟和短期资金易于获得的特性。二是异业转投资，即传统企业集团为寻求转型而投资于高科技新创企业，其特性是虽具有母公司的强力支持，但企业在陌生产业中发展面临较多的障碍。三是专业创业，即在相关专业领域有杰出表现的人才或团队，加上创业投资公司投资推动的新企业创建活动。由于创业团队在产业领域有相当丰富的经验，所以与产业间的关系紧密、联系密切。四是独立创业，即以特殊的技术或自有资金，实施基于产品创新的独立创业。这是难度最大的创业类型，不论在人才完整性、趋势掌握或是资金筹措上都有相当程度的风险。五是概念创业，即以创新的概念或构想为依托，寻求技术团队及投资者支持的创业。此种创业具有高度依赖市场机制的特性，在技术和管理上都需向外界招募人才，资金筹措难度也相当高，创业初期可能以自有资金投入，待产品进入早期大众市场后，再筹募下一阶段的资金。

2. 水产品加工企业创业类型分析

水产品加工行业是中国的传统加工行业，有着传统加工行业所具备的创业特点。根据实地调研，结合国内外学者的观点，笔者对我国水产品加工企业创业类型进行了粗略划分。

(1) 冒险性自主创业。中国水产品加工企业大多是中小企业，许多企业进入水产行业比较早，甚至比国有企业进入得还要早，进入时市场环境不够稳定，这给它们创造了诸多的机会，但是在机会的背后同样隐藏着巨大的风险。大连宝隆海产食品公司在创业初期，曾经遇到过跟行业政策相左的难题，对公司造成了一定的影响，但是通过冒险性自主创业建立起来的公司只要能够渡过危机或者说寻找到真正的机会，就能实现比较快速的成长。

(2) 裂变式脱胎创业。在笔者研究的水产品加工企业中，有这样一类企业，它们的创业者曾经在其他水产品加工企业供职，或者担任总经理一类职务，或者从事比较重要的工作岗位，经过一段时间的历练，掌握了一定的资源，包括供应商资源及客户资源，然后离开原先工作的企业而建立新的企业脱胎创业。这类水产品加工企业由于在创业之初具备一定的创业基础，通常情况下风险性较小，资源相对丰富。在笔者调研的企业中，具有裂变型创业特性的企业占较大比例。例如，香港康福莱集团有限公司、大连盛华海产食品有限公司均属于这一类型的企业，所不同的是它们的创始人创业之前在原先公司所担任的职位不同。其中香港康福莱集团有限公司经过多年的发展，也与其原先的企业建立了合作或者说业务关系。大连盛华海产食品有限公司创业后，其创始人原先所在公司由于经营不善，在几年之后破产。

裂变式脱胎创业具有以下四个特征：①裂变式脱胎创业不一定是建立全新企业，可以是嫁接性地对既有企业的改变，但必然要有企业领导者的变更。②裂变式脱胎创业的创业者具有在相同或相似企业的从业经历，是从同类或同种公司离职裂解出来的，符合裂变本意中“同一基因”裂解的特点。虽然有些创业者离职后创建的新企业与母体企业看起来不很相似，但两者间却一定会存在某种潜在的本质联系。③裂变式脱胎创业不仅伴随人力资源的分离、转移，同时还附有相关资源的分流，如客户、供应商等，同时要有对新企业的投资，有以创业发起者为核心的团队。④裂变式脱胎创业创建的新企业与创业者原来的企业没有隶属关系，但不排除业务合作和往来关系。裂变的目的不是为了剥离原企业的优质资产，或者满足原企业的成长欲望，而是裂变创业者为实现个体价值采取的单方行为。

（3）二次创业。在所研究的水产品加工企业中，部分企业在创业之初并非进行水产品加工业务，如有些企业在创业之初主要从事海产品的倒买倒卖，业务规模比较大的企业进行一些国际国内贸易。经过贸易业务的多年积累，企业开始注重工厂的发展，一方面，随着信息与通信技术的发展，许多进口商或者出口商可以直接越过中间的贸易商进行国外贸易活动，使得贸易公司的生存空间受到挑战。另一方面，随着贸易公司的发展，他们对工厂的要求也越来越高，尤其是在产品质量方面，许多贸易公司因为有长期从事贸易的优势，转型做加工厂能够很好地促进贸易业务的发展，这样做不仅可以使公司业务趋向稳定，而且可以提高公司的盈利能力。当然也有一部分公司，经过多年在水产行业的经营，随着行业竞争的加剧，以及原材料价格上涨，劳动力成本的上升等因素，使得本业的经营利润率极低，甚至出现长期亏损的现象，所以部分企业转而投资其他行业，水产品加工只是作为一种过渡时期的选择，随着企业的发展而逐渐被缩减。这种二次创业相比于上一次创业，由于创业者经过多年的创业实践，具备一定的资本、经验及创业团队，创业成功的可能性更高。

第二节　水产品加工企业的创业者分析

Baron（2004）指出，要了解整个创业过程而不考虑创业者，就像是不考虑酵母而试图去烤面包一样。我们同样有理由说，要把握水产品加工企业的现状与未来，必须分析该领域的创业者。

一、创业者及其类型的有关研究

1. 创业者的内涵

创业者在英文中一般用 Entrepreneur 表示，但中国大部分学者都将其译为企业家。事实上，英文的 Entrepreneur 有两个基本含义：第一个含义是企业家，通常被理解为一个成熟企业中负责经营和决策的领导人；另外一个含义是创业者，通常被理解为即将创办新企业或者是刚刚创办新企业的领导人（林强等，2001）。创业者与企业家是不完全相同的，创业者可能成功地使创业企业健康成长，通过自我提高逐渐转换为企业家，但创业者并不必然成为企业家。同样，企业家也不一定就是创业出身。因此，该词代表的具体含义应根据具体的情况而定，Entrepreneur 是指创业者还是企业家，应根据不同的语境赋予不同的含义（刘健钧，2003）。

法国经济学家坎蒂隆（1755）认为，创业者是承担风险并可能合法拥有其收益的人。奈特（1921）认为，创业者应该是那些在不确定的环境下承担风险并进行决策的人。杜尔哥和萨伊认为，创业者不同于资本家，创业者承担风险或不确定性，通过获得并组织生产要素来创造价值。熊彼特（1934）认为，创业者的职能就是创新，创新能够克服自由市场经济的内在矛盾而使之延续。柯斯纳（1973）指出，创业者具有一般人所不具有的能够敏锐地发现市场机会的“敏锐性”（Alertness），也只有具备这种敏锐性的人才能被称为创业者。Casson（1982）认为，创业者是擅长于对稀缺资源的协调利用并作出明智决断的人。Chirstian、Bruyat 和 Julien（2000）认为，创业者是新价值创造过程的负责人。此外，还有学者把是否创建了一个新企业作为定义创业者的必要条件，同时，一些学者则通过对创业者的特点特性进行研究以描述创业者。

实际上，创业和创业者是一对紧密关联的概念，会随着创业领域研究的进展而相应变化。学者们研究角度、研究方法和研究领域的不同，会导致概念理解的差异，而这会使概念统一的困难加大。大多数学者认为创业者的内涵表现为拥有所有权、创建新企业、识别机会和管理决策，但这些并不是创业者才具有的特质。拥有所有权的投资者或股东不一定是创业者，与创建新企业不同的内部创业（公司创业）也会涉及创业者，识别机会是对任何企业管理者的必然要求，发挥管理决策职能的企业家不一定是创业者。因此，这种观点不能把创业者和其他一些相关概念如职业经理人、投资者、企业主等区分开来。也有学者从创新和风险角度界定创业者，但创新不是创业者才具有的特性，而且 Chirstian、Bruyat 等（2000）所说的复制型创业对创新的要求也不是很高。同时，很多具有冒险精神的人并不一定是创业者，比如探险家等。还有学者从心理学角度出发，试图通过风险偏好、领导能力、成就需要、创造性、价值观等方面的研究来界定创业者。然而不一定所有的创业者都具有这些特征，其他成功人士也可能具有这些特征。

根据文献资料，现在对创业者的定义可以粗略分为两种观点：一种观点从建构主义角度出发，认为创业者是创立或创建任何类型新企业的人，主要反映了杜尔哥和萨伊的主张；另一种观点从功能主义角度切入，认为创业者是一个创新者，是一个以某种相对异常的行为在某种程度上改变经济的人，源自坎蒂隆和熊彼特的学说。虽然创业者尚无一个确切的、没有歧义的定义，但学者们的探索无疑会增加我们对创业者的了解：创业者可能是那些既投资也管理的人，这可以与职业经理人和纯粹投资者相区分；创业者既追求金钱回报也寻求成功和成就的认可，这可以和风险投资者相区分；同时，创业者对机会的感知更敏感、对风险的感知更迟钝等特性，与一般管理者谨慎、理性地对待机会和风险的行为方式有所不同。

随着创业研究的进展，学者们的观点也在逐渐融合。目前，研究者们倾向于认为创业者是发现和利用机会，负责创造新价值（一项创新或一个新组织）过程的人（Bruyat 和 Julienm，2000）。创业者概念的共识度日益提高，主要表现在：一方面，创业者虽然不是创造社会新价值的唯一的人，但却可以通过创建新组织或内部革新等来提高价值贡献能力。毋庸置疑，创业者及其对应的组织在经济发展和劳动就业方面都有着不可或缺的作用。另一方面，创业者是创业活动的主体，具有主观能动性，不但能够积极识别和利用机会、有效组织资源整合，而且能够在创业过程中不断总结经验、学习进步，不断提高自身的能力水平。

2. 创业者的类型划分

创业者定义的多样性导致了分类标准的差异性，多种分类标准几乎都是根据创业者本身特性和创业企业特性制定的。较早的一种分类是根据创业动机将创业者划分为生存型创业者和机会型创业者。这实际上是国际通用的一种分类，全球创业观察（GEM）就是采用的这种分类方式。生存型创业者是指创业行为的动机是出于别无其他更好选择的创业者，其核心在于该创业活动是一种被动的行为，而不是个人的自愿行为。机会型创业者是指那些创业行为的动机是出于抓住现有机会这一强烈愿望的创业者。有学者根据导向不同进一步将机会型创业者细分为成长导向和独立导向，前者是为了企业成长壮大，后者是为了企业独立自主。

Frederick Webster（1977）认为，创业者可分为四种类型：坎蒂隆式的创业者、产业缔造者、管理型创业者和小企业主。坎蒂隆式的创业者是以法国经济学家 R. Cantillon 的名字来命名，是指那些把人、财、物结合在一起创造一个全新组织的人，是那些识别了一个未被开发的机会并为了利用机会而进行创新的典型创业者类型。产业缔造者是指那些不仅仅是创造了一个新企业，而且由于其创新非常重要以至于以它为基础而创造了整个产业的创业者，如亨利·福特与汽车的大批量生产、爱迪生与家用电器产品、比尔·盖茨与软件运行系统等。管理型创业者现在通常被称为企业内部创业者，是指对已建企业运营进行管理的人，但这种管理是以一种创业的方式进行的，如李·艾柯卡使原来的克莱斯勒汽车公司起死回生，Jan Carlzon 扭转了斯堪的纳维亚航空公司的败局。小企业主则是指那些拥有并经营他们自己的企业的创业者。他们的企业可能由于处于成长的早期阶段而规模较小，或者是他们对能从企业中获得比较有保障的收入并能掌握自己的生活感到比较满意，从而希望限制企业的规模大小以维持现状。

Landau（1982）根据创新性和风险承担两个相互独立的变量来划分创业者，通过变量组合将创业者划分为四类：赌徒型创业者、结合型创业者、梦想型创业者和创业型创业者。赌徒型创业者是指创新性较低，但承担的风险水平较高的创业者，没有重大的创新，但有很大的机会比市场上现有的竞争者更好的传递价值。结合型创业者主要是指创新性和风险水平都比较低而建立企业的创业者。这种创业类型的风险虽然较低，但预期回报也较低。梦想型创业者是试图把低风险和高创新相结合的创业者。所有的创业者都希望是这样，创新性高而风险低，然而 Landau 认为这不可能实现，因为任何创新本身都会产生风险，而且创新性越大（潜在价值也越大），不确定的风险就越大。创业型创业者则是指具有高风险高创新性特征的创业者，而这正是真正的创业者所应该具有的。他们必须承担高风险，通过了解创新活动以及该项创新为什么能够吸引市场而使风险最小化，对风险进行管理。

Jones Evans（1995）以创业者的技术和商业经验为依据对技术创业者进行了更细的划分，主要包括研究型技术创业者、生产型技术创业者、应用型技术创业者以及机会型技术创业者。研究型技术创业者是指以研究环境为孵化器的创业者，它又可分为纯研究型创业者和研究—生产型创业者。纯研究型创业者主要是指那些基于学术研究环境但没有什么商业经验而进行创业的创业者。研究—生产型创业者则是指虽然处于学术研究或产业研究的环境中，但具备商业经验的创业者。生产型技术创业者是指那些以商业环境决策为孵化器并具备技术发展经验的创业者。应用型技术创业者是指主要以商业经验为基础并具有技术发展知识的创业者。这是由于他们曾受雇于营销或销售部门，或者可能受雇于企业而获得某项技术。机会型技术创业者是指没有技术经验但看到了商业机会从而创建企业的创业者。这种类型的创业者通常要求具有一般性的技术知识，并热衷于了解一项新技术以及新技术所提供的机会。

Wai Sum Siu（1996）针对中国出现的创业者，根据就业、管理、财务、技术以及战略等方面的因素评估，把创业者划分为以下五种类型：①老年型创业者。主要是指在退休后仍从事创业活动以保持正常工作的人。他们创建的企业一般规模较小，主要是依赖个人专长创建，私自募集资金而且没有长期的战略抱负。②工作狂型创业者。这也是针对退休以后创建企业的人，但该类型的创业者对其企业要比老年型创业者表现出更多的抱负和理想。这类人通常拥有一定的管理经验，具有较广泛的技能，创建的企业规模要大一些，而且战略目标较明显并会让雇员对企业以后的发展进行个人投资。③崇尚时髦型创业者。指一些较年轻的创业者，其目标是通过交易谋生。他们一般只有有限的产业经验和技术经验，主要依赖于个人的社会网络进行创业。他们创建的企业规模适中，但却似乎没有什么长期的战略目标，主要目标还是在于追求短期利润最大化。创建企业的资金主要是通过积蓄、家人的赞助以及个人贷款来获得。④理想主义型创业者。也是经营中等规模企业的较年轻的人，但他们创业的主要动机不是追求短期利润，而是在于获得成就感以及经营企业给他们带来的独立感。他们服务于各种终端市场，企业可能是以高科技产品为基础，融资资金主要来源于保留的利润、家人赞助以及私人投资。⑤展翅高飞型创业者。他们的创业动机与理想主义型创业者很相似，但他们的企业规模更大，而且提供各种产品，企业目标与战略规划比理想型创业者创建的企业更加明确。其融资资金来源更广，包括公共团体机构和国际机构等。

Ucbasaran 等人（2000）关注创业经验和行为分析，指出创业者包括以下五种类型：①酝酿者。指酝酿期的创业者，即考虑创建新企业的个人。②初学者。指没有过创业经历的创业者，即成为一个企业的创始人、继承人或购买者之前没有拥有企业的经历。③熟练者。指习惯性创业者，即创业前已经拥有企业经验的人。④持续者。即连续系列的创业者，即出售/关闭他们原有的企业后，继而继承、建立或购买另一个企业的个人。⑤拓展者。即组合型创业者，指在保留原有企业的情况下，随后又继承、建立或购买另一个企业的个人。

汪少华和佳蕾（2003）根据创业者的出身和新创企业所属行业特性，对改革开放以后涌现的创业企业进行了归纳，包括：①以工人、农民创业者为主体，依托传统产业和企业集群的新创企业。②以丁磊、张朝阳、王京文等人为代表的知识分子（技术出身、教师出身、海归出身、学生出身），充分发挥自己拥有的良好技术背景、技术创新能力和较高的个人素质，集中于高新技术行业进行的创业活动。③以“下海”公务员和退伍军人为主要群体的创业者，他们往往具有别人没有的社会（关系）资源和驾驭政治、经营和风险的强势综合运营能力，大都选择技术含量一般，但运营复杂、盈利丰厚的行业（如房地产行业等）进行创业活动。我国正处于由计划经济向市场经济转轨的关键时期，这就为很多原来在体制内任职的人员带来了更多创业机会，催生了种种具有中国特色的新创企业。

二、水产品加工企业创业者类型

与其他加工企业相比，中国中小水产品加工企业有其独特性。从整体上看，水产品加工是从国外传入中国，无论是技术还是运营模式、产品种类等方面，都是以从国外引进为主。只有一些有远见卓识或者是接触水产品信息比较充分的人，他们了解国内外水产品需求，认识到了其市场空间和发展潜力，所以开始比较简单的水产品加工生产。即便到了今天，中国的水产品加工技术和产品质量与国外相比还有一定差距。这些历史因素无疑会在一定程度上影响我国中小水产品加工企业创业者类型。

《科学投资》研究了中国上千例创业者案例（辛保平，2003），将国内创业者分为三种基本类型，借鉴这一研究结果，本书将中小水产品加工企业创业者划分为以下类型：

1. 生存型创业者

大多为下岗工人和失去土地或因为种种原因不愿留守乡村的农民，以及刚刚毕业找不到工作的大学生，这是我国数量最大的一拨创业人群。清华大学的调查报告显示，这一类型的创业者占中国创业者总数的90%，其中许多人是为了谋生而创建企业。我们访谈的山东丰华食品有限公司的创始人仲先生高中毕业后，由于填报的志愿比较高，未能被大学录取，无奈之下只能自谋出路。由于他所在的岚山地区靠近海洋、土地较少，当地人主要以捕鱼、贩鱼为生。于是，他就在1983年开始创业，从买卖海产品一步步做起，经过十多年漫长的积累，于1993年建立加工厂，从事冷冻式海产品初加工，这一阶段一直持续到1997年。

2. 裂变型创业者

在分析具有资源依托或孵化基础的新企业创建活动时，西方学者频繁使用源自生物学的术语“裂变”（Spin - off）一词。裂变的本质是从母体组织诞生新个体，新个体与母体组织既紧密关联又相对独立，新个体的成长过程蕴含着母体组织印记。裂变型创业作为特殊的企业市场进入方式，是从母体企业转移核心技术、创业者或者其他资源从而创建新企业的过程，也是新机会识别和资源跨组织转移的有效机制（Roberts和Malone，1996）。大连盛华海产食品有限公司创始人鲁先生并不是一位土生土长的大连人，而是来自湖南，大学毕业后接受国家分配到大连某工厂工作，工作了大约25年，后来大连开发区管委会公开招聘，他顺利通过考试进入管委会，在管委会下属的贸易公司工作。贸易公司开始由日本人掌管，由于接连几年贸易公司一直亏损，后来鲁先生被选任为公司总经理，第二年就扭转亏损，公司一切都步入正轨，并在随后的几年里，每年为股东们创造一千多万元的税后利润。后来他辞去公司总经理职务，自己创业，建立了大连盛华海产食品有限公司。

3. 主动型创业者

与那些因生计之需或被母体组织免职的被动型创业者不同，主动型创业者以实现自身价值和事业抱负为主要驱动力，该类创业者又可以分为两种：一种是盲动型创业者，一种是冷静型创业者。前一种创业者大多极为自信，做事冲动。有人说，这种类型的创业者，大多同时是博彩爱好者，而不太喜欢检讨成功概率。这样的创业者很容易失败，但一旦成功，往往成就一番大事业。冷静型创业者是创业者中的精华，其特点是谋定而后动，不打无准备之仗，或是掌握资源，或是拥有技术，一旦行动，成功概率通常很高。在笔者调研的中小水产品加工企业中，这两种类型的创业者都有所体现。总体来看，学历越高、阅历越多的创业者，越倾向为冷静型创业者；反之，则更倾向为盲动型创业者。

第三节　创业者与水产品加工企业发展

企业家作为企业的管理者和领导者，他们的活动直接影响到企业的前途和发展，尤其是作为企业创始人的企业家，他们亲自建立、发展企业，其个人素养、价值观和创业基因会在企业积淀和传承，长久而深远地影响企业成长过程。

一、创业企业家与企业成长绩效

企业家是以经营企业为职业，通过自身人力资本对企业生产经营活动进行综合协调、作出判断性决策、凭借勇敢的冒险精神开展创新活动等，最大限度地降低生产成本和交易成本，实现企业长远发展和自身利益最大化的有效组合的人。企业家能力是作为一个企业家，为了使自己所经营的企业增强竞争优势，从而能够持续快速地成长，以期获得更多的企业家租金所应该具有的一组能力集合。企业研究的行为学派在大量实证分析基础上，总结出成功企业家所应该具备的一些能力特征，如表 6 - 2 所示。

表 6－2　行为学派对企业家能力及企业家特性的总结

创新能力	独创能力
领导能力	乐观
适当的冒险能力	结果导向
创造力	灵活
精力充沛	资源丰富
顽强	对风险和不确定性的承担能力
成功的需要	主动性
自我意识	学习能力
自信	利用资源的能力
长期坚持	对别人敏感
信任别人	有闯劲
倾向于用金钱作为成功的标志	独立能力

资料来源：Louis. From Entrepreneurship to Entreprenology. Proceedings from the USASBE 1997 Conference. United States Association for Small Business.

在企业的不同发展阶段，对企业家及其能力的要求是不同的，企业家要与企业成长同步前进，高度匹配。陈方方（2007）认为，企业的持续成长是企业不同发展阶段企业家素质调整和提升的结果，企业家应综合运用其自身素质来实现企业的可持续发展。基于企业成长生命周期的企业家成长模型如图 6－1 所示。

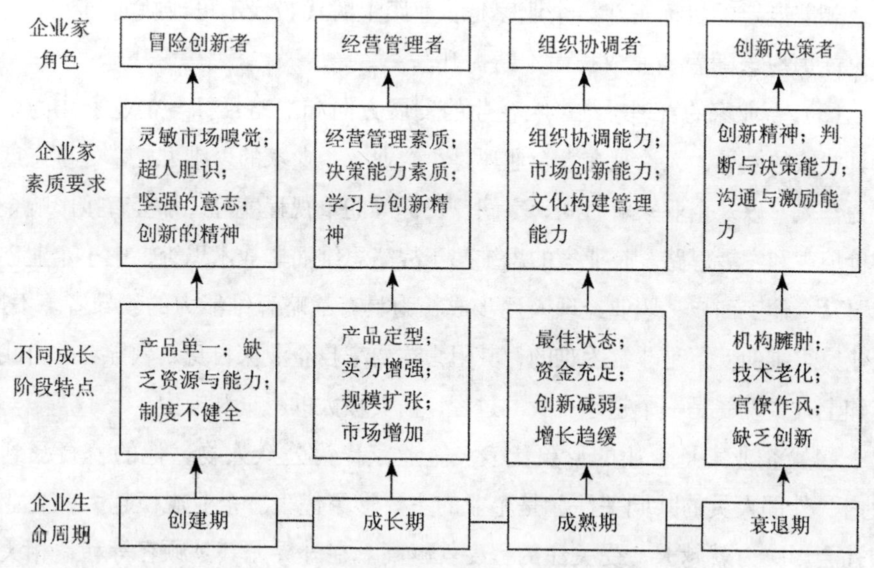

图 6－1　基于企业生命周期的企业家成长模型

（1）企业家作为企业的管理者，他做出的任何决策都是企业的行动指南。许多企业在发展过程中，创始人的决策往往起到了至关重要的作用。为了让企业实现创造物质财富和精神财富，创始人必须根据形势和问题果断地做出正确的决策，这样才能使企业从容面对复杂的内、外部环境。从这一点上说，企业要想健康地成长，必须有一个能时刻洞察环境发展变化的企业家。同时，如果企业家不能为企业提出任何有用的建议和意见，或者企业家根本就是固执地按照自己闭门造车的方法去管理企业，即便是做出了决策也是在不了解对手和市场的情况下作出的，其结果当然可想而知。企业家的决策水平对企业的影响是很大的，只有在正确的战略方向引领下，员工的集体努力才能获得最大效果。

（2）企业家作为企业的领头人，是企业内部新观念、新思维的主要来源。创新对一个组织来说是至关重要的，不管是组织目标的创新，还是技术、制度、组织机构和结构、环境的创新，总是与企业家的创新思维和变革能力密切相关。企业家对企业的影响力最大，企业家本身就是一个企业的精神领袖，企业家关于企业活动的任何想法都有可能成为企业的实际行动。从某种意义上说，一个优秀的企业家会充分利用自己的个人魅力和制度权力，将自己对企业未来发展的想法融入到企业内部人员之中，克服一切变革阻力，有意识地带领企业朝着既定的目标奋斗。企业家是企业跟上时代步伐不可或缺的领头羊，企业家能力应该随着企业成长而不断提升。

（3）企业家的管理思维影响企业的发展方向和战略目标。企业家作为企业最具权威的领导，无论是在大企业还是小企业，企业家的思维方式、处事态度和行为作风，以及企业家对时间、空间、目标等的重视程度等，都会直接影响企业的价值观和发展思路。企业家的思维属于战略思维而非战术思维，中小企业创业者要从个体工商户、职业经理人逐步成长为具有战略思维能力的领导者。不过，企业家思维的变革是非常困难的，其阻力主要来自企业家自身，领导者的自我否定和上升式发展是一个超越自我的过程，需要极大的勇气和魄力。

（4）企业家是企业的形象代表。企业家作为公众人物，他的言行受到企业内、外部人员的共同关注，是企业的主要形象代表。企业规模越大，企业家的社会影响力就越大，受关注的程度就越高。在外界尤其是顾客等利益相关者看来，有什么样的企业家就有什么样的企业，一个企业家的品质同样也是企业的品质。因此，企业家是企业品牌塑造、品牌提升和品牌影响力的最重要的组成部分，一个敏锐、诚信、果敢、创新意识强和领导能力突出的企业家，是先天特质和后续学习的产物，也是极为稀缺的人力资源。

二、水产品加工企业家价值文化

在笔者研究的诸多中小水产品加工企业中，在创建初期及其成长过程中，企业的家族化管理特点比较明显。企业的创始人一直伴随着企业的创立、生存、成长发展的全过程，创业企业家对企业的影响非常深刻，体现在企业的方方面面，包括企业的市场态度、企业内部的文化氛围、企业的管理水平等，企业内部权力集中，企业家个人权威占有绝对的地位。甚至从某种程度上说，企业家个人的成长史也是企业成长史。

1. 企业创始人和企业家的家庭背景对企业文化影响

企业创始人和企业家个人情况可以从这样几个方面探讨，即家庭背景、个人经历、教育背景和成长环境。个人思想意识的形成无外乎受这几个方面的影响，其思想意识是经过后天的学习、教育、实践的磨炼、家庭和社会环境的熏陶而形成的。由于这些因素对企业家的个性形成产生了深刻印象，塑造了企业家独特的个性，并在其思想深处构成了判断事物的标准，因此，在他创业或从事企业经营时，意识的深处或潜意识中必然表现出来，左右着其经营风格和企业文化的倡导方向与内容。

人的一生中很多价值观念是在成人以前就形成的，而成人以前的许多时间是在家庭里度过的，人的思想意识受家庭的影响很大。家长的思想素质对家庭成员及其子女价值观念和思维方式的形成、发展有较深的影响。家庭在培养、教育子女方面具有以下几个特点：首先是家庭影响的普遍性；其次是家庭教育的针对性；再次是血缘伦理的权威性；最后是潜移默化的渗透性。家庭教育与家庭生活的统一性，使得家庭生活的多方面因素都会对子女起着潜移默化的渗透作用。诸如家庭成员间的关系、家庭的气氛、生活习惯等，都会在耳濡目染的作用下，渗透到子女的思想意识中，特别是父母的言行以及家风对子女的影响更为深刻。

家庭环境对人的价值观念、思维方式的影响，除了父母的价值观、思维方式、对子女的教育态度之外，还有家庭的经济状况和社会地位等因素。家庭的经济状况和社会地位对子女的影响主要表现在：子女生活和成长的基本经济条件和是否处于社会的平等地位，这在客观上会影响子女思想的健康发展。家庭传统的延传，以其成员为载体代代相续不绝，每代人都从上一代那里接受并复制固有文化，然后又把它传授给下一代，这种现象类似于生物的遗传。家庭背景作为家庭的物质生活条件、社会地位、家庭成员之间的关系以及家庭成员的语言、行为及感情的总和对个人成长会产生潜移默化的影响，使个人的价值观与思维具有某种倾向性。

家庭是人生的摇篮，父母是每个人的第一任老师，作为社会细胞的家庭是企业创始人和企业家心理素质形成的最重要的场所。家庭是人生的奠基石，家庭背景对企业家心理素质的形成和发展的影响是长远和深刻的。在个体心理素质的形成和发展过程中，家庭环境的影响是多层次、多侧面的，主要表现在：良好的家庭环境氛围是良好心理素质形成的前提；父母良好的教养态度是良好心理素质形成的关键。考察企业创始人或企业家的个性，不能不考察其家庭背景，了解了其家庭背景，至少可以从家庭这个层面上了解其思想意识，进而了解他所倡导的企业文化。

大连某水产品加工企业创始人的父母在早些年代因为生活在海边，就是以渔业生意维持生存的，创始人从小就跟在父母身边，对各种鱼都非常了解，并且对整个渔业产业链也有一定的了解。在调研中他直言自己当初选择经商，是因为除了做水产生意，真的不知道自己能做什么，从父母那一代就以渔业为生，自己只对水产生意有所了解。调研走访的另一家水产品加工企业，其创始人从20世纪80年代开始创业，由于在那个年代，水产品加工企业的市场空间非常大，某些产品甚至处于一种供不应求的状态，所以企业的创始人对市场的关注度就比较低，反而对生产极端重视。企业创始人经常在生产线上检查生产状况，严抓生产质量，这种观念很受当时社会环境的影响。但是时代发展到今天，在市场空间不断缩小的情况下，只重生产不重市场的做法对企业将是一种致命的打击，导致企业过分依赖中间的贸易公司，大部分利润被中间商赚取，企业的制造文化非常浓厚，但掌控产业链的意识明显不足。

对中小水产品加工企业的实地调研发现，在谈到企业文化问题时，部分企业创始人对企业文化缺乏一定的了解，尤其是部分草根创业者，他们将更多的注意力聚焦在企业的盈利能力上，而企业文化的抽象性使得他们无暇顾及。创业者虽然有多年创业经验，但是对于企业管理工作却一直保持着一种经验管理的做法，许多创业者即便想到了要注重打造企业文化，但是连他们自己都不知道什么是企业文化，不知道应该建立一种怎样的企业文化。许多创业者索性就把自己的企业定位成一个加工厂，认为只要工人加工出来的产品能够卖出去，挣回钱来就可以了，所以这种加工厂是不可能有什么文化的。这些企业家由于没有受过管理方面的正规培训，他们的教育经历决定了他们只能在目前的状况下缓慢发展，工人素质较低也对其打造企业文化形成障碍，要想有新的突破，他们面临的困难和挑战还太多。

2. 企业创始人和企业家的创业经历对企业文化影响

个人经历不同导致企业创始人或企业家的不同思维方式，它往往以经验思维的方式表现出来。经验思维方式是以人们的日常生活、日常行为所积累的知识为基础而进行的一种思维类型，它是运用生活的亲身感受，实践的直接体验以及传统的习惯而展开的思维活动。经验思维的功能是类比型的，它是用事物的外在联系进行推论，其思维水平从总体上说，尚未上升到概念性和普遍性的高度，但是用起来很方便。那些有从业经验的创业者，其以往的成功经验和失败教训会对其思维模式和行为风格产生深远的影响。

山东丰华食品有限公司创始人仲先生在公司有着非常好的口碑，笔者在与其员工进行访谈中了解到，企业员工对老板认可度较高，对老板艰苦创业的拼搏精神感到钦佩，并且将其作为企业发展到今天的支柱。仲先生的所有时间几乎都花费在工厂管理上，甚至连自己的家也搬到了工厂，因为他就是依靠加工起家的。而且，随着仲先生在加工制造方面的投入不断增加，逐渐产生了路径依赖效应，他对其他管理问题的涉足明显减少。青岛康福莱公司则几乎与其相反，由于创业者薛先生是做国际贸易出身，其更多的时间用在了参加国内外海产品展销会和与客户的沟通上，其文化风格可以归结为营销型文化。当然，企业家的文化导向不同，其员工招募标准和培养方式也不同，整个公司的氛围也会产生很大差别。

三、水产品加工企业家创业精神

企业家是一个特殊的群体，在现代企业的生产经营活动中处于中心地位，他们是企业运营的掌门人，也是企业发展的舵手，更是企业成长的灵魂。企业领导人的素质对企业兴衰成败起着决定性作用，拿破仑说："一头狮子带领的一群羊可以打败一头羊带领的一群狮子"，由此可见企业家的重要性。

中国市场经济日益成熟，市场竞争也日趋激烈。企业竞争归根结底是企业家的竞争，企业家的竞争归根结底是企业家素质的竞争。市场竞争的潜规则就是优胜劣汰，大浪淘沙始见金。

1. 水产品加工企业家精神现状与企业发展

企业家精神作为企业家的灵魂和核心要素，它通过影响企业家能力作用于企业管理和治理水平。各种研究表明，企业家精神较为活跃的地区，经济发展水平往往也较高，企业家精神和经济增长之间存在着正相关关系。熊彼特（1934）指出，资本主义增长的奇迹来源于企业家能够大胆而富有想象力地突破现行商业模式和惯例，不断寻求各种机会推出新的产品和新的生产工艺，进入新的市场并且创造新的组织形式。

熊彼特认为创新就是企业家精神的标准和核心本质，企业家的行为以创新作为特有的目的，企业家精神是创新的逻辑起点。在此基础上，彼得·德鲁克进一步把企业家精神明确界定为社会创新精神，并把这种精神系统地提高到社会进步的杠杆作用的地位。其重要著作《创新和企业家精神》一书，全面论述了创新和企业家精神的关系。欧元之父，1999 年诺贝尔经济学奖获得者罗伯特蒙代尔在 2005 年诺贝尔奖获得者北京论坛上对企业家精神进行了阐释，他认为企业家精神是组织的动力引擎，具备企业家精神的企业家才能够创新产品，是天然的领导者，有能力预测供需的变化和市场风险，能够抓住机会，勇于冒险，使目标变为现实。此外，他还认为企业家的素质是可以后天培养出来的。企业家精神的培养不仅仅需要领导力、创造力、冒险精神等内部条件，成长环境等外界条件同样非常重要。

企业家精神是大量企业家个体所具有的精神的抽象，是系统且具有普遍意义的精神。企业家精神具有广泛的含义，其应用范围不仅限于商业企业中，也适用于非营利性组织机构中。作为一种精神力量，企业家精神渗透于社会的方方面面，社会的进步、民族的发展都离不开企业家精神的发扬与传承。一般来讲，企业家精神包含创新精神、冒险精神、科学精神、务实精神、艰苦创业精神等多方面的内容。

事实上，如何界定企业家精神并不重要。企业家精神作为社会的稀缺资源，对我国经济增长和社会发展的推动作用正日益显现出前所未有的重要性。因而，如何在整个社会培育和弘扬企业家精神才是最为重要的。企业家是一个生态群落，但这个生态群落的边界是不确定的。在创业、创新的决策过程中，企业家贡献的是他的才能。正因为如此，经济学研究者经常将企业家才能等同于企业家精神。企业家精神的确是一个比企业家才能更好的表述，它涵盖了企业家才能，同时又包含着更多的价值内涵，如冒险精神、效率精神、诚信精神、合作精神和敬业精神等，这些都是企业家精神内涵的应有之义。

处于转轨时期的中国，迫切需要一大批顺应时代潮流的企业家。造就这样一支宏大的企业家队伍，最重要的是要与时俱进地培育和弘扬符合时代要求的企业家。水产品加工企业的企业家就是在这样的时代背景下应运而生的，许多水产品加工企业，其创业者或者是以前的渔民，或者是以前因为靠近海边，只能以海产品为生的一群人。之所以走上创业道路，是受一种追求个人财富不断增长的传统观念影响，这些创业者以赢利为主要目的，对企业家精神的关注较少，甚至不在乎何为企业家精神，不清楚在他们自己身上是否存在企业家精神。没有企业家，企业就不能生存，创业者带动了企业的兴办，企业家精神使之充满朝气与活力。如果当初没有那些充满企业家精神的创业者，就不可能有如今美国强大的经济。我国浙江同样也涌现了大量的创业型企业家，他们依靠自己的人力资本完成了资本的原始积累，依靠敢冒风险的企业家精神，通过从事贸易、家庭作坊式的生产方式，在完成资本积累的同时也形成企业家的必备素质和能力，促进了浙江经济的繁荣。

在中国，水产品加工企业虽然有了一定程度的发展，但是基本上还是处在一个比较初级的阶段，产品附加值较低，质量跟国外同类产品相比差距还是很大，这就迫切需要企业能够及时开发创新产品，成长中的中小水产品企业的创新程度，在很大程度上取决于创业企业家的创新精神。企业家创新精神主要体现在产品创新、技术创新、市场创新和管理创新等几个方面上。产品创新关键在于不仅要创造好的品牌，而且要通过不断追求产品质量的改善与提高来发展和完善品牌并由此获取长期收益。技术创新包括高新技术成果转化的应用及生产过程中生产工艺和流程的革新与发明。企业家要有发现和开拓新市场的能力，占领市场发展的制高点，提高企业生产经营效率与收益，生产适应市场需要的新产品。企业家要有敢于和善于进行组织创新、制度创新、团队合作与不断进取的精神。这就要求企业家善于学习和模仿别人的成功经验和做法，敢于和善于突破与超越别人的成功经验。

企业家精神在企业成长过程中具有举足轻重的作用，创新精神是企业成长的关键，在飞速发展的经济时代，只有不断创新才能保证企业现有市场地位，促进企业顺利成长。冒险精神是企业家的特质，企业家具有冒险意识才能敢于开辟新市场，才能敢于做出产品品种改良、新生产技术应用等经营决策，构成企业成长的动力源泉。中国中小水产品加工企业要积极创新，首先要建立起创业企业家的创新精神，培养创新意识，重视产品创新，技术创新，不断开发出创新性的高附加值产品，以走出目前的以粗加工为主、恶性竞争盛行的局面。

2. 水产品加工企业家素质与企业成长

根据有关研究，私营企业平均生命周期只有 1 ~ 4 年，每年倒闭的企业有近百万家，公司在成立后两年内倒闭率高达 70%。我国企业尤其是民营企业的生命周期较短的主要原因是企业家能力没有跟上企业发展速度。一般来讲，企业家至少应具备以下五个方面的基本素质，即思想素质、身体素质、心理素质、能力素质和知识素质。而能力素质又包含六个方面，即创新能力、决策能力、战略管理能力、文化管理能力、信息管理能力和人力资源管理能力。一个出色的企业家应该具有全新的思想观念、健康的身体、强健的心理、卓越的能力、丰富的知识经验和优秀的品质。

蒋主浮和黄璇（2000）认为，中国企业家素质与世界知名企业家素质相比，仍存在巨大的差距，主要不足体现在以下几个方面：①企业家的创新意识、战略意识薄弱。应根据市场需要调整企业管理结构、市场结构、生产结构、资本结构。企业家要具备一定的专业知识，也要具备较深厚的社会知识，还要具备现代经济中的发展市场经济的知识。②经营能力亟待全面提高。面对激烈的竞争，中国不少企业家存在决策能力差、管理技能差、市场经验缺乏、用人能力差、技术进步预见力弱、创新能力弱等问题。③文化知识、专业技术能力有待提高。改革开放以来，企业经营者具有大中专以上文化程度的人的比例逐年增高，受过高等教育的人数也逐年增加，中国企业经营者文化素质、专业能力虽然逐步提高，但就目前的总体水平来看，仍然有待全面提高。

站在改革开放时代前列的中国企业家，要全面提高自身的文化知识水平、专业技术能力，从而增强自身的素质，增强企业的竞争力。水产品加工企业属于传统的加工企业，是一种劳动密集型的企业，其技术含量并不是很高，企业家个人对企业的影响较大，尤其是当企业在创办初期以及成长的过程中，企业家在企业中的作用更为明显。在这种传统的加工行业中，企业家拥有高文化水平并不意味着企业在创业初期就能够成功，但是随着企业不断发展壮大，企业家就必须不断充实自己，通过不断学习来提高自身素质，从而带领企业不断步入新的发展阶段。

目前，可以通过以下几方面的努力来提高我国中小水产品加工企业家素质。首先，树立社会责任感和国家使命感，将企业利益与国家利益、社会利益紧密结合在一起，从大格局和大利益着手思考企业发展问题，诚信经营，规范操作，重视法律法规。在这方面，我国中小水产品加工企业家做得还很不够，尚没有达到国内企业的平均水平。其次，远见卓识，对当前和未来的市场有敏锐的洞察力，能够未雨绸缪地开展企业变革以应对环境不确定性的挑战。我们调研的多家水产品加工企业家，基本都是围绕企业内部的、细节的生产问题进行管理，视野没有开阔，治标没有治本。再次，熟悉财务管理，懂得资本运作，能够有效整合企业内外部资源以提升企业竞争力。目前，很多中小水产品加工企业家没有财务投资和资本运营意识，也没有规划指导企业在这方面积累资源的能力，这一局限性在较大程度上制约了企业快速发展。又次，崇尚冒险精神和创新精神。冒险不是胡来，而是基于慎重考虑的战略决策；创新不是哗众取宠，而是更有效地满足顾客需求。大部分中小水产品加工企业在这两方面存在不足，因循守旧和故步自封是普遍现象。最后，提升管理能力和现代化管理水平，重视沟通能力和领导艺术。很多中小水产品加工企业的创业者自身学识不高，有的缺乏大企业工作经历，有的忙于日常事务无暇提升自我，导致管理中盛行经验式、随意式思想，科学管理和现代管理技术运用较少。

第七章　中国中小水产品加工企业成长影响因素之三：技术研发能力

随着科技革命和知识经济的发展，人类已进入前所未有的以信息技术、生物工程技术、海洋工程技术、新材料和新能源开发技术、航天技术为代表的新技术时代。技术革命推动下的各产业突破式发展，为更好地满足人民群众需求奠定了基础，也搭建了企业竞争互动的新平台。

第一节　技术推动水产品加工业发展

朱立新和李丽芳（2004）认为，科技革命已经广泛渗透到各个领域，海洋渔业产业的技术进步日新月异，对渔业的增值性、战略性、创新性及加速性发展具有重要的推动作用。技术研发已经成为影响中小水产品加工企业健康成长和有效竞争的重要因素。

一、技术改变水产品加工的源头

(1) 渔业中的水、种、饵、生产工具等各要素都需要科学技术的支持和推动，通过应用现代育种学、遗传学等生物工程技术成就，可进行各类种群间的鱼类杂交育种，实现养殖的良种化。在增养殖技术方面，将目前的粗放型海水养殖产业变为集约化高效型产业，利用生物工程技术改良一批适用于增养殖的鱼、虾、贝、藻优良品种，大量开发优质鱼类、虾类、贝类新品种，建立自动化工厂式养殖系统，可初步实现近海渔业农牧化。发展基因重组、细胞工程技术，建立高新技术的密集型育苗中心，可以有效支持海洋生物优良新品种的研发和培养。用生物技术进行病虫害的快速诊断检疫，能帮助解决鱼虾病问题（朱立新和李丽芳，2004）。

科技进步极大地推动了水产养殖的发展，进而使得水产品加工等相关产业实现了跨越式的发展。从历史进程来看，以人工繁殖育苗技术为代表的水产科技进步对推动渔业发展的革命性意义非常显著。20世纪50年代，海带人工育苗技术的突破带动了海藻养殖的大发展；60年代“四大家鱼”人工育苗技术的突破带动了鱼类养殖业的大发展；70年代扇贝人工育苗技术的突破带动了贝类养殖技术的大发展；80年代对虾工厂化育苗技术的突破带动了对虾养殖业的大发展，奠定了中国养虾大国的地位；90年代欧鳗养殖技术的成功，改变了亚洲养鳗业的格局，奠定了中国大陆鳗鱼养殖、出口的主导地位。近一段时期以来，高产集约化养殖技术的推广和普及，如工厂化养殖、网箱养殖、高位池养虾等成为水产养殖业实现跨越式发展的强大推动力。

（2）通过运用一些先进的技术和手段，可有效地改善对渔业未来发展极为不利的资源利用状况，使一些原来不能利用的资源得以利用，原来利用程度不高的资源得以提高，促进渔业资源向深度和广度开发，提高资源的综合利用效率。

在海洋和内陆水域渔业自然资源利用问题上，中国经历了一个思想观念的转变过程。20世纪50年代到60年代，中国渔业管理追求的是产量，强调“增船增网、多捞多捕”，由于开发强度较低，基本上不需要考虑资源保护问题。改革开放后，渔业率先引入市场机制，捕捞生产单位进一步分散化，捕捞产量逐年递增，形成了“渔业资源是取之不尽用之不竭”的幻象。在渔民生计与渔区经济发展的内在动力下，资源掠夺性开发进一步加剧。20世纪80年代初开始，我国采取了一系列资源保护措施，使渔业自然资源衰退的趋势得到了一定程度的遏制。为了有效缓解渔业资源紧张局面，可以适度运用科技手段。例如，在渔业资源调查方面，进一步发展机械、超声、激光探鱼技术，以及声、光集鱼技术等，建立海洋渔场、鱼情以及主要渔港鱼市行情的监测与信息传递网络。另外，研究和发展海洋捕捞技术，提高鱼捞机械、逐鱼仪器等设备的研发水平，可以促进外海渔业和远洋渔业的长足发展。

（3）科学技术的进步还能通过提高渔业生产力中最活跃的因素——劳动

者的素质来推动渔业的发展。中国现阶段的渔业企业大部分规模比较小，员工素质比较低，制约着企业的进一步成长。人是生产力中最活跃并且具有主观能动性的因素，高素质的劳动力运用自身知识技术创造的产值是低素质劳动力无法超越的。员工素质的提高，有利于水产品加工企业引入更高技术水平的生产线，可以极大提高劳动生产率，制造出高质量、标准化、低成本的创新产品。

二、技术改变水产品加工的运营

现代科学技术不仅越来越多地渗透到水产品加工业原料来源的各个要素上，而且越来越多地渗入到后续的各个企业运营环节上。在生产环节，依靠科学技术可改善水体环境，降低物质消耗，进行生产要素和资源的优化组合，促进良性生态循环，实现渔业生产的专业化、规模化和生产组合的科学化及社会化。在创新环节，依靠科学技术可开发出多品种、高技术含量、高附加值的水产品。在流通环节，依靠科学技术可发展先进的鲜鱼运销工具和设施，建立多功能、多渠道的市场信息网络。在服务环节，依靠科学技术可为产前、产中、产后的管理工作提供高质量、高水平的服务（朱立新和李丽芳，2004）。

当前，渔业产业结构调整的指导思想和基本原则是积极推动传统渔业向现代渔业转变，实现数量型渔业向质量型渔业转变。养护和合理利用近海渔业资源，积极发展远洋渔业、加快发展养殖业，水产品深加工及配套服务产业，努力增加渔民收入，实现海洋渔业可持续发展。通过政策引导，调整对自然资源的利用结构；以市场为导向，调整产品生产结构；以科技为动力，促进产业的升级；通过政府投资引导，建立健全渔业发展的支撑体系。当水产业发展转移到依靠科技进步上，当地资源被充分利用，多层次、多类型经营模式普遍发展时，渔业就会获得综合性开发，实现渔工贸、产供销紧密配合的产业化经营格局。

渔业发展的首要目标是实现渔业现代化，其基本动力是科学技术进步的不断变革与创新，因为靠传统技术是实现不了渔业的现代化的。运用增长速度方程数学模型、柯布—道格拉斯生产函数，以及专家评估法等方法，对水产科技进步在渔业经济增长中的作用进行定量分析，已被业界广泛引用。渔业经济专家对中国渔业经济增长过程中的科技进步进行了分析和研究，测得“六五”、

“七五”、“八五”、“九五”期间，科技进步在我国渔业经济增长中所占的比重，分别为34%、43%、46%和49.133%。可见，科学技术对渔业现代化以及渔业可持续发展有着重要的推动作用（董星宇，2001）。水产科技进步作用的经济分析，深刻论证了科技进步是第一生产力的著名论断，对进一步推动我国水产科技进步与渔业经济发展，都具有重要意义。

第二节　国内外水产品加工技术的现状

一、国外水产品加工技术发展史

我国在水产品加工和综合利用领域，一直比较重视以短、平、快为特点的终端产品研发，对基础性研究、综合性研究和前瞻性研究的投入力度不够。与世界先进水平相比，我国水产品加工领域的研究还比较落后，创新程度和创新速度不足。

英国的“Tony Research Station”是世界上第一个水产品加工研究所，该所从1928年成立就着手鱼、贝、虾、藻类的基础研究。数十年来，该研究所在各种鱼类的营养组成和季节变化，水产品腐败的生物化学、微生物学和酶化学变化等方面都取得了许多创新性研究成果。20世纪60年代初由该所编写出版的《Food As Fish》一书，至今仍是水产品加工研究领域的重要文献，虽然书中所涉及的都是大西洋鱼类，但它的许多研究结论有着普遍指导意义。近30年来，世界水产品加工领域基础研究的进展明显加快。

滕瑜和王彩理（2005）认为，20世纪70年代日本取得三项重要的研究成果，分别为：一是从研究各种鱼的蛋白质结构和性能中发现，底层鱼类蛋白质中的盐溶性蛋白质要高于中上层鱼类，而盐溶性蛋白质加热凝固后具有明显的弹性。根据这个理论成果，日本率先利用狭鳕生产出了各种鱼糜制品。后来经过不断的深入研究，形成了一整套鱼糜生产的基础理论，在这个理论的指导下，鱼糜的生产技术已经传遍了整个世界。二是从研究鱼类中三磷酸腺苷的降解作用，发现了鱼类质量指标K值，它比人们普遍采用的VBN指标更具有科学性和普遍意义，现在已经被世界各国所采纳。三是从研究各种鱼肉的冰点着手，发现了-3℃时保藏鱼类比冰鲜方法具有更大的优越性。从而提出“微冻”保鲜的方法，此法也被世界各国采用。

20世纪70年代中期，在鱼油研究中发现，鱼油含有大量的w—3脂肪酸，具有降低人体血管中胆固醇的作用。20世纪80年代进一步研究发现了鱼油的DHA和EPA的保健功能，从而在各国掀起了一股“鱼油热”，至今热度不减，各种鱼油制品纷纷上市，预计鱼油的研究还会继续深化，也许会有新的发现。

进入20世纪90年代，水产品加工科技的基础研究又有了以下三大突破：一是日本京都大学一位教授发现，食品中的微生物在400兆帕压力下会受到抑制。利用此原理，可以不用高温杀菌就能生产出色、香、味俱佳的食品来，目前已有此类产品上市，深受消费者欢迎。二是20世纪90年代初，肉类食品加工领域的研究中提出了一个新的理论——“栅栏效应”。该理论认为通过多个强度缓和的保质“栅栏”的协同作用，能够实现食品微生物的稳定性，比单一温度手段更能利用计算机快速预报食品微生物状态，为高水分水产调味干制品的研究指明了方向。三是HACCP理论，该理论20世纪60年代开始在美国航天食品上使用，经过20多年的补充和完善，美国政府已于1995年12月正式颁布，并于1997年12月18日起执行。目前，HACCP是目前世界上公认的最有效的食品安全预防体系，世界上多数国家都根据该理论制定了各自的实施方法（滕瑜和王彩理，2005）。

水产品加工基础理论取得的重要进展，还有“水分活度”理论、“功能食品”理论等。每次理论上的重大发现和突破都有效推动了水产品加工科技的飞跃发展，促进了水产品的品类开发和科技含量提高，在提高水产品质量和附加值的同时，为新兴企业提供了新的发展机遇，为产业整体发展创造了条件。

二、中国水产品加工技术发展史

中国水产品加工的研究始于20世纪50年代末，20世纪60年代根据当时渔业生产的特点，还重点开展了防止盐干鱼油脂氧化和海带综合利用技术的研究，采用BHA、BHT等抗氧化剂解决盐干鱼油脂氧化问题，并取得了海带提取褐藻胶、甘露醇和碘的成功，为20世纪70年代末80年代初建立中国海带化工产业奠定了基础（滕瑜和王彩理，2005）。

20 世纪 80 年代以前的重点是海水鱼、虾的保鲜技术研究，在借鉴国外经验并结合国情基础上，研究了海上渔获物的药物、冰、冷却海水和微冻等保鲜方法。除药物保鲜方法外，其他方法都已不同程度地应用到生产上。根据冷却海水保鲜方法的研究成果，还设计制造了多艘冷却海水保鲜船，取得了明显的成果。“六五”期间，中国又开展了海水鱼冷藏链保鲜技术研究和淡水鱼保鲜方法的研究，也取得了相应的成果。通过几十年的努力，中国培养了一批从事水产品保鲜和质量鉴定方面的人才，使中国海水鱼的保鲜水平达到或接近世界水平（滕瑜和王彩理，2005）。

滕瑜和王彩理（2005）认为，在水产食品和产品综合利用及开发研究方面，我国也取得了一批实用性成果，先后开发了罐头（包括软罐头）、鱼糜制品、冷冻小包装、冷冻调理食品、鱼香肠、调味干制品、熟食品和各种复配型食品（即与其他食物混合加工）、各种风味小吃等。利用生物化学和酶化学技术，从低值水产品和加工废弃物中研制出一大批综合利用产品，如水解鱼蛋白、蛋白脏、甲壳素、水产调味品、鱼油制品、水解珍珠液、中华鳖精、紫菜琼胶、河豚毒素、海藻化工品等各类加工产品。中国水产领域的大部分综合利用研制成果都已投入生产，创造了巨大的经济效益，其中不少产品属于世界首创。

然而，中国水产品加工业总体技术水平与国际相比，差距还十分明显，有些研发技术有待进一步提高（滕瑜和王彩理，2005）：

1. 保鲜技术装备

中国曾成功研制各种系列的管冰机、片冰机以及船用平板冻结机和冷却海水保鲜装置等，较好地解决了渔获物海上保鲜问题，提高了鱼品质量。但对国外普遍采用的微冻保鲜、气调保鲜等技术装备方面还有待突破。

2. 鱼类处理机械

发达国家鱼类处理机械发展较快，在洗鱼、分级、去鳞、去头、剖腹、去内脏等各个环节都已实现了机械处理，有的甚至应用了微机技术，能自动调整刀的位置、切入深度，以达到较高的出肉率。中国在研制鱼类处理机械方面较为落后，各类处理机械，有的尚未研究开发，有的虽已研制了样机，但未能推广应用。例如，洗鱼机，国产机型的原理基本上与国外相似，但在用材和机械性能方面不如国外，目前仅少数地方采用。又如20世纪80年代开发成功的对虾分级机，除选材方面不如国外，其主要技术参数已接近日本同类产品，但至今未推广。再如中国早期研制生产的圆盘切头机，大部分采用人工喂料，生产效率低、操作人员劳动强度大，出肉率低，也未能普遍使用。总之在鱼类处理机械的研制方面，中国与国外相比，有相当大的差距。

3. 鱼糜制品机械

它包括采肉机、漂洗机、脱水机、精滤机、混合机、擂溃机、充填机、成型机和高温高压杀菌装置。日本比较重视发展鱼糜制品机械，很多装置用计算机控制，自动化程度高。为适应方便、调味等小包装制品的需要，真空包装机和气体置换包装机已有系列产品。中国20世纪80年代后期，开发了新型的采肉机、精滤机、擂溃机、鱼糜漂洗机、斩拌机、成型机等成套加工设备，其结构原理基本上与国外相同，但在机械的性能及寿命方面不如国外同类机型。提高中国鱼糜制品加工成套设备性能（包括人造模拟食品加工技术设备）及自动化控制水平的研究将成为今后的一个重要课题。

4. 贝类壳肉分离装置

国外普遍使用的是加热后通过机械冲击、振动式脱壳机。我国也已研制了毛蜡、蛙子脱壳装置，今后应重点研究扇贝、牡蛎脱壳采肉、灭菌工艺及设备，在尽量少损害其营养成分的前提下，提高成品率，并研制贝壳加工机械，以便充分利用贝壳富含的钙质，制成复合健康食品。

5. 藻类加工

在藻类加工机械方面，日本已有紫菜切碎、洗净和自动制饼等成套设备，并配有自动装帘、叠帘和剥饼等机械，形成自动化生产线。日本海带的加工综合利用机械，除切丝机外，在工业制碘、制胶方面已有切碎、过滤、计量配料、脱水、造粒等成套专用设备。20世纪80年代后期，在引进消化国外技术与设备的基础上，中国也研究开发了全自动紫菜加工设备和海带切丝机，以及褐藻胶生产后处理方面的捏合机、脱水机、造粒机、烘干机等加工设备，主要技术性能指标均已接近或达到国外同类型产品水平，但在加工工艺、材质方面差距较大。

6. 渔业饲料加工

随着20世纪80年代中国对虾人工繁育的成功，中国海水养殖业迅猛发展，对水产饲料的营养学及加工工艺、设备的研究才开始重视。在20世纪80年代及90年代初期，主要针对水产动物的生理营养学、营养需求及各种营养素，如蛋白质、脂肪、碳水化合物、维生素、微量元素等对水产动物的生长发育的影响进行了研究，并开发生产了系列鱼、虾专用配合饲料，饲料的营养性、适口性及物理性状已接近或达到国际先进水平。近年来，对水产动物饲料的研究已经从水产动物的生长速度、增重率等量化指标转化为研究饲料对水产动物内部消化器官及遗传基因等进行深入研究，开发研究适合水产动物健康生长的安全饲料。同时，国产饲料设备在近十年来发展较快，国产饲料粉碎机、膨化机、造粒机等设备已基本达到国际先进水平。

三、水产品加工技术的发展趋势

1. 水产品加工领域的整体趋势

国际水产品加工的趋势表现为：一是低值水产品综合开发利用速度加快。过去曾被作为饲料用鱼粉的低值水产品，现已大量开发精制成食用鲜鱼浆，然后再用这种鲜鱼浆生产出风味独特的鱼丸、鱼饼、鱼糕、鱼香肠、鱼点心等各式各样的水产方便食品。二是优质水产品深加工品位不断提高，如鱼丝、鱼松、鱼柳等，在深加工的基础上又将其产品的品位和档次提高到更高的水平。三是合成水产食品异军突起。以鱼浆和海藻等大宗水产品为原料，生产合成色香味俱佳的高档人造蟹肉、贝肉、鱼翅、鱼子等产品，越来越受到消费者的欢迎。四是保健水产品方兴未艾。把鱼的内脏和加工剩下的鱼鳞等下脚料经过特殊的提炼加工，再配合其他辅料制成的各种保健品，如鱼油食品、鱼鳞食品、低胆固醇补脑食品等，在市场也颇受欢迎。五是美容水产食品备受青睐。鱼子食品、蟹肉产品、虾仁食品等，因其具有健美功效和富含卵磷脂等物质，符合时尚潮流，从而备受妇女、儿童和老年人的喜爱（汪之和等，2005）。

国内水产品加工的趋势表现为：一是消费方便化。先用一些水产品加工鱼浆，再用鱼浆生产出各式各样的鱼糕、鱼脯、鱼排或香肠等产品，供消费者直接食用，既营养丰富又耐贮存，携带方便。二是产品模拟化。将鱼浆制成色、香、味、形近似蟹、虾、贝、鱼翅、鱼子等模拟产品。这种模拟产品无论在居家或饭店餐饮中，均可成为“特色”的水产方便食品或配菜品。三是功能保健化。以水产品为原料，按照一定的配方，配以适当的药物，用水产品之味，取药物之性能，制成各种水产保健食品，由于其胆固醇含量低，可成为真正的“药膳”。四是价值拓展化。如绝大部分鱼子不但味道鲜美，营养丰富，还富含蛋白质、钙、磷、铁及卵磷脂等元素和矿物质，是国际上流行的美容及保健食品，鱼子的深加工大有可为。五是鲜活分割化。水产品经过科学的分割处理后，能保持原有的新鲜口味。如淡水鱼，除提倡就近、就地活销、鲜销外，还可分割成冷冻小包装，这样贮存时间长，更可满足不同消费者的消费需求，方便选购。

2. 国际水产品加工技术的发展趋势

（1）加工设备自动化，加工技术高新化。国外发达国家十分注重产业设备的研究和更新。随着技术的进步，微胶囊技术、高效浓缩发酵技术、膜分离技术、微波技术、超高压技术、超微粉碎技术、超临界流体萃取技术、膨化与挤压技术、基因工程等高新技术在水产品加工业中的应用正在不断扩大。

（2）加工利用生态化。发达国家十分重视从环保和资源循环利用的角度引导产业发展，因此，企业在发展过程中始终考虑如何更有效地利用资源，达到“生态加工”的目的。在水产品加工领域，如何使水产资源转化成高附加值产品，同时确保渔业资源的可持续化和生态化，这是目前国际水产品加工业重点关注的课题。

（3）海洋生物资源利用优先化。海洋药物与保健食品是当前海洋生物技术的高科技产品，欧日美等国近年十分重视对这一产业的研究开发。美国不断加大对海洋生物资源研究的投入，专门设立了海洋生物工程研究基金，对数千种海洋生物进行了各种生物活性物质的筛选，取得了一些重大进展。因此，从海洋（淡水）生物中发现提取生理活性物质是未来研究开发的热点。

（4）科研经费投入良性化。在一些技术领先的发达国家，政府和企业都十分重视对产业科技研发的投入，企业利润的5%～15%投入到研发中去，目前已基本形成了科技研发、产业化、利润回报、再投入的良性循环。而国内调查显示，中国只有少数大型企业研发投入比较高，众多中小企业研发投入严重不足，水产品加工业更是如此，简单的复制模仿颇为流行（汪之和等，2005）。

第三节　中国中小水产品加工技术困境

中国水产品加工以粗加工为主，80%是大宗的低档次加工品，冷冻品占加工总量60%以上，腌、干制品约占20%，精深加工品仅占10%左右。除烤鳗、精加工紫菜、模拟食品等少数因其技术含量较高而产品附加值高外，大部分加工品由于其技术含量低而附加值不高，水产加工品的品牌少，名优新品种少（王剑河，2005）。

一、水产品加工技术的案例分析

大连瑞驰海产有限公司始建于2000年，是一家从事水产品和农副产品采购、加工、销售，并拥有自营进出口权的民营独资企业。公司现有现代化的水产品加工厂两座，共占地20000余平方米。工厂全部按照国际卫生标准设计，并获得了美国的HACCP注册、欧盟卫生注册。日速冻能力160吨，年加工出口能力达10000余吨。公司自成立以来，始终秉持“以人为本、以诚立基、以勤拓业、以新逐高”的经营理念，始终坚持“质量第一、客户至上”的经营方针，取得了良好的社会效益和经济效益。先后获得了“大连市放心食品”、“大连市放心食品示范工程企业”、“大连市名牌产品”等多项荣誉称号，并连续多年被评为“大连市AAA级信用企业”。

在近十年的发展历程中，企业面临的最大问题是技术障碍。“最致命的问题是解决不了技术问题。我们这个行业，技术含量不高，模仿为主。”“以前就是把出口产品简单变变，在国内市场销售，产品技术比较低，虽然曾经我们公司的产品在大连市销售得不错，但是人家别的企业一模仿，我们就白忙活了，损失了不少钱。”公司老总深有感触地道出了技术的重要性和公司产品技术含量低给公司造成的成长压力。

下面，以瑞驰公司为例，从四个方面简要分析技术对中小水产品加工企业的影响：

1. 没有实用技术，理论和实践脱节

“研究那些高科技没有用啊，实用技术在哪里？日本的水产加工，人家研究得深入。”“日本这个鱼研究到什么程度，在哪个地方的，怎么吃，晒干啊，烧啊，还是烤啊，就一个飞鱼就讲了这么多。传统上怎么吃，现代工艺怎么吃，怎么个做法，怎么个吃法，营养成分怎么样。”“希望专家们真正到工厂研究点东西，现在搞的很多理论用不到实践中去。不缺少理论，缺少实践技术。”公司老总道出了工厂对实用技术的渴求。

2. 缺少研发人员

人力资源是企业的第一资源，特别是技术型人才对处于产品价值链低端的水产品加工企业来说是发展的关键因素。“急需要的是食品研发人员”，某企业老总对食品研发人员求贤若渴，提升产品附加值的技术创新，人才是关键。要放手使用、培养现有专业技术人才，努力提高水产加工人员素质，促进水产加工技术创新。

3. 加工设备落后

“我们中国没有设备。中国要搞产品深加工，必须要有设备。设备啊，日本那么小，水产加工工具啊特别巧，咱都做不出来。”目前中国除部分大中型加工企业外，大部分中小企业加工设备简单，仍以手工操作为主，加工设备的落后一定程度上也影响了水产品加工业的提升和发展。

4. 企业的科研投入不足，企业利润率低

现在大多数水产品加工企业都面临着技术上和原料上的困难。对于水产品加工企业来说，原料是它们生存的基础，但是现在资源成为制约它们进一步发展的重要因素。“有原料的时候，便宜卖给了外国人了。现在没有原料了，进口原料，变成加工厂了。像我们家还能买到料，像有些工厂就买不到料，做来料加工。现在的原料就剩下贝类了，鱼类基本是没了，即使有也够不上量。”由于过度捕捞、水域污染等造成资源衰退，以及经营环境的恶化，导致目前大多水产品加工企业利润空间很小。

管理学的微笑曲线理论告诉我们：一个企业的产业价值链附加值往往在研发和销售环节远远高于生产加工环节，生产加工环节的附加值可能是最低的。

而产业和企业只有不断往附加值高的区块移动和定位，才能赢得良好的经营效益与持续发展。问题是，向产业链高端进发面临着众多障碍，其中之一就是技术。中国中小水产品加工业技术水平低，只能做简单生产加工，产品附加值低且突破困难。

在瑞驰公司看来，现在很多科研机构的研究实际意义不大，因为不能和工厂的有效需求联系起来，不能转换成实际的生产力。“你别总去研究那些高科技，不是说不重要，但更要研究一些能从实验室转到生产上的技术和产品，只有应用到生产上，创造出价值来，才是可取的、可持续的。”由此可见，研究机构和水产企业之间脱节现象比较严重，有效梳理和建立双方的技术研发合作机制是改变我国水产品加工技术含量低、产品附加值低困境的必然要求。

二、水产品加工技术存在的问题

汪之和等人（2005）认为，虽然中国水产加工技术创新确实取得了不少成绩，也有了较大发展。但是，中国水产加工业总体上处于传统的技术落后状态，与发达国家相比差距明显，与新时期渔业发展的要求相比还很不适应。突出表现在如下几个方面：

1. 加工比例和科技含量较低是渔业发展瓶颈

由于水产加工业是一门应用性学科，国家长期以来一直忽略了对水产加工业的投入，尤其是基础理论的研究。2003 年加工比例约为 35%，与发达国家的 60% ~90% 相比，还很低。此外，冷冻品、干制品和烟熏制品约占 75%，可见中国目前水产品加工仍以粗加工为主。淡水水产资源占全国渔业资源的 42%，而加工比例仅占 8%，产品科技含量较低。

2. 水产品加工业的技术装备比较落后

中国在水产加工机械设备研发方面虽有了一定进展，但面对新的形势、新的要求，水产品加工的设备研发和应用还比较落后。近 30 年来，我国水产加工设备包括鱼粉生产、冷冻鱼糜和鱼糜制品生产、烤鳗和裙带菜加工线、螺旋式速冻机等大部分都依赖进口。进入 21 世纪后，主要是引进、消化和模仿生产一批设备，但质量尚不够稳定，自主开发能力欠缺，国内设备和发达国家比较，效率低、能耗高。目前，除部分大中型加工企业外，大部分中小企业加工设备简单，仍以手工操作为主。中国至今仍没有一个专业加工机械制造厂，尚不具备鱼类加工所需的去头、去内脏、去鳞、切鱼片、成型等专业机械生产的能力。

3. 水产品标准与法规体系尚不健全

中国水产品加工标准、法规建设滞后，国际采标率相对较低，关键原因是对水产品危害因子的检验方法和检测手段尚不完善，尤其是抗菌素、农药残留、重金属检测方法和手段上严重落后于发达国家，因而对相应的指标和基础数据的掌握不全面，从而造成标准法规建设滞后，受制于发达国家。国内水产品市场的相关制度都还处于初创阶段，对于水产加工品、企业资质、从业人员资质缺乏统一的规定，造成水产品市场鱼龙混杂、良莠不齐。

4. 水产品加工企业通过质量认证的比例较低

中国有 8200 多家水产品加工厂，通过 HACCP 食品安全体系认证企业的比例却只有 6.4%，与日本和泰国 80% 以上企业的通过率相比存在较大的差距。同时获得美国 FDA 认证和欧盟认证的企业仅有几百家。质量管理相对薄弱，因而先后出现了虾的氯霉素事件，烤鳗的亚硝酸汞和嗯诺沙星，南美白对虾的呋喃唑酮，水发水产品的甲醛、敌百虫和磷酸盐等问题，不仅影响产品的出口创汇，而且严重危害人体的健康与安全。近 10 年来，淡水鱼养殖发展迅猛，产量急剧上升，但由于加工没跟上，鲜销又供大于求，一些地区已出现“压塘”现象，严重制约了生产的发展。

5. 海洋药物研究体系不尽完善

海洋药物的研究是一项涉及多学科、跨行业的系统工程。从目前海洋药物研究现状来看，一方面，人才缺乏，尤其是药物学、医学方面的人才，学科综合研究能力薄弱。另一方面，由于药物研究投入大、周期长、成本高、风险大的缘故，各机构都不敢贸然投入，导致新药开发滞后。这与国际先进水平相比，还存在相当差距，技术体系尚不完善，筛选系统尚不健全，基础研究缺乏深度。目前仅有五种海洋药物获批准上市，其他大部分都停留在保健品行列。

中国水产品加工业技术创新还很落后，加速推广高新技术的应用是行业发展的未来趋势。高新技术的应用不仅可以大大提高低值鱼虾贝藻的附加值和传统海产品的生产效率及质量，而且可以使水产加工业的整体水平和在国际市场上的竞争力大为提高。

三、水产品加工技术落后的原因

朱立新和李丽芳（2004）认为，中国水产品加工技术水平与发达国家相比存在很大差距，这既有历史原因也有现实问题，主要表现在以下几方面：

（1）投入不足，较大地影响了科学研究的深度与广度，难以对渔业生产中亟须解决的科技问题和渔业经济发展决策提供有效的服务。渔业学科体系不健全，用于提高产量的研究趋于饱和，而用于研究产前、产后的技术滞后，难以满足由产量型渔业向质量、效益型渔业转变时的技术要求。改革开放30多年来，我国水产加工业取得了快速的发展和巨大的成绩，但由于长期以来，水产加工业一直被认为是企业自身的发展行为，因而政府对水产加工业的科技投入极少，从而导致目前加工业与发达国家之间存在着较大的差距。

（2）科研体制的建立和完善尚不到位，科研主体转换尚需时日。“官产学研”的有效结合机制并没有充分发挥出应有的作用，中央和地方科技资源的配置和协调还存在许多冲突和矛盾，科研队伍建设、科研项目支持、科研资金使用与管理、科研成果评定及应用等方面的效率和效果问题，都是制约我国水产品加工产业技术升级的障碍。

（3）科技与推广、科技与生产、推广与生产在体制上仍有脱节现象，存在科技成果转换慢、转化率低的问题。技术推广项目中，科技含量不高。渔业科技推广工作薄弱，主要表现在基层（县、乡）组织机构不健全、政策导向不力、资金短缺、装备落后、人员面临分流而不稳，造成科技推广的“梗阻”。据中国水产科学院的不完全统计，近十年中有70%的科研成果在渔业生产中推广应用，但能形成规模的只有40%，这意味着不少科研成果，特别是高新技术成果尚未充分利用，甚至未予开发。例如，占淡水养殖产量1/5～1/4的草鱼这一主要养殖品种，由于“病毒性出血病”的危害给生产带来严重损失，对此有关科研所联合研究的“草鱼出血病防治技术”，因资金问题尚未能开发利用。此外，螺旋藻在水产饲料中的应用，光合细菌改良水环境等一些可以间接应用于淡水渔业的科研成果也有待进一步开发。

（4）渔业基础研究相当薄弱，加工技术基础研究少，许多严重制约生产发展的技术问题长期得不到解决，挫伤了企业生产的积极性。公益性技术研究工作开展不足，大量常规性、基础性技术工作得不到有效开展，软科学研究极为落后。我国水产品加工领域基础研究起步较晚，应用研究和高技术研究较为薄弱，学科间的相互渗透不够，缺乏自主技术创新。由于20世纪末以来国家对水产品加工技术研究支持减少，科研经费相对不足，很多科研机构无法从事系统深入的应用基础理论研究。要转变水产加工业的增长方式，人才和研发经费是关键，基础性研究是应用型研究的后盾和技术保证。

（5）生产主体技术水平落后，技术改造与设备更新速度慢、质量差，难以适应高效、安全、卫生、经济的质量要求，这在中小企业中尤为明显。中国企业本身研究能力差，投资积极性也不高，因此迫切需要政府的支持。中国从事水产品加工的科研机构数量虽然较多，但这些科研机构隶属国家、省及企业，分设或挂靠在不同的管理部门而相应的沟通、合作和联系不紧密，限制了科研水平的整体提高。水产业是由捕捞、养殖和加工三足支撑起来的一项产业，而目前加工力量明显薄弱，这不仅在一定程度上制约了捕捞和养殖业的发展，而且使其在与国际同类产品竞争中处于明显的不利地位，应引起主管职能部门的高度重视。

（6）先进技术与高新技术储备不足甚至空白。高新技术的不足，难以对传统渔业的改造提供服务，难以提升渔业的生产技术和引导中国实现渔业现代化。科研设施简陋、经费有限、基础研究不足、高新技术研究滞后，以致一些影响渔业发展的关键技术，如病毒性病害防治、资源环境保护、种质鉴定和种质资源保存、野生名优鱼类全人工繁殖、水产品保鲜加工技术等难有突破。

（7）渔业劳动者科技素质低。从事渔业的人员大多来自农村，其文化素质和专业技能普遍较低。渔业基本上处于资源型渔业的传统养殖状态，体制上以农户个体经营为主，品质较差，市场竞争力弱，生产方式落后，劳动强度大，准确率低，缺乏现代渔业所需的技术手段，以致渔业生产力低。此外，一些渔民科技意识淡薄，满足于传统的操作方式，对新技术、新成果不加重视，从而使得我国渔业整体素质偏低。生产者的科技素质相应偏低，增加了技术推广工作的难度。

要改变这种现状需要从落后点展开，可以从以下几方面努力提升我国水产品加工技术：一是利用“948”、“863”等项目的技术成果，解决制约生产发展的一些关键技术，包括保鲜保活技术、淡水鱼脱去土腥味技术、活性物质分离提取技术、快速检测技术、装备现代化技术等。二是加快技术成果的产业化，一方面建立从海洋生物资源中筛选生物活性物质的模型，加快新药源的开发，另一方面使加工废弃物作为再生资源能得到充分利用，并成为一个新兴产业。三是加强质量和食品安全认证体系的建设，争取有50%的水产品加工企业通过HACCP认证，此外，使快速检测和微量检测技术由实验室推向市场等（汪之和等，2005）。

第八章　中国中小水产品加工企业成长影响因素之四：内部管理水平

企业管理水平是影响任何中小企业成长的关键因素之一，如何根据自身企业特点合理调整管理体制以支持企业发展，是企业管理者面临的首要任务。对中小水产品加工企业来说，对其成长影响较大的管理主题是营销管理、战略管理和人力资源管理。

第一节　中小水产品加工企业营销研究

一、水产品加工企业传统营销分析

传统的水产品加工企业营销渠道是水产品加工企业—农产品批发市场（产地批发市场、销地批发市场）—零售农贸市场（超市）—消费者。中国自1985年取消水产品统购统销，1992年全面放开水产品经营，实行市场调节以来，水产品的流通已形成了国有商业、集体和合作商业、个体商业多种经济成分共同参与竞争的多渠道经营格局（孙琛，2000）。在国家的鼓励政策和市场调节下，水产品加工企业的产品营销已经形成了以批发市场为龙头、以农贸市场为基础、以其他形式为补充的水产品营销渠道市场体系。

然而，受生产力水平、组织刚性等因素限制，大规模的渔业产品高效物流体系还处在逐步形成之中，面向零售终端的渔业产品综合物流配送体系也尚未成型，渔业产品大宗物流与连锁超市生鲜区之间没能形成有效衔接，专业的渔业产品经营店还没有实现产业化和规模化。

1. 传统水产品流通渠道的优势

（1）资金支付方式的益处。如今的传统渠道商大多是独立的经济实体，与企业的合作一般都能采用现款支付的方式，即使有账，期限大多也比较短。传统渠道商的资金支付方式使水产品加工企业避免了经营风险，减轻了资金压力，在降低了企业交易费用的同时也促进了企业运营资金的正常流动。

（2）操作简单、易于控制。企业和传统渠道商的合作其实往往比较简单，只要货款一到，就可以发货，而且相对于现代渠道，传统渠道更便于企业控制。现代渠道的强势崛起，使得企业逐渐失去渠道控制权，而与传统渠道的合作中，企业还是能占据不少的主动。此外，传统渠道根本没有现代渠道名目繁多的进场费、公关费、赞助费以及被动的促销活动等，企业不仅能节约大量成本，而且可以集中精力从事品牌的推广建设。

（3）渗透力强，覆盖范围广。相对来说，传统渠道网络渗透能力很强，市场接触面比较广。现代渠道一般只在大中城市或者城市的主要路段占有优势，而传统的渠道商甚至有能力把网点设置到城市大街小巷的每个角落，而且在二、三级市场更是拥有绝对的覆盖优势。

（4）传统渠道可以分担库存风险。一般来说，由于经营模式不一，积压在现代渠道仓库里的库存产品通常最后都是属于企业的，而积压在传统渠道商仓库里的产品则在很大程度上都是属于渠道商的。所以，传统营销渠道在很大程度上可以降低水产品加工企业的库存风险。

（5）传统渠道商拥有广泛的人脉。很多传统的渠道商在自己的市场领域从业多年，慢慢建立起了庞大的社会关系网络，很多大户在行业里拥有一定的声望，如果利用得当，会成为企业在市场运作上颇有成效的关系资源，从而为企业赢得更多的潜在客户，获得更多的利润。

（6）拥有仓储、物流等方面的优势。多年的发展积累，使得传统渠道商在区域内产品的仓储、物流等方面形成了自己独特的优势，货物配送等比较方便。中小水产品加工企业可以不用特意考虑产品的仓储与配送环节，从而专注于水产品的研发过程与生产阶段，大幅提高企业的运营效率和利润水平。

2. 传统水产品流通渠道的劣势

（1）渠道成本偏高。物流不畅、保鲜手段落后、加工能力不足、产销脱节严重，再加上设卡收费、路况不良形成的时间成本等，都在有形和无形中增加了大宗水产品物流环节的经营风险和成本。此外，孙琛（2000）认为，水产品市场管理不规范，总体上交易方式落后，缺乏科学有效的管理规程，难以约束经营中的不法行为以形成公平竞争的机制，也在一定程度上抬高了水产品流通渠道的成本。

（2）渠道中的上流主体缺乏竞争力。从现有情况看，从事小规模养殖的渔业企业是营销渠道的上游主体。它们存在文化素质普遍偏低、信息不灵、盲目跟风、有效流通差等主要问题，导致其市场竞争力较差。虽然中国渔业企业在20世纪90年代后期引进的设备性能比较先进，但由于技术力量和操作人员素质跟不上，在一定程度上影响了新产品的开发和产品质量的提高（孙琛，2000），同时也造成了传统水产流通渠道整体实力的薄弱。

（3）渠道技术含量较低。尽管近年来我国的保鲜和储藏技术有了很大提高，但仍然有待于完善。例如，许多冷藏库建于大城市，而且多属于简易库，海产品产地却没有冷库和空调库，产品不能及时入储。合理的海产品流通模式是以美国果蔬物流为代表的“产地储藏，销地周转”，这样产品可以一直处于捕捞后生理需要的低温状态，并形成一条冷藏链，即预冷、冷库、冷藏车运输、批发站冷库、超市冷柜、消费者冰箱。这样，鲜活水产品在物流环节的损耗率仅有1%～2%，大大节约了渠道成本。中国水产品产地普遍缺乏基础设施和条件，导致产地水产品分选、分级、清洗等方面出现一系列问题，与国外先进水平相比差距明显。

（4）投资结构不合理。一直以来，中国中小水产品加工企业在渔业产品处理加工方面的投入相对不足。从农业产业链整体角度来看，如果能更重视生产、流通、加工一条龙的产业链经营，就意味着能增加产量和质量。时至今日，中国的渔业产品大多数是处于初级状态销售，保鲜储藏和加工比例不足。然而，渔业产品附加价值的真正实现是在非产地和加工方面，投资结构的不合理不仅给农户、经营者、消费者带来了损失，也使现有的渠道模式很难得到有效提升，阻碍了营销渠道规模化和现代化的发展进程。

（5）物流信息体系不健全。现在的渔业产品信息系统和渔业产品物流信息体系所能提供的信息种类和质量都不能满足需要，更不能提供有效的信息导向，导致中小水产品加工企业生产的盲目性以及流程的不合理，造成在途损失严重，是影响保值增值的重要原因。中国企业的物流信息系统建设普遍滞后，而中小水产品加工企业更是处于整体偏下水平，企业在投资力度、重视程度和管理幅度上都没有做好准备。

二、提升营销体系整体素质的思路

中国中小水产品加工企业在市场营销方面存在的诸多问题，可以通过以下途径的努力加以改善：

1. 改进营销理念和手段

从总体上来看，市场营销的理念已经逐渐被众多的中小水产品加工企业经营者所接受，传统的销售理念正在被新兴的营销理念所代替，一些中小企业已经学会采用先进的营销方式来武装自己。但是，许多中小水产品加工企业的市场开拓力度不够、信息渠道不宽、对市场营销的认识还比较片面，往往把市场营销简单等同为一般的推销，这在现实的营销发展过程中则具体表现为营销手段的落后。例如，许多中小水产品加工企业还不知道借助现代化互联网、专业信息机构、相关主管部门等渠道获取它们所需要的信息，而仅依靠企业自己的力量从市场中收集信息。

2. 强化营销创新和差异化

目前，各级政府为中小企业的发展创造了良好的经营环境，但由于水产行业市场竞争过度、竞争无序等，导致了不少中小水产品加工企业的经营状况仍然比较困难。一些生产同类产品的中小水产品加工企业，技术和质量处于同一水平层次，它们为了争夺有限的市场，不惜竞相压价，挑起价格战。其原因是低水平的重复生产。事实上，通过简单的价格战压制竞争对手而夺取有限的市场份额，这不利于整个行业的发展。简单的价格战所产生的必然结果是所有的中小企业都不愿投入人力、物力和财力进行营销创新。

3. 注重营销战略和长远思维

营销实践的发展表明，那些随机应变能力较强的中小企业尽管生存下来了，但由于缺乏理性的营销战略的指导，企业难以发展壮大。这些中小企业也已经意识到，要在激烈的市场竞争中找到自己安身立命之地，就必须发挥企业独有的竞争优势，生产与众不同的产品，通过增加产量、降低成本来提高企业竞争力。目前，许多中小水产品加工企业存在产品同质、放弃质量比价格，忽视促销的作用等现象，同时，受人力、财力和技术力量的限制，信息面相对较窄，获取信息手段有限，造成营销渠道过窄等现象。总之，中小水产品加工企业在经营过程中存在着较为明显的营销理性缺乏现象。

第二节　中小水产品加工企业战略研究

中国中小企业历经多年发展，在管理上积累了一些成功经验，成为企业持续发展的财富和动力。作为中小企业重要组成部分的水产品加工企业，受行业特点和企业自身情况限制，其所存在的战略管理问题特别突出，已经严重制约了企业竞争力提升。从战略视角分析中小水产品加工企业成长影响因素问题，具有重要的理论意义。

一、中小企业战略周期的阶段分析

根据企业生命周期理论，企业要经历初创期、成长期、成熟期和衰退期这四个阶段。每一个阶段都应进行战略调整，以使企业长期发展下去。

1. 初创期的战略选择

处于初创期的企业，主要面对的问题是如何迅速、直接和有效地满足市场需求。对市场需求感知的准确性，对于初创阶段的企业而言，具有格外重要的意义。在这一阶段，适合中小企业的发展战略，主要有夹缝生存战略、追随与模仿战略、目标经营战略等。

（1）夹缝生存战略。夹缝生存战略是指中小企业以“人无我有，人有我优”的原则，通过寻找市场上的各种空隙，一举进入空隙市场，努力取得成功，从而使企业得以生存发展的企业战略。由于中小企业自身具有经营灵活的特点，企业可以在空隙市场上进退自如，进可以扩大空隙向小而精、小而专的方向发展，退可以在别的企业随后进入空隙时，迅速撤离，寻求新的空隙。这种战略具有较大的过渡性和可塑性，在积累资金和扩大规模方面有很大作用。

（2）追随与模仿战略。中小企业自身的弱点使其在创业阶段并不能迅速占领市场，而追随与模仿门槛相对较低，易于学习，这就使得中小企业能够在短时间内迅速成长。实施这种战略存在产业限制，在进入制造产业中新兴的具有广阔发展前景的某一领域时，技术、包装等生产工艺流程是较易追随与模仿的，而企业的特有文化、管理理念等是无法轻易模仿的。需要引起注意的是，随着企业的成长，这种战略可能会带来很大的危害，一方面企业会安于现状，忽视自身核心竞争力的建设，另一方面会招致行业内主导企业的打压，最终影响企业的可持续发展。

（3）目标经营战略。目标经营战略是指企业根据所在地的市场特点，选定目标市场，利用其与目标市场的地理区位优势，向该市场提供产品或服务的战略。采用这种战略的企业，首先要选定恰当的目标市场，在目标市场的选择上要注重切合企业实际情况，市场选择太大会使企业无法满足其市场需求，而目标过小则会使得企业资源无法充分发挥；其次企业需要不断地破除地方狭隘性的约束，应随着市场需求层次的提高，不断地改进生产技术和提高产品质量，不断地开拓新的利基市场，以抵御其他企业的入侵。

2. 成长期的战略选择

经过初创期的洗礼，创业者的业务体系和产品组合在不断磨合中得到了进一步调整，企业的各项职能也逐步得到了加强，顺利进入了成长阶段。该阶段，企业生产经营初具规模，逐渐打开市场并且形成了规模经济，技术有所提高。企业在成长阶段的主要任务是要对前期操作模式进行重复使用来争取满足更多的市场需求，扩大企业的市场占有率，从而不断扩大企业的规模。规模是这一阶段的工作重点，因此企业应不断提高生产能力和拓展地域范围。中小企业在成长期的发展战略主要有集中战略、一体化战略等。

（1）集中战略。采取集中战略的企业将全部或绝大部分的资源集中使用于最能代表自己优势的某一项业务上，力求取得在该业务上的最优业绩。采取集中战略的企业由于能够将资源集中于一种业务、一类市场、一种技术，因此能够表现出以下的优势：在生产技术、市场知名度、对用户要求敏感性以及对市场的了解上都强于进行多样化生产的竞争对手；由于采取集中战略意味着企业的活动范围相对较小，所以迫使企业必须采取科学的管理方式，以最高的利益和最经济的成本提高产品质量；全公司从事一项业务，公司的方向、目标都很清楚和明确，能利用管理人员的专业知识，发挥学习效应；采取集中战略的企业还具有风险较小，对追加资源的要求最低，最能发挥企业的已有能力等优势。集中战略的实现形式主要有：增加现有用户对企业产品或服务的使用量；吸引竞争对手的客户和新客户。

（2）一体化战略。一体化战略指企业在现有业务的基础上或是横向扩展，实现规模的扩大，或是进行纵向的延伸，进入产业链的上游或者下游，实现在同一产品链上的延长。一体化战略主要有以下两种类型：一种是横向一体化战略。它指企业兼并处于同一产业的竞争对手以实现其长期目标的发展方式。这种兼并能使企业增强生存经营能力、扩大市场份额、提高资本利用率、减轻竞争压力，同时却并不偏离企业原有的经营范围和核心技术，因而不会给管理上带来太大的困难。此外，由于横向一体化所带来的优势基本上来自于对两个兼并企业现有能力的重新组合，所以风险相对较小。另一种是纵向一体化战略。纵向一体化可以通过兼并为本企业提供投入物的企业或使用自己产品的企业，或是通过企业内部自身扩展进入生产自己的投入物或使用自己的产出物的业务领域而实现。纵向一体化包括后向一体化和前向一体化两种。当被兼并对象或企业业务的扩展使企业的业务更接近最终消费者时，就称为后向一体化。通过后向一体化，企业可以控制生产经营的下一步过程，因而能提高对产品需求的预测能力，减少库存量。当企业稳定生产的优势特别大时，后向一体化战略尤为适合。另外，后向一体化也是企业阻止新竞争对手进入的有效手段。当被兼并对象的企业业务处于兼并企业业务程序开始之前的阶段，或当企业新增加的业务涉及为企业原有业务提供投入物时，这一兼并或扩展就称为前向一体化。

3. 成熟期的战略选择

处于成熟期的中小企业，一般都积累了比较丰富的经验，拥有一定的资本、技术和人员等方面的优势，主要任务是发展壮大，向外扩张，在战略选择上更应该以开放务实、积极进取的心态迎接挑战，面向未来。该阶段企业可选战略类型包括多元化和国际化等。

（1）多元化战略。多元化是指企业增加新的业务、产品或者服务，在更广泛的业务领域进行生产经营。多元化战略包括相关多元化战略和非相关多元化战略。相关多元化战略是指在企业原有业务价值链上，增加与原有业务相关的新业务、产品或服务，在更广泛的业务领域经营。企业实施相关多元化战略时，要考虑以下要素：战略与技术匹配程度、战略与经营活动匹配程度、战略与市场匹配程度、战略与管理匹配程度、战略与资源的匹配程度。相关多元化的优势在于战略实施成本较低，成功的可能性较大，有利于形成产品系列；缺点是存在经营风险，尤其是受行业衰退的影响较大。

非相关多元化战略是指企业从现有业务分离出新的、与原有业务特性存在根本差别的业务活动种类的战略。这种战略的优点有：企业能够抵御较大的行业波动，把握更多的市场机会；将资源转移到优势行业和市场，具有一定的风险分散作用；企业能够从现有业务中迅速撤离，以充分利用企业资源；能够更容易地从资本市场获得融资。缺点是使得企业管理难度增大，确保决策有效性的难度增大，某项业务的失败可能会连累其他业务，可能导致企业效益和效率的降低。

（2）国际化战略。国际化战略是指企业向全球市场推销标准化的产品和服务，并且在较有利的国家或地区集中地进行生产经营活动，形成“经验学习曲线”，获得规模经济和低成本领先优势或差异化优势，获取高额利润的战略。目前，中国企业的国际化战略大致可以分为以下四种类型：一是海外设厂，生产本地化，如海尔。二是自有产品直接出口，如华为和中兴。三是并购国外企业，如联想。四是产品贴牌出口，这类企业以浙江温州企业为多。在制定国际化战略时需要注意以下三点：练好内功，具备核心竞争力；稳扎稳打，不要急于求成；了解国际市场规则，按照常理出牌。

4. 衰退期的战略选择

中小企业进入衰退期以后，有两种前途：一是死亡；二是蜕变。衰退期主要特点是企业资本收益率连续低于同期利率，利润增长率连续低于销售收入增长率。此阶段企业关键是要积极寻求适合自身发展的战略。中小企业在衰退期可采用的战略有抽资转向战略、调整战略、剥离战略、清算战略、紧缩战略、创新性战略等。

抽资转向战略是指减少公司在某一特定领域内的投资，将获得的资金投入到另一发展领域。这个特定领域可以是一个战略经营单位、事业部、产品线或者是特定的产品和牌号。抽资转向战略可以采取调整企业组织、降低成本和投资、减少资产、加速收回资产等措施实施。调整战略的目的是扭转公司财务状况欠佳的局面，提高运营效率，使公司能够渡过危机，希望情况将会发生变化，以后再采用新的战略。这种战略只是企业暂时性的过渡战略，并不能持久，必须在公司情况有所好转之后积极、适时改变战略。

剥离战略是指出售公司的一个状况欠佳的部门，这个部门可能是一个战略经营单位、事业部或者是产品线。剥离战略优点是可以甩掉企业包袱，为将来的战略实施筹集资金，缺点是承认局部经营失败，放弃某些市场。

清算战略是指为实现有形资产价值，将公司资产全部分块出售。这样可以使企业摆脱困境，不过企业同时也承认了在该市场上的经营失败，职工可能在感情上难以接受，企业的信誉度可能会因此有所损失。

紧缩战略是指通过减少成本与资产对企业进行重组，以扭转销售额和利润的下降。紧缩战略是一种以退为进的、短期性的战略，其根本目的是使企业在突破成长拐点之后转向其他的战略选择。

在现代经济活动中，创新是企业的灵魂，改革是企业永恒的主题，创新成为企业的生命之源与市场竞争的制胜法宝。中小企业由于自身特性和面对的市场结构，更需要技术创新战略。创新性战略是指根据自己的具体条件和环境状况，紧紧跟上世界经济一体化的步伐，寻找创新的突破口，科学制定创新战略规划，选择合理的战略目标，施以正确的创新方式，从而扩大市场空间，实现企业快速成长。

二、中小水产品加工企业战略发展难题

1. 中小水产品加工企业战略特点

（1）中小水产品加工企业的战略弹性相对较强，便于实现战略变革。在非线性战略范式下，中小企业战略的变革更加灵活而且对打破行业规则越来越有影响力。新的竞争已经不再是规模的竞争，而是创新能力的竞争。旧的行业规则和竞争秩序容易被打破，新的行业规则和竞争秩序更多的是建立在经营模式创新的基础上。中小水产品加工企业组织结构比较简单，组织学习效率高，有强烈的主动和创新意识，企业内部机制灵活，可塑性强，战略弹性相对较

强。这对企业发挥其战略弹性，实现战略变革十分有利。

（2）中小水产品加工企业战略的竞争性很强，战略创新是其超越竞争对手的有效方法。中小水产品加工企业对于竞争战略的要求远高于大企业和跨国企业，竞争战略是该类企业的战略主体。在新经济浪潮的冲击下，行业变革更加变幻莫测，大企业、行业变革随时可能淹没能力较弱的中小企业。在这样的情形下，中小水产品加工企业只有通过主动的创新，预测和引导行业变革，才有可能立于不败之地，实现生存和成长。

（3）中小水产品加工企业可以通过核心战略维度的创新来实现经营模式的创新。核心战略维度包括经营宗旨、产品/市场范围、差异化等因素。经营宗旨是战略的总体目标，常常制约公司对于潜在战略模式的认识。公司经营宗旨的变化不一定会导致经营模式的创新，但是当一家公司将一种新的、与众不同的经营宗旨引入一个行业之中，而主导该行业的公司的经营目标大致相似时，结果可能就是经营模式的创新。

2. 中小水产品加工企业战略盲点

中小水产品加工企业规模相对较小、业务单一，具有灵活性高、适应性强、专业化程度高等优势，但是在市场竞争中仍面临理念滞后、人才缺乏、融资困难、信息闭塞、技术落后等不容忽视的制约因素。

（1）缺乏科学的战略发展规划。许多中小水产品加工企业经营者长期以来重战术轻战略，对经营战略缺乏深入的研究和长远的打算，经营的盲目性、投机性、随意性特点突出。在初创和发展阶段，企业往往只注重自身的生存，而忽视了长期战略的制定，进入成熟期之后，企业往往自我陶醉，看不到未来的潜在风险，或者企业家不能清晰认识企业所处阶段，这样就会造成企业战略决策的失误，最终导致企业生命周期的结束。

（2）缺乏核心竞争力的培育和运用机制。核心竞争力是企业长期生产经营不断积累的产物，具有独特性、整合性、延展性。核心竞争力是竞争对手难以模仿和追赶，并且无法通过市场交易获取的，是企业所独有的竞争优势；核心竞争力是企业生产能力、营销能力、文化氛围、创新意识的综合表现，体现了企业整体实力的整合性；企业依靠核心竞争力可以衍生出更多的产品和业务，从而跨越传统的市场界限，进入多个市场，比较容易实现多元化经营。可以说企业的战略目标就是让企业总是能处于企业核心竞争力的最大状态。对于普遍缺乏核心竞争力的中小水产品加工企业而言，提高核心竞争力的选取、培育、巩固和保护措施成为必然选择。

第三节　中小水产品加工企业人力资源

人力资源是企业管理的核心，选对了人、培养好了人，其他的问题迎刃而解。一般而言，包括中小水产品加工企业在内的我国广大中小企业，其人力资源吸附能力较弱，优秀人才较少会向这些企业流动。在企业成长过程中，创业者需要不断增强自我成长意识，不断培育员工，使其得到发展。

一、中小水产品加工企业人力现状

实地调研大连瑞驰海产公司发现，管理人员和基层员工素质偏低的现状已经在一定程度上影响了企业成长。“我是一个比较典型的创业者，不懂管理，你说我吧，根本就没学过管理。做贸易出身，当时做工厂的时候，几十个工人。几十个人还不好管理吗，一干起来问题大了。”“你比如说像我们企业，从人员素质来说，进厂普遍是初中生。”根据该公司创业者的这些说法，公司一开始的管理是经验式的，随着规模扩大和业务量增加，管理的重要性日益凸显。当然，这家公司在内部管理、品牌建设等方面也在积极努力和不断进步，公司正在摸索建立现代公司管理模式，逐渐形成对不同层次员工的不同管理方法，引导公司从过去的粗放管理模式向精细化管理模式转变。

当前，中国中小水产品加工企业在人力资源管理方面存在许多急需改进的方面，人力资源管理已经成为制约企业持续发展的关键瓶颈，突出表现在以下几方面：

1. 人力资源管理体系不完善

人力资源管理作为企业经营战略的重要组成部分，包括人力资源规划、员工招聘、培训、绩效管理、薪酬管理和文化建设等方面的职能。目前国内许多中小水产品加工企业在人力资源管理上还仅仅停留在事务的表层，或仅仅重视其中的某一部分，还未建立起系统的、全面的人力资源管理体系，致使管理效果大打折扣。如有些企业引进了员工职业生涯设计技术，但没有对原有的人才选拔机制、培训体系和人才储备计划进行必要的整合，最后因各种方法在企业内部互相冲突致使这一计划被迫搁浅。

2. 人力资源管理部门职能严重缺位

（1）人力资源部门职能定位普遍偏低。中小水产品加工企业普遍存在人力资源管理机构设置不健全的问题。即使有专门的人力资源管理部门，也一般是从原来的人事处或人事科直接更名而成。近年来，国内的中小企业虽然引进了一些先进的管理理念，但其人力资源部门的职责依然定位在员工的考勤、档案和合同管理等事务性工作，对实现企业战略所发挥的作用微乎其微。一项对中国企业人力经理的调查报告显示，人力经理有60%的精力用在处理各种行政事务，有30%的精力用来为员工和管理人员提供咨询服务，仅有10%的精力用在为公司战略提供人力支持上。

（2）人力资源部门不能站在战略高度统筹企业发展。水产品加工企业的人力资源管理部门在企业中的地位一般较低，是企业的一个辅助部门。这使得人力资源部不能站在战略的高度，统筹管理整个企业的人力资源。例如，人力资源部无法将公司和部门战略统一结合；受职权限制，人力资源部门与其他业务部门沟通困难；人力资源管理部门缺乏工作的主动性，只能“头痛医头、脚痛医脚”，或仅仅按照企业管理层的要求去完成各项管理工作。

3. 对员工培训重视程度不够

员工培训既是提高员工素质的手段，也是激励和留住员工的一种重要方法。然而水产品加工企业在培训方面的“欠账”太多，突出表现在对培训的重要性认识不足上。有的企业把培训作为一种成本，而不是看做一种回报率很高的投资。企业在培训方面的投资严重不足，没有固定的培训场所，没有严格的培训制度、培训计划和目标，对企业的持续发展没有起到应有的支持作用。

4. 缺乏行之有效的激励机制

目前在不少中小水产品加工企业中，由于管理基础比较薄弱，在制定福利方案和激励政策时，难以做到细致和具体，不能符合不同员工的需要。此外，企业对激励的理解十分简单，把激励等同于“奖励加惩罚”，缺乏长期、有效的激励机制，激励手段也过于简单，且随意性较大。罗元（2005）认为，中小水产品加工企业往往还忽视员工对非物质性报酬的需求，如给员工购买社会保险、工伤保险等，一味地强调奖金和红利的重要性，这对于一般员工效果可能较好，但明显不能满足高层次人才对精神激励和自身发展的多样化需求，也无法满足企业长远发展对留住核心员工的要求。

5. 企业文化建设方面几乎处于空白

企业文化之所以重要，是因为它是支撑企业持续发展的立足点和动力源。大多数中小水产品加工企业认为，企业创立初期需要解决的问题很多，企业文化建设不是急需解决的问题，因而在思想上根本不重视企业文化建设，可以说大多数中小水产品加工企业在企业文化建设方面几乎处于空白。然而众多的实事证明，无论企业规模大小，凡是企业都应该有企业文化。所以，要想使一个企业具有持久发展的动力就必须构建适合自己企业的企业文化。

二、人力资源管理滞后的深层原因

正确分析当前中小水产品加工企业在人力资源管理方面存在的问题，对于提升人力资源管理水平有着重大的现实意义。中小水产品加工企业人力资源管理问题重重，深层原因主要表现在以下几个方面：

1. 企业管理者不重视人力资源的地位

经济资源、物质资源和信息资源是现代企业发展不可或缺的资源，但是人力资源的重要性不容忽视，人力资源已逐步取代其他三种资源的主导地位，成为企业竞争中最重要的资源。大多数中小水产品加工企业对人力资源的认识不够，而且在用人方面不重视外部人才的使用，往往偏重任用家族内部人员。如果一个企业缺乏人力资源，或者在人力资源管理中出现了问题，即使有其他三种资源，也会最终失去竞争优势。

2. 现代企业制度未能真正建立起来

在笔者调研的中小水产品加工企业中，大多数企业内部管理粗放，其运作方式与规范的现代企业制度相去甚远。在这样的企业中，位于“金字塔”顶端的是企业主，中间管理层则是家族内部人员，底层是广大员工。人力资源部门既要协调上层管理者和同级部门，还要确保缓解各类冲突和提升管理效果，难度之大可想而知。此外，受中国传统亲情关系的影响，中小水产品加工企业各项管理活动的随意性较大，“人治”代替“规制”、因人设岗等现象较为普遍，这些问题的解决十分迫切需要建立起规范合理的现代企业制度以使人力资源部门发挥自身的管理作用。

3. 人力资源管理目标模糊

招聘、薪酬是大多数此类企业人力资源管理的目标，导致人力资源管理范围狭窄，无法从企业整体战略上发挥自身作用。由于受中国传统文化的束缚，中小水产品加工企业在人才任用上还具有较强的“情感经济”意识，选择员工的标准更多的是看忠诚可靠与否，能力如何则退而次之。此外，在人员的配置上也存在着“论资排辈”、“任人唯亲”等裙带关系现象（罗元明，2005）。其实，企业人力资源管理的终极目标是实现创造价值的最大化。人力资源管理只有建立在这一基础上，视野才会更加宽广，在企业经营管理中所发挥的作用才会更大。同时，绝大多数中小水产品加工企业人事部门并未把企业文化纳入人力资源管理体系，员工的个人目标与企业的经营理念、战略目标等并没有实现很好的耦合，企业中存在各种各样“非正式组织”（张雪占和栾斌，2010）。

4. 中小水产品加工企业高层管理者因素

大多数中小水产品加工企业在发展过程中已经形成了个人专权的家长式管理模式。在这种管理模式下，企业内外的大小事务都由企业主一人当家做主。虽然他们认识到这种模式的弊端，但建立既符合自身利益又有利于企业发展的制衡机制难度较大。家长式的管理模式会诱发一系列的问题，很容易造成决策的盲目、管理的混乱与权力的滥用，最终导致企业的衰败。此外，除了一些从事高科技行业的企业人才素质较高之外，大部分企业的管理人才学历偏低。许多企业的老板不追求自身能力的不断提高，如有的技术出身的老板不愿意系统学习管理、营销、资本运营的知识，原来只有初中、高中文化的老板往往片面强调自身的丰富经验而不愿意加强管理理论的系统学习。

第九章　中国中小水产品加工企业成长影响因素之五：企业融资环境

中小水产品加工企业对地区经济发展和顾客需求满足意义重大，然而，由于信息不对称、交易成本高、个别企业诚信差等问题，融资难一直是限制这些企业快速发展的“瓶颈”之一。在全球金融危机的冲击下，中小水产品加工企业融资更是难上加难，甚至出现了大量企业由于资金链断裂而倒闭的现象。

第一节　中小水产品加工企业融资态势

中小水产品加工企业大多是依靠自身积累和地方少量贷款逐步发展的，国家很少给予资金支持。由于投入不足、规模较小、产品单一，因此企业难以在市场上获取竞争优势，企业自身根本没有能力扩大再生产。特别是近几年，在人民币升值、渔业资源衰退、劳动力成本上升以及贸易壁垒增加等多种不利因素影响下，中小水产品加工企业的发展面临着前所未有的困境。

一、中小水产品加工企业融资特点

长期以来，融资难、贷款难的问题一直制约着中国中小企业的快速发展。由于市场销售渠道和产销合同不是很规范，中小企业普遍遇到销出去的商品回款时间过长、资金周转速度减慢、银行抵押贷款要求过高、企业信用审查过严、贷款手续太繁等障碍。虽然从中央到地方各级政府已经出台了一系列措施推动中小企业解决融资难题，但仍未能满足企业实际需求。在面临资金困境时，无法从银行获得贷款的企业只好通过民间借贷求得生存，无序的民间借贷和过高的民间贷款利率增加了企业的运营成本和经营风险。

中小企业具有规模小、抗风险能力差等特点，这决定了其融资需求呈现出以下明显特点。首先，兼有短期资金和长期资金的需求。尽管中小企业获得的贷款以短期资金为主，但从稳定性角度考虑，则更倾向于长期融资，并且资金需求上呈现出“急、少、频”等特点。据调查，中小企业的贷款频率是大型企业的五倍左右，而户均贷款数量仅有大型企业的0.5%左右（马赞军，2008）。其次，用途上以临时周转和扩大生产经营规模为主。中小企业大都处于初创期和发展期，利润（特别是现金流量）少，资金投入大，外部融资需求大。最后，贷款手续上要求快捷简便。与大型企业相比，中小企业用于资金周转的内外部途径比较少，很难实施业务间或企业间的顺畅拆借，中小企业一旦有资金需求，就迫切期望能够快速解决。

二、中小水产品加工企业融资现状

与一般性中小企业相比，中国中小水产品加工企业融资问题有其独特性，具体表现如下：

1. 融资途径单一

王映红（2006）认为，中小企业有内源融资和外源融资两种选择：内源融资包括企业内部自有资金，以及向其他企业主、股东、合伙人或内部职工等与企业有直接利益关系的人员直接借款而获得的资金；外源融资是向其他经济主体筹集资金，包括贷款融资、担保融资、债券融资、产权融资等多种形式。

中国中小水产品加工企业内源融资占全部资金来源比重的2/3，该种方式具有原始性、自主性、成本低和风险小的特点，是中小企业融资的基本立足点。但是很多中小水产品加工企业的内源融资存在着以下一些问题：一是企业分配中留利不足，自我积累意识比较差。二是折旧费过低，无法满足企业固定资产更新改造的需要。三是自有资金来源有限，难以支持企业的快速发展。

外源融资是中小水产品加工企业不可或缺的融资选择，但也是当前的一个重要融资障碍。在外源融资的过程中，企业过分依赖于银行贷款，但是有效的资金需求常常无法得到满足，有时即使许多水产企业可以提供抵押品或者可以接受较高的利率，仍然无法得到银行等金融机构的贷款。与国有企业、大型企业相比，中小水产品加工企业在获得银行等金融机构贷款方面处于明显的劣势。另外，中小水产品加工企业通过证券市场融资的难度很大，门槛很高，通过资本市场进行债券融资的可能性更是微乎其微。

2. 融资结构不合理

（1）直接融资和间接融资比例严重失调。中小水产品加工企业以直接融资方式筹集资金非常少，难度很大。原因主要有以下几点：一是中国资本市场发展不成熟、体系不完善、规模有限。二是中小水产品加工企业规模相对较小，管理不规范、信用基础不稳定、风险较大。三是全球性的股灾杜绝了中小企业上市融资的念头。由金融危机引发的全球性股灾使沪深指数一路狂跌，企业实际上根本无法从股票市场筹集到资金。

（2）内源融资和外源融资比例严重失衡。中小水产品加工企业的借款渠道有限，缺乏抵押或担保贷款所需的相关条件，企业发展以自有资金、自我积累为主，久而久之，很多企业家都形成了依赖自有资金、远离外部资金的习惯。这种态势不利于其进行固定资产投资和技术创新研发，阻碍了水产品加工业向精深方向发展。

3. 融资成本过高

与国有大中型企业相比，中小水产品加工企业在贷款方面不仅无法享受优惠利率等扶持政策，还要支付比国有大中型企业贷款多得多的浮动利息，且贷款手续繁杂，要付出诸如担保费、抵押资产评估等相关费用，对于中小水产品加工企业来说这是非常沉重的负担，制约了它们的进一步发展。

（1）银行贷款是中小水产品加工企业外源融资的主要渠道，但是中小企业可抵押物少，抵押物的折扣率高，而且企业资产评估登记要涉及土地、房产、机动车、工商行政以及公证处等众多管理部门，手续繁琐，各个部门都要收费，如果再加上正常贷款利息所需费用，几乎与民间借贷成本相近，这些成本是很多中小企业难以承受的。

（2）资产评估中介服务不规范，对抵押物的评估往往不按市场行为进行，随意性很大，评估登记的有效期短与贷款期限不匹配，为此企业不得不在一个贷款期限内重复进行资产评估登记，重复交费，进一步加大了中小水产品加工企业融资的成本负担（朱晓雯，2004）。

第二节　中小水产品加工企业融资障碍

中国中小水产品加工企业数量众多，但是上规模的不多，从业人数超过1000名的屈指可数，真正有影响力的更是凤毛麟角。许多企业是一哄而上的低水平重复建设，甚至还存在很多作坊式的手工企业。中小水产品加工企业资金不足、资金链相对薄弱，使企业无法引入先进的技术设备进行产品精深加工，无法大幅提高产品的附加值和扩大品牌效应。

一、中小水产品加工企业自身因素

企业在创业初期经营过程中，由于其资金主要是靠家族、朋友等筹集，资金规模一般较小，这在很大程度上影响了企业的发展。由于企业自有资金量小，银行在审核企业贷款要求时，一般不能通过，因此企业无法进行固定资产更新换代，没有足够的资金开发新产品和开拓新市场，经营效益比较低，进入了一种恶性循环状态。大多数中小水产品加工企业在创业初期基本上要靠自我积累，有了一定实力后才有可能从银行取得贷款，如本书案例中的山东丰华公司在发展过程中主要就是依靠自我积累和自我补充，基本上没有依赖银行贷款。

另外，水产品加工业属于食品加工业，其行业特点决定了经济效益总体上低于其他制造业，加之金融危机又导致市场疲软、出口困难，因而进一步增加了出口导向型水产品加工企业的困难。此外，贷款利率提高、劳动力成本增加及渔业资源衰退导致原料价格上涨等原因，导致水产品加工企业运营成本提高，自有资金积累速度缓慢。

水产品加工业的市场敏感度很高，正如青岛康福莱公司的薛总所说："做海鲜产品有点赌博的性质，要赌市场。"因此，水产品加工企业的利润不确定性高、经营风险大。中小水产品加工企业经营风险高，抵御风险能力差，于是，一方面，银行要求与其面临的风险相对应的风险溢价率，使得其获得融资的显性成本提高；另一方面，中小水产品加工企业在申请贷款时面临的程序、过程烦琐，耗时长久，造成其获得贷款的隐性成本也相应提高，久而久之，企业自己申请贷款的动力和信息也大幅下降。

陈文标和阮兢青（2008）的研究指出，2008 年四大国有商业银行的广东分行给中小企业的贷款利率基本都要在基准利率基础上上浮 30%，个别股份制甚至国有商业银行利率最高上浮达 60%，而 2007 年，中小企业贷款利率仅仅上浮 10% 左右。同时，银行给中小企业的贷款一般采取抵押和担保的方式，不仅手续繁杂，而且还要支付诸如担保费、抵押资产评估费等相关费用，这无疑增加了中小企业融资的难度和融资成本。银行贷款手续繁琐及审批时间过长，迫使许多为求生存的中小水产品加工企业选择民间融资渠道，而民间融资的高利贷性质几乎众人皆知。据了解，在长三角一带，高利贷的一年期利率最高已经达到 40% 以上，但是为了缓解资金困境，不少企业或多或少地跟民间融资“结过缘”。

不可否认，现在银行也针对水产品加工企业开发了出口退税账户托管贷款、仓单质押贷款、浅海滩涂经营权抵押贷款等创新融资形式，在一定程度上缓解了企业的资金短缺压力，但远远没能从根本上改变中小水产品加工企业融资难的现状。而且，以上措施在具体操作过程中也面临着众多困难，毕竟银行业也是市场化程度较高的产业，金融资本当然会向回报高、风险小的领域流动。

二、中小水产品加工企业外部因素

中小水产品加工企业以个体私营加工为主，名牌企业少，产品效益低，企业附加值低。因此，愿意为其发放贷款的金融机构以及为其提供信用担保的担保机构数量较少。

1. 从银行自身经营管理角度来看

银行信贷环节（包括客户调查、资产评估、贷款发放和贷后监督等）不会因为企业规模大小而增减，银行对大型企业的放贷与对中小企业的放贷所发生的固定成本相当。由于固定成本基本不变而经营规模大大减小，相对而言，中小企业银行贷款的单位交易成本上升，因此，银行更乐意放贷给大型企业，可以达到贷款上的规模效益。另外，从银行经营风险角度来看，由于中小水产品加工企业信用程度较低，银行放贷的风险就比较大，所以银行对中小水产品加工企业放贷就相当谨慎。在国家政策的干预下，银行逐渐增加了对中小企业的贷款，但只是局限在很小的领域，一般都是地区的重点行业和企业。水产品加工业只在一些沿海城市是重点行业，而即使是在这些沿海城市，绝大多数贷款都投向了重点大型企业，绝大多数中小水产品加工企业依然难以获得银行贷款支持的机会。

2. 信用担保制度存在诸多问题

（1）担保机构规模较小、资金实力不强。中国目前为中小企业提供担保的机构在中小城市中很少，担保机构的资金也少，据了解，中国信用担保机构户均注册资金只有3000万元左右，担保公司实力弱小，使其信用放大倍数有限，这与现阶段水产品加工企业快速增长的资金需求是不相适应的。

（2）担保资金来源单一、缺乏资金补偿机制，在担保公司的创立中政府出资占了较高的比例，据估算超过了50%，但随着担保机构的进一步发展，资本金的单一性和财政性资金的缺点开始显现，特别是财政性资金对担保公司资本金缺乏补偿机制，制约了担保公司的进一步发展。

（3）银行等金融机构不愿意与担保机构共同承担风险，金融机构出于自身防范风险的考虑，对提保机构提出了较为苛刻的条件，有的要求100%的承保比例，从而影响了担保机构的积极性（刘会明，2004）。

第三节　中小水产品加工企业融资难的成因

中小水产品加工企业融资障碍具有多方面原因，既有企业自身的内部原因，也有经济环境、政府政策以及金融机构等外部原因。

一、中小水产品加工企业内部原因剖析

（1）水产品加工行业属于劳动密集型行业，中小水产品加工企业经营规模小、产品效益低、产品技术含量和附加值低。由于加工技术水平较为落后，初加工产品较多，精深加工产品少，导致在产品加工过程中渔业资源的浪费较

为严重，利用率较低，产品效益及其附加值低下。中国水产品加工企业产品同质性较高，产品种类较少，企业创新能力不强。产品的雷同使企业间竞争激烈，企业之间内耗较大，因此，中小水产品加工企业在这种经营情况下难以积累出企业进一步发展所需的资金。

（2）中国水产品加工企业管理水平落后，大多尚未建立现代企业管理制度，多数采用家族式管理模式，经营者素质相对较差。企业内部管理较为混乱，企业发展缺少长远战略规划，制度建设不健全，与市场环境转换不同步。其中与融资有直接关系的就是财务制度不健全，财务报告真实性与准确性低，这就是通常所讲的银行与企业之间的“信息不对称”风险。企业经营较为封闭，信息披露不充分，企业家缺乏必要的外界监督，企业经营者的控制权缺少制衡，使得信息不对称问题在中小企业中显得更为严重，其卸责的可能性更大（王聪，2008）。由于信息不对称，中小企业可能利用事先谈判、合同签订和事后资金使用等活动来损害银行的利益，使银行承担过多的风险，这就是通常所讲的道德风险问题。银行为了防止或减少由于信息不对称和道德风险而可能带来的损失，必然会采取较严格的防范性措施，从而使得中小水产品加工企业获得融资的难度加大。

（3）价值充足的抵押物和反担保物是取得银行贷款或贷款担保的重要条件之一。从财务结构上来看中小企业普遍缺少抵押品，实物资产少且一般流动性差（王聪，2008）。中小水产品加工企业资产规模和经营规模一般较小，抵押品或担保品不足，很难提供满足银行贷款要求的抵押物或担保机构要求的反担保物，使其获得银行贷款的难度进一步加大。即使企业拥有符合银行贷款要求或贷款担保条件的抵押物，这些抵押物的高折扣率也会令中小水产品加工企业望而却步。

（4）中小水产品加工企业受原料和市场的影响经营风险比较大，为了减少贷款的风险，放贷者更倾向于短期融资，使得企业很难获得维持其稳定发展的长期资金。为了长期经营的需要，中小水产品加工企业需要引进新的技术和设备，只能不断地借新债还旧债，这不仅增加了交易成本，而且在企业经营遇到暂时困难时，其薄弱的资金链很难得到外部资金救援，这就加大了企业的倒闭率。为了减少财务风险，维持经营稳定性，中小水产品加工企业倾向于获得长期贷款，但由于贷款期限比较长，融资难度较大，加大了其财务风险，造成了企业较高的违约率和倒闭率，加剧了银行的“畏贷”情绪（陈菲，2009）。

（5）中小水产品加工企业信誉度较低。中小水产品加工企业以个体私营加工为主，加工零星分散，无法按照统一的技术质量标准生产，又无统一的货源渠道，导致产品质量参差不齐；忽视品牌建设，并且生产经营过程中，诚信守法方面还存在很大问题，假冒伪劣、以次充好，甚至价格欺骗、逃债毁约等现象还比较普遍。信誉度低是中小水产品加工企业融资难的重要原因之一，对水产品加工企业的形象造成了不可估量的损失。

二、中小水产品加工企业外部原因审视

1. 政策、法规方面的制约

（1）中国关于支持中小企业发展的法律体系和管理体系不健全，财政支持力度不够。我国的中小企业法律法规建设还很不完善，中小企业所有制构成比较复杂，而企业立法和有关政策又是按所有制的性质来确定的，这就造成了不同所有制性质的企业处在不同的竞争起跑线上，不利于中小企业的更快发展，没有使中小企业的管理走上法制化轨道。另外，某些法律法规对中小企业也不适用，如《中华人民共和国贷款通则》、《中华人民共和国担保法》等法律规定的有关企业抵押担保的要求，是多数中小企业很难达到的。

笔者在大连东海岸公司进行调研时，其负责人讲到我国法律环境方面的问题时，举了一个例子来说明。他介绍到利用天然海洋资源进行马哈鱼的放养实际上利润很大，马哈鱼有三年洄游期，三年之后会回到故乡，所投入的成本只是鱼苗。但是由于我们国家法律不健全，马哈鱼回来之后其他人就开始捕捞。而在日本，由于法律很严格，捕捞权属于放养人，其他人是不允许捕捞的，这样就保证了很可观的利润。可见，我国需要进一步完善相关的法律法规以保障企业的合法权益。

当然，政府制定的方针政策、法律法规已经对水产品加工企业生产经营活动具有一定的控制和调节作用。例如，中央政府颁布了一系列优惠政策，如减免渔船税，免征用于农、林、牧、渔业的生产用地使用税，免内资渔业所得税等，这些政策为我国水产品加工企业的发展提供了一定的有利条件。但是总体

上看，我国的海洋政策还是以国家安全为主，水产品加工业不是重点，相应的科技和政策投入比例较低，无法满足企业发展的现实需求，这也是广大中小水产品加工企业不得不面对的现实问题。

（2）中国信用担保体系，特别是专门针对中小企业的信用担保体系建设尚处于起步阶段，对中小企业贷款的支持力度有限。中小企业信用等级无法取得统一确认，很多原本市场好、前景好、规范诚信的中小企业，因拿不出共同认定的资格认定，无法取得放贷授权。社会诚信严重缺失，金融市场利率还未完全放开，直接融资门槛较高，债券市场不是很发达，经济发展过程的结构性矛盾等问题都在一定程度上影响了中小水产品加工企业的融资工作。

2. 国内外整体经济环境的制约

（1）人民币的升值缩减了中国水产品加工企业的微薄利润。由于国际间的结算业务是以美元进行的，在国际平均加工费基本不变的情况下，人民币不断升值造成企业所得换算成人民币后不断缩水，水产品加工行业利润空间逐渐萎缩，生产成本逐渐增长，削弱了整个行业的国际竞争力，使我国企业与国外同行业间的价格优势逐渐丧失。正如前文中所提到的，著名经济学家郎咸平在演讲中曾讲道："人民币升值之后，中国沿海的出口型企业大量倒闭是必然的，我们的出口型制造业净利润率不过5%，坏的时候还不到这个数字，5%的利润率，只要我们的人民币升值超过5%，你的资金将被席卷一空。"

（2）近年来原料、劳动力价格不断上涨，大大增加了水产品加工企业的经营成本。随着国家渔业资源保护开发政策的实施和渔业资源破坏的加剧，渔业资源获取量大幅减少，受供求关系影响，水产品加工企业原材料价格上涨。另外，工人劳动工资不断上涨，再加上需要海外进口原料和进行海外出口的物流费用不断提高，企业经营成本日渐增加，而产品价格却基本保持不变，这大大压缩了企业的利润空间。

3. 金融体系发展程度的制约

（1）国有银行主导的金融结构。中国四大国有银行占据了银行业的多数份额，若从所有制结构来看，尽管我国银行业所有制形式有国有独资、股份制、合作制等多种形式，四大银行也在进行股份制改造，但如果将国有股直接控股的银行一起进行统计，90%以上的股权属于国有。这一所有制结构使国家实际上对银行业的风险承担了无限责任，导致银行业内在发展动力不足，其结果是银行业不良资产非正常积累，金融服务产品供给不足，金融服务效率较低。

（2）银行信贷管理体制不全面。商业银行加强风险管理以后，在信贷管理中推行的授权授信制度以及资信评估制度主要是针对国有大中型企业而制定，信贷资金流向国有企业和其他大中型企业的意愿得以强化。近两年来，国有商业银行为了防范信贷风险，上收了基层银行的信贷审批权，集中力量支持“大城市、大行业、大企业”，主要面对中小企业的银行分支机构没有放贷自主权，这虽然对规范经营起到了积极作用，却加大了中小企业获得金融支持的难度。同时，由于中小企业贷款具有金额小、频率高、时间急等特点，银行对中小企业贷款的管理成本相对较高，在商业银行尚未将盈利最大化作为主要经营目标的前提下，这就影响了银行的贷款积极性。

（3）供需失衡的中小企业贷款体系。中国金融体系不完善，没有建立起多层次的金融市场体系，尤其是缺乏专门针对中小企业的金融市场体系，使得中小企业融资问题无法得到根本解决。何春婷（2009）认为，目前中国为中小企业服务的主导银行实力弱，服务明显“滞后”，中小企业的资金需求与银行的资金供给之间缺口很大，金融体系的发展严重落后于中小企业的发展速度。

第四节 中小水产品加工企业融资难的突破

企业内部实力有限，外部环境支持乏力共同造成了中国中小水产品加工企业融资难的状况。要从根本上解决中国中小企业融资难，就得从内部提升实力，外部完善支持体系入手，“两手都要抓，两手都要硬”。

一、政府机构支持水产品加工企业融资

改革开放30多年来，中国水产品加工业取得了快速的发展和巨大的成绩，但由于长期以来，政府对水产品加工业的投入极少，在一定程度上造成了目前

中小水产品加工企业的发展困境。因此，为帮助中小水产品加工企业走出困境，政府机构要从多方面给予支持，促进水产品加工业向精深方向发展，缩小与发达国家水产品加工业的差距。

1. 完善我国中小企业融资的法律法规保障体系

现有关于中小企业的法律条文主要是《城镇集体所有制企业条例》和《乡镇企业法》这两部法规，缺乏统一的立法标准和行为规范，在金融信贷方面更是缺乏专门针对中小企业的扶持保护法规。中国可建立保护中小企业的法律，以及专业性、行业性和区域性法律法规，加快有关中小企业信贷制度的完善。同时，要明确各类金融机构在中小企业信贷制度中的作用和功能，制定中小企业贷款的具体管理方法和鼓励措施。

2. 建立和完善中小企业信用担保体系

在中小企业信用担保体系建立方面，政府应不断健全符合市场经济制度要求的企业信用等级制度，并尝试建立企业信用记录公布制度，形成企业外部的约束和监督。此外，还可以设计失信惩罚机制，使不讲信用的企业和个人付出代价。中小企业信用担保主要有以下三种：一是政府信用担保，在中小企业担保体系中，信用担保是核心，其担保资金主要是政府预算拨款，由专门的政府机构直接管理运作。二是互助担保，以自我服务，自担风险为主要特征，以会员融资为资金来源。三是商业担保，是由担保机构进行，以营利为目的的担保，它具有市场运作的特征。

3. 搭建服务平台，开展职业技术培训

要对企业负责人层面、企业管理者层面和企业员工层面进行分类培训教育，加大人文教育实践工程与高级经理特训工程、经营管理培训工程、职业技能培训工程的实施，有计划地培育一批高素质管理人才和技术人才。鼓励引导社会各类培训机构开展针对性强的技能培训，特别要为水产品加工企业从业人员提供必要的岗前就业培训，尤其要加强对出口水产品加工企业的培训力度，重点强化对出口国的有关政策、法律法规、产业导向的培训，大力培养反倾销法律专业人才，提升水产品加工企业国际交易水平和跨国经营能力。

二、金融机构支持水产品加工企业融资

金融机构要充分发挥金融杠杆作用，引导水产品加工行业向精深加工方向发展，要详细了解企业资金需求意向，加强银企之间的协调和沟通，在有效防范信贷风险的前提下，简化信贷审批手续，改进信贷评级办法，创新信贷品种，积极创造信贷模式支持水产品加工业新的增长点，满足中小水产品加工企业合理的资金需求。

（1）金融机构要充分发挥信贷杠杆作用，重点支持水产品加工企业发展方便食品、模拟食品、配制食品和利用高科技处理的产品，大幅提升水产品附加值。鼓励水产企业发展水产原料废弃物加工增值产品、保健品和海洋药物等精深加工产品，促进水产企业转型升级。对企业的国际交流与合作，引进国外先进技术、工艺、设备、人才给予大力的资金扶持。对盲目投资和产能过剩低水平重复建设的劣质企业要进行信贷退出，严格控制或禁止对不符合产业政策的项目和企业进行贷款，严控信贷风险。

（2）进一步加强金融创新，努力解决水产企业抵押担保问题。水产品加工企业生产经营季节性强，资金需求也具有明显的季节性特点。金融机构要针对这一特点，进一步加强金融创新，合理安排信贷资金投放。要积极探索开办仓单质押贷款，积极开展应收账款质押业务，积极推进商业汇票、票据贴现等业务，积极发展“网络联保”贷款。“网络联保”贷款是中国建设银行和阿里巴巴共同研发并服务于中小企业的，不需要任何抵押的贷款产品，由三家或三家以上企业组成一个联合体，共同向银行申请贷款，同时企业之间实现风险共担，每家企业承担的还贷金额不仅包含自己的贷款本息，还包括联合体整体的贷款本息。当联合体中有任意一家企业无法归还贷款时，联合体其他企业需要共同替其偿还所有贷款本息。各地区可以根据本地实际来推广“网络联保”贷款，确保水产品加工企业在生产旺季的资金需求。

（3）重视抓好水产企业的信用建设，防范金融风险。充分利用中国人民银行信贷登记咨询系统作用，加强贷款监督管理，坚持把贷前查询银行信贷登记咨询系统结果作为审贷的重要参考依据，营造诚实守信的良好氛围。要密切关注水产企业跨行业投资风险，特别要关注那些利用水产经营平台融资转而进

行其他投资的企业，要加强贷后管理，积极防范信贷风险。对于那些恶意逃避金融机构债务的行为，各金融机构要依法追究，维护金融机构自身合法权益。

三、水产品加工企业增强自身融资能力

中小水产品加工企业要努力提高自身的经营管理水平，挖掘内部潜力，按市场经济发展规律办事，重视技术改进和产品更新换代，提高产品档次和附加值，完善财务管理，提高核算水平，树立良好的信用观念，增强整体融资能力。

1. 建立规范的现代企业制度，完善公司治理结构

中国中小水产品加工企业以个体私营加工为主，多数采用家族式管理，管理者素质较低，企业制度不规范，治理结构不完善，影响了企业的快速发展，制约了融资能力提升步伐。另外，中小水产品加工企业要建立自己长远的发展规划，明确企业的发展方向，详细具体的长远发展规划能够使贷款机构对企业充满信心，改善贷款环境。在用人机制上，设计合理的工资奖金分配办法，健全职工劳动保险和医疗保障制度，吸引一些优秀的科技、管理人才，打破家族式管理模式。同时，做好职工的后续教育培养工作，为企业当前和今后的发展提供动力。

2. 加大技术投入，提高生产能力和生产条件

技术创新是企业永恒的主题，是企业开发新产品，提高产品科技含量最直接、最有效的手段和途径。中国水产品加工技术水平较为落后，导致在产品加工过程中渔业资源浪费较为严重，利用率较低，产品效益低下。另外，初加工产品较多，产品同质性高，精深加工产品少，产品附加值较低。因此，中小水产品加工企业要增强自身融资能力并进一步成长，必须要加大投入，改造厂房，更新设备，引进发达地区水产品加工技术，借鉴先进国家水产品加工企业的经验，稳步发展传统加工产品，高起点开发健康、安全、营养、方便的水产食品。同时，要积极和大专院校、科研院所建立合作关系，大力开发符合国内外消费习惯的方便食品、休闲食品、功能食品、特色食品，提升产品档次和技术含量，打响品牌，增强市场竞争能力，从而增强自我积累的能力。

3. 选择走合作之路

中小水产品加工企业应积极发展各种合作经济组织，形成以联合体和龙头企业为中心组带的竞争团队，减少风险、优势互补、风险共担，从而提升整体的议价竞争力，信誉等级也会随之提高，银行与其合作的积极性就会增强，这样本企业及合作伙伴就会取得双赢。同时，龙头企业的中心辐射，可以通过带动小企业组建稳定高效的产业供应链来促进产业结构的转换升级。因此，对于中小水产品加工企业而言要多寻求合作，在实现融通资金便利的同时，加强技术、管理上的交流，从而有效提升企业和产业整体的竞争能力。

第十章 国际经验借鉴及中国中小水产品加工企业未来发展之路

亚洲的日本和韩国是海洋渔业比较发达的国家，在海洋经济的很多方面与中国有可比之处。在新的历史时期，借鉴这些国家在水产品加工领域的成功经验，有助于中国中小水产品加工企业未来更好成长。

第一节 日韩水产品加工业发展经验与启示

一、日本水产业发展历史与现状

日本有千岛之国之称，地处太平洋，四面环海，海岸线漫长，200 海里水域面积相当于国土面积的 12 倍，渔业资源非常丰富，在日本近海有世界三大渔场之一的太平洋北部渔场。姬广闻（1995）认为，日本是世界上最主要的渔业大国之一，拥有发达的渔业技术。日本也是世界上食鱼最多的国家，1997 年每人每天消费鱼量就达到了 99 克。

20 世纪 60 年代，日本的捕鱼量大幅增加，远洋渔业捕捞量在 6 年内增加了 2 倍，近海渔业也有所增加。20 世纪 70 ~ 80 年代，日本近海渔业大幅增长，捕鱼量在 1984 年达到 1282 万吨，创历史最高水平。1989 年日本渔业开始出现滑坡，产量逐年下降，1991 年水产品总产量为 997. 8 万吨，回落到 20 世纪 70 年代初期的水平。1992 年日本水产品总产量降至 925. 2 万吨，比 1988 年减少 27%，占世界水产品总产量的比例也由 1/7 下降到 1/10。近年来日本开始大力发展水产养殖业，但捕鱼量增长的阻力仍然较大。同时，随着中国水产业的发展和水产品总产量大幅度地增加，日本水产品总产量从 1990 年开始已退居世界第二位，并且差距逐年加大，1992 年中国渔业总产量达到 1557 万吨，超出日本 600 万吨之多（姬广闻，1995）。

日本的海水捕捞分为远洋渔业、近海渔业和沿岸海渔业三部分。远洋渔业受大多数沿海国家建立 200 海里经济专属区的影响，产量下降很快，由 20 世纪 70 年代初的 400 万吨左右下降到 80 年代末的 200 万吨左右，90 年代初则只有 117.8 万吨，仅为 70 年代初期产量的 30%。日本近海渔业资源比较丰富，近海水产量占水产品总量的比重较大，但近年来产量同样有所降低，原因是近海渔业资源因捕捞过度有所衰退，但近海水产量占水产品总量的比重仍然较大。近年来日本一直尝试改良和开发沿岸渔业，通过投放人工鱼礁，建立海藻类的繁殖生长区为鱼类和其他水生动物创造适宜的生活环境，同时大量投放人工培育苗种，以弥补自然资源的不足。目前已基本实现沿岸渔场的改良开发，沿岸渔业资源品种增殖迅速，形成良性生态循环，沿岸渔业产值要高于远洋渔业和近海渔业的产值。

此外，日本的海水养殖也比较发达，并且一直稳步发展，养殖产量较高。日本的海水养殖产量近年来一直维持在 120 万吨以上，2005 年海水养殖总产量 121.1 万吨，比最高年份 1994 年的 134 万吨减少 12.9 万吨；2005 年海水养殖总产值 4392 亿日元，比上年增加 49 亿日元。海水养殖的品种繁多，主要有比目鱼、鲍鱼、真绸、海带、紫菜、裙带菜、扇贝、牡蛎、对虾和珍珠等。但是，日本内陆渔业一直逊于海洋渔业，发展比较缓慢，多年来其产量在水产品总产量中的比例始终很低，2005 年淡水捕捞产量 5.4 万吨，淡水养殖产量 4.2 万吨，总产值 1021 亿日元，比上年减少 13 亿日元，内陆渔业主要生产鲤鱼、鲫鱼、鳗鲡、虹鳟、香鱼等（商玉坤，2008）。

日本作为世界第一大水产品进口国，水产品进口额占全世界水产品进口额的 25% 左右。从 1960 年到 1990 年的 30 年间，日本的水产品进口量增长了 36 倍，1997 年进口鱼贝类 600 万吨，出口 42 万吨。据日本水产品贸易协会提供的数据，日本 2008 年 1 月水产品进、出口量均呈下降趋势。其中，进口量为 22.63 万吨，比 2007 年同期减少 4.6%，进口额同比减少 3.5%。2008 年 1 月日本水产品出口量为 4.45 万吨，与 2007 年同期相比减少 26.2%，出口额同比减少3.5%。据日本官方统计，2009年该国水产品进口额达到133.05亿美元，占世界总进口额的15.82%。虾类、鳗鱼、裙带菜以及蛤类是主要的进口品种。同年日本水产品出口额为15.89亿美元，占世界总出口的2.2%，逆差高达117.16亿美元。

二、日本水产企业的经验与启示

日本水产品加工企业呈现稳步发展局面，这离不开企业内外部环境的支持。中国中小水产品加工企业可以从以下两方面学习并借鉴日本企业的发展经验。

1. 外部环境的支持

（1）日本对中小企业的资金支持力度较大，具体有以下措施：由政府系统的金融机构向中小企业提供贷款；政府全部或部分出资，成立为中小企业申请贷款提供担保的机构；政府认购中小企业为充实自由资本而发行的股票和公司债券。

（2）为扶持中小企业的技术创新，日本政府采取了一系列政策措施：制定相关的法律法规，如颁布的《中小企业技术开发促进临时措施法》明确规定，大力推行中小企业研究、开发新技术、提高企业自身的技术水平；对开展经过都、道、府、县、知事确认的技术开发的中小企业，采取补助金、融资、税制减免等资助措施；对中小企业进行技术开发指导。例如，为帮助中小企业进行产品开发研究，日本政府建立了技术顾问制度，在全国各地设立了2000多个公立试验机构，聘用技术上富有经验的专家、工程技术人员担任顾问，就提高中小企业产品的技术水平进行可行性研究和试验，对存在的问题提出具体建议，并以“巡回技术指导事业”等形式派遣技术顾问到现场进行技术指导；对中小企业进行技术创新提供税收优惠，通过增加实验研究经费的税额抵扣，促进企业的研究经费能够正常、合理地增加，推进企业技术开发；为技术创新提供补助，为帮助中小企业进行产品开发，日本政府专门制定了技术开发补助金制度。

2. 内部环境的支撑

根据企业特性和市场需求研究开发出满足顾客需求的水产产品，迎合市场需求，以市场为导向。市场导向的核心是要求企业不但注意现实的顾客及其已经明确表达出来的需求，还要关注潜在的顾客或者现实的顾客正在发展着的、潜在的需求，并通过自己的努力满足这部分需求。虽然日本中小水产品加工企业还无法与大企业抗衡，但中小企业本身所具有的特点却支持其在国际市场上形成比较优势，以顾客导向和研发优势在激烈的市场竞争中脱颖而出。

日本拥有世界一流的水产高新技术，水产企业的科技含量高。日本中小水产品加工企业不断加强技术创新与产品开发，生产部门、研发部门和管理部门联合开发并推广有助于水产品加工企业发展的技术设备，如节能渔业设备等。例如，鳗鱼是中国出口创汇的拳头产品，但是中国鳗鱼养殖一直依赖天然的鳗苗资源，而日本研究机构已经人工孵化出鳗鱼幼体，并一直研究改进从鳗鱼幼体到幼苗的养殖技术，近期又发现了鳗鱼产卵场，这为确立鳗鱼从人工孵化、苗种培育成鳗的全程养殖技术提供了保证。

再如，食用金枪鱼生鱼片的习惯已经在中国渐渐兴起，这一饮食习惯如果普及开来，天然金枪鱼资源将无法满足过量的需求，而日本已经具备了成熟的金枪鱼养殖全套技术，另外日本许可的水产养殖用疫苗已有九大类13个品种。中国中小水产品加工企业可以通过加强与日本企业的合作和交流，取其之长补己之短，促进中国渔业的稳步发展。

三、韩国水产业发展历史与现状

韩国的渔业发展历史与日本比较相似。韩国是半岛国家，海岸线绵长曲折，大陆架宽广，且位于北太平洋渔场南边，其领海海域中寒暖流交汇，十分适合鱼类的生息繁殖，丰富的渔业资源使得渔业成为韩国的一个重要产业。

20世纪60年代初，由于装备和技术较为落后，韩国的水产业总体处于以沿岸捕捞业为主的形态；70年代以后，随着养殖技术及渔具、渔法的发展和远洋渔业的拓展，韩国水产业得以迅速发展；80年代以来，韩国已成为世界先进的渔业国家之一，其水产业担负起了提供国民摄取的动物性蛋白的重要任务；到了80年代后半期，韩国为了适应国际渔业环境变化，对远洋渔船的结构、功率以及出入渔场的方法等进行了调整，制造或购买了大量的远洋渔船，并引导渔民及时转换捕捞对象和开展委托加工、渔业合作及采用新的作业方法等（刘世禄，1994）；90 年代中期以后，由于渔业资源的急剧减少，韩国渔业产量呈下降趋势；2001 年韩国水产品的进口量超过出口量，使韩国成为水产品净进口国。

为解决产量下降与国内需求持续增长的矛盾，近几年，韩国将渔业的重心放在养殖业方面，伴随 1986 年将水产资源增殖放流正式当作产业来扶持、1998 年建设海洋牧场、2005 年实施渔业资源重建计划（FSRP）等举措，韩国渔业产量大幅回升。王婷（2010）认为，目前水产养殖在渔业中占有重要地位，水产养殖产量已占到韩国渔业总产量的 1/3 以上。韩国水产业的发展也受到一些不利因素的影响，如从事水产业的人数表现出了逐年减少的趋势，年轻人向往城市，不愿到比较艰苦的水产部门工作。另外，韩国船员工资过高对其水产业的发展也造成了一定的影响，为减少工资开支、降低交易成本，很多韩国渔业公司开始雇请中国船员（朱余富，1996）。此外，韩国远洋渔业也面临着其他外部因素的影响，如 1977 年以来美国和俄罗斯等沿海国家对专署经济区的宣称拥有、石油价格的波动和鱼价的下滑、新西兰和阿根廷等国对韩国远洋船队的严加限制等。

韩国水产业发展比较平稳，随着韩国国民生活水平的逐年提高，人均消费的水产品数量也逐年增加。1961 年每人每年消费的水产品数量仅为 13.3 公斤，1993 年已达 50 公斤（朱余富，1996），2003 年达到 66.9 公斤，创历史最高水平，超过日本成为世界上最大的人均水产品消费国。2005 年韩国水产品消费量 417 万吨，较 2004 年增长了 6.3%，其中消费量最大的是鳕鱼，为 38.3 万吨，其次是鱿鱼，为 26.6 万吨，鲭鱼 18 万吨，带鱼 10.5 万吨，黄花鱼 8.3 万吨。从产业结构来看，韩国 2009 年的渔业产量中，沿、近海渔业产量为 122.7 万吨，浅海养殖渔业产量为 131.3 万吨，远洋渔业产量 60.49 万吨，内陆水域渔业产量为 3.0 万吨（王婷，2010）。

王宇（1994）认为，韩国的水产品在一定程度上满足了国民需求，随着产量的增加韩国水产品的出口数量也逐年上升。1961 年韩国出口水产品 3.4 万吨，1988 年达到 72.9 万吨，不到 30 年的时间水产品出口量上涨了 21 倍之多。韩国政府提出力争在 2015 年将水产出口贸易额提高到 20 亿美元，其海洋水产部也表示，到 2011 年预计投入 1000 亿韩元以扩大水产品出口，并拟订了

“水产出口振兴中长期计划”。其中，金枪鱼、牡蛎、紫菜、牙鲆、鲍鱼等作为出口的主要产品，墨鱼、星鳗、蟹肉、裙带菜、鲐鱼等烘干产品作为今后重点发展的出口产品，将对其生产加工加大投资力度，国立水产科学院也将研究并提供更为先进有效的水产品加工技术。不仅如此，韩国还将在上海、东京、台北、纽约、洛杉矶等大型超市和百货商店中开设水产品专销店铺，增加宣传力度，提升品牌价值。

国际贸易方面，虽然韩国水产品的总产量增加很快且大量出口，但是某些种类水产品的国内产量仍不能满足国内市场的需求，必须依赖于进口。1961年韩国水产品的进口量为340吨，1988年达到40.3万吨，20多年间进口数量增加了1200倍（王宇，1994）。2004年韩国水产品进口共计128.1万吨，金额22.61亿美元，与2003年同期相比，进口数量增长3%，进口金额增长15%。韩国进口的水产品主要是虾和乌贼，主要来自美国、日本、中国、丹麦、阿根廷等国。为了保护本国的水产业，韩国政府对外国水产品的进口一直是严加限制的，直到1985年才逐渐放宽水产品的进口。相对于中国和日本，韩国水产品贸易在世界总贸易中所占比重较小。2009年，韩国水产品出口额为13.49亿美元，进口额为26.9亿美元，分别占世界总出口额和总进口额的1.87%和3.20%。自2002年开始，韩国由水产品净出口国变为净进口国（王婷，2010）。

在捕捞设施的更新换代及渔港开发方面，韩国已注意到由于目前渔船陈旧及装备与船型的不适应导致生产效益下降的问题。为确保竞争力，韩国目前正致力于以合成树脂船或钢船来取代陈旧的渔船，改进现有的捕捞设备，促进其向机械化和自动化转变，并加紧建造经济实用的新型渔船。在渔港的开发方面，韩国优先考虑向渔港的外围投资，扩充功能更为先进的相关设施，使渔船能安全地进出港口和在港停留。最近韩国修订了《渔港法》，引导民间机构的资金向渔港开发方面投资。

在改善渔村的居住环境方面，韩国把建造福利性的渔村列为沿岸近海开发的主要内容。对收入较低的渔村，由国家支援渔村综合开发，并将陆上养殖、苗种培育等所得收入用于建立渔村福利设施和生产基础建设。此外，国家还积极支持渔民福利会馆的建设和渔村观光旅游及名特优产品的开发等。

在改善水产品的流通渠道方面，韩国政府已重建了有关渔业产品流通的措施，以确保渔业产品的平稳交易和减小流通成本。例如，在许多产地增设了水产批发市场，扩充了低温储藏设施；为保护渔民的利益，在沿海建设了一些水产品输运中心；在内陆建立了相应的水产市场，减少流通环节。同时，提高流通装备的现代化和水产品的规格化水平，推广和普及活鱼、低温运输车辆，普及鱼箱自动制作机等设备，提高了水产品的商品价值，强化了对于流通领域的管理。在水产资源的增殖方面，在沿岸和近海形成了多种水产资源的产卵场和养殖场，并建立了一些鱼种培育场，进行鱼类、甲壳类及海藻类水产品的增殖放流（李洪铉，2008）。

四、韩国水产企业的经验与启示

韩国水产业对于中国中小水产品加工企业发展的经验与启示同样可以概括为企业外部环境的支持以及企业内部环境支撑两个方面。

1. 外部环境的支持

面对进口自由化的影响，加工业在渔业市场将面临更大的竞争与挑战，必须稳定新鲜原料的供应，提高加工质量，以响应消费方式的改变。韩国政府部门积极建立和完善水产质量监测系统，安装或更换新的冷冻设备以及主要的渔业辅助设备，并在卸货港口建立大规模的处理中心。

韩国渔业部门重视改善水产品流通结构，不断扩大产地流通设施，提高其专业化和现代化水平。为提高水产品的输送能力，缩短运销时间，韩国强化产地和销地的流通机能，陆续增设销售场地，扩大活鱼专售场所和改进冷冻保鲜设备，利用收集、加工、包装扩大水产品的买卖，并建设远洋渔业专用码头和交易市场，增加渔会等生产者团体的直接交易。同时，采取相关措施，建立和完善低温流通体系，成立流通信息中心，开发小包装和标准包装，改善鱼用箱子，保证向消费者提供新鲜、卫生的产品。韩国实行水产品认证制度，实现水产品的标准化，进而刺激市场需求，增加渔民收入。

韩国大幅放宽出口水产品安全检查制度，确保国际贸易的快速、高效和低成本。随着现代化处理设备的增加和水产品质量的改善与提高，出口水产品的质量有所改观，为了促进水产品出口，减少繁琐的手续和不必要的限制，全面废除出口水产品义务检查制（与外国签有协定的部分商品除外）。此外，对在原来规定之下水产品卫生检查合格者，其标识检查结果改为仅在申请者要求时才标识。对于卫生条件优良的加工厂商生产的产品，不抽检制品，而对于检查不合格的产品，当被认定会危害到人体健康时，则命令其回收后废弃。

为防止水产品价格的急剧下滑，以及保障渔民的作业稳定，韩国设置水产品价格稳定基金。韩国根据《农业水产品流通及价格稳定法》设置农业水产品价格稳定基金，并抽出有关水产品的部分，另设置水产品价格稳定基金。水产品价格稳定基金可作为政府的储备基金来使用，以促进水产品融通体系的稳定运转和水产品价格的稳定。

韩国政府为了解决中小企业的资金困难，采用了许多手段，包括放宽贷款条件，扩大无抵押贷款的范围等。在企业融资上，由政府设立融资阻碍报告中心，为信用水平低、没有担保的中小企业争取贷款。在中小企业的信用担保方面，政府为无法提供担保品的中小企业提供信用担保基金，另外还建立了技术信用担保基金。

2. 内部环境的支撑

韩国水产品加工企业根据自身发展特点，积极吸收国内外先进技术和管理经验，提升企业在国际水产品市场的竞争力。其主要做法表现为以下几个方面：

（1）准确定位，紧跟市场。在韩国，由于受大企业集团的制约，中小水产品加工企业的生存环境实际上并不理想，其经济实力、市场开拓能力与新产品开发能力较为薄弱。但较之于大企业，其优势在于紧跟市场，运作灵活，将产品与服务直接与顾客挂钩，所以中小企业能及时了解到市场需求的变化，把握消费者对现有产品的意见与要求，进而在竞争中获得发展。

（2）外向型经营，另辟蹊径。韩国的中小水产品加工企业一般采取出口导向型经营策略，即重视国际市场，通过产品的出口带动企业的发展。其国内市场基本上被大企业所控制，中小企业之间的竞争也很激烈。而在国际市场上，韩国中小水产品加工企业以其产品的高质量赢得优势，从而为企业赢得长足发展奠定基础。

（3）不断吸收和引进先进技术，强调合作交流。除了政府技术创新政策的支持，企业还不断进行技术合作与创新，与国内外水产行业的企业进行交流与合作，并积极引进先进技术，提高企业的生产技术水平，提升产品的经济效益。

第二节　中国中小水产品加工企业环境变化

近年来，中国中小水产品加工企业取得了很大发展，整体实力明显提高，主要表现在以下几个方面：

第一，企业加工能力明显增强。中国水产品加工企业的年加工能力由2004年的1426.6332万吨增长到2006年的1799.4233万吨，实际水产品加工品总产量由2004年的1031.9943万吨增长到2006年的1332.4807万吨。从数字上可以看出我国水产品加工企业整体加工能力有较大水平的提高（马滕，2008）。

第二，产业结构正逐步优化。中国水产品加工企业由过去的初加工、粗加工为主向精深加工方向发展，并追求多样化、系列化和高附加值的产品。加工技术水平不断提高，质量卫生意识大大增强，产品品种结构较为合理。

第三，水产品加工企业走向集中并基本形成了一系列出口加工园区。中国水产品加工企业大多集中在沿海地区，这些地区的政府部门对渔业加工业相对较为重视，分别制定了优惠政策，加上外资企业的积极介入，这些地区水产品加工企业发展迅速，成为我国水产品加工业的中坚力量。这些地区水产品加工品的产量和产值以及出口贸易额都占到全国的绝大部分比重。

第四，加工行业的品牌意识不断提高。随着行业内部企业间竞争的加剧，一批实力雄厚的企业逐步走上了品牌战略的轨道。水产品加工企业特别是那些龙头骨干企业开始重视自己产品的注册商标和市场形象。

中国水产品加工企业整体实力有很大提高，但国际国内经济形势还存在许多不确定性，中小水产品加工企业应重视外部经济环境的不断变化，在正确认识新挑战与新机遇的基础上采取合理对策。

一、中小水产品加工企业迎接全新挑战

企业规模小、抗风险能力弱以及海外市场依赖性较大等特点决定了我国中小水产品加工企业的发展形势非常严峻，主要体现在以下几个方面：

1. 人民币的升值对我国水产品加工产业的影响

由于国际间的结算业务是以美元进行的，在国际平均加工费基本不变的情况下，人民币的不断升值造成企业生产成本逐渐增长，使企业与国外同行业之间的价格优势逐渐丧失，削弱了整个行业的国际竞争力和出口优势。

2. 东南亚国家水产品加工企业的快速兴起，给我国水产品加工产业带来挑战

近年来由于越南、缅甸、印度等亚洲发展中国家借鉴中国的发展经验，以其低廉的劳动力市场吸引了大量外资注入，低廉的加工成本使其水产品加工企业极具竞争力，导致我国水产品加工产业订单大量外流，国内企业面临着更为激烈的国际竞争。

3. 国内水产品加工品市场不够完善，企业过分依赖出口，抵御风险的能力不足

由于饮食习惯等原因，国内渔业制品市场仍然停留在以咸干、未加工的生鲜水产品为主的传统市场，加工型水产食品只在国内少数大中型城市具有一定规模，国内市场需求不足，企业过分依赖出口，国际贸易风险较大。

4. 国外越来越苛刻的技术贸易壁垒及欧美等国近年来对中国制造的妖魔化报道，造成我国水产品加工企业产品出口面临巨大阻力

日、韩等国为了保护其国内同行业的利益，对我国出口产品的技术要求越来越高，国内企业无法达到其技术标准或即使达到企业也毫无利润可言。近年来欧美等国对中国出口的玩具、食品等产品的恶意报道，造成消费国家对中国制造的极大不信任，国外对中国水产品加工制品的信任感降低，需求随之逐渐减少，我国该行业的国际份额受到严重挤压。

5. 国内劳动力价格的持续上涨及电子、服装等劳动力密集型产业对劳动力的大量需求，造成我国水产品加工企业面临劳动力不足的困难

我国经济的快速崛起使人民生活水平不断提高，工人待遇逐渐改善，原有

的廉价劳动力市场逐渐失去优势，待遇低下的水产行业对产业工人不再具有吸引力。由于我国水产品加工企业主要集中在距日、韩较近的东部沿海地区，车间工人大多为内地欠发达地区的农民工，企业没有建立完善的社保及用人体系，工人没有各种保险，劳动时间长、待遇低，员工普遍没有归属感，车间工人流动性很大，劳动技能熟练程度不一，无法发挥企业的最大生产效率。每年年初企业都面临严峻的招工问题，很多企业都达不到满负荷运营。

二、中小水产品加工企业面临全新机遇

相对于严峻的挑战，中国中小水产品加工企业也有很多发展机遇，对这些机遇的成功把握和整合运用，将有效支持企业成长：

（1）国家“扩大内需”方针的实施给我国中小水产品加工企业开拓国内市场带来了契机。近年来由于国外市场不景气尤其是金融危机的蔓延和影响，国家为刺激国内经济持续增长，制定并实施了“扩大内需”政策。我国水产品加工企业主要依赖国外市场，国外经济的不景气使得水产品加工企业出口贸易举步维艰，一些水产品加工企业开始关注国内市场，国家“扩大内需”政策的实施给这些企业开拓国内市场带来了契机。

（2）科技投入的加大。近年来国家实施海洋战略，不断增大对水产品的科技投入，水产品行业科技实力明显增强。水产品加工企业的技术落后严重限制了自身的发展，所以水产品加工企业应当抓住国家科技投入加大的时机，把水产品加工的科技进步转化为现实的生产力，不断提高自身水平与实力。

（3）产业扶持政策的出台与实施。鉴于我国水产品加工企业的发展现状及国际环境对其持续发展的严峻影响，沿海各地区为促进本地海洋产业发展纷纷出台各种扶持政策。尤其是近年来为了从国家战略层面上深度推进涉海先进生产力优化布局，推进海洋经济发展方式转变和产业结构调整，国家密集批复了多个国家级沿海区域发展规划，为广大中小水产品加工企业的持续复兴带来了新的契机，必将深远影响企业突破式发展。

第三节　中国中小水产品加工企业发展对策

在新的机遇与挑战面前，中国中小水产品加工企业应开放思维、大胆创新，审时度势地根据自己企业现状制定合适的发展对策。

一、利用时机大力开拓国内市场

在国外需求不景气的情况下，中小水产品加工企业应当认清形势，积极力求开拓国内市场，把产品销售的重点从出口转为内销，通过国内民众的购买带动企业的长远发展，避免企业仅依靠外部市场但外部市场又不景气而带来的产品销售风险。由于国内外市场存在差异，国内外消费者需求在一定程度上也会存在某些不一致，因此企业要通过调查国内顾客的需求，开发适合国人需要的新产品。

虽然目前国内水产品市场尚小，仅存在于少数一些城市，但可喜的是，在东部沿海的发达地区，已经形成了较为完备的以加工型渔业制品为主的水产品加工及销售市场，市场需求也在稳步增长。如果水产品加工企业进行适当的市场开发，仅长三角、京津唐、珠三角等地区的水产品市场需求就足以与日、韩等国的需求量相媲美，这将是我国水产品加工企业生存与发展的必争之地，也是我国水产品加工企业的成败关键。

二、积极发展水产品的精深加工

水产品深加工具有高附加值、高科技含量、高市场占有率、高出口创汇率的四高特点，并且能带动一批相关行业如加工机械、包装材料和调味品等的发展，具有明显的经济效益和社会效益。对水产品进行深加工，也是充分利用资源、实现加工增值、缓解水产品市场供需关系矛盾的需要。

水产品深加工是渔业增值环节，也是我国渔业产业价值链的薄弱环节。水产品的深加工需要投入大量资金和技术，是精益求精和不断积累的过程，我国中小水产品加工企业在该环节处于劣势。从我国水产品加工业整体情况看，半成品多、粗加工品多、深加工少，尤其是大宗、低值水产品如淡水鱼、海水中上层和贝藻类的加工更显落后，技术含量与附加值较低，与发达国家相比存在着较大差距。

中小水产品加工企业应顺应产业发展潮流，在加工过程中摒弃原来的粗放型生产模式，积极引进国外先进的水产品加工技术和设备，开展产品精细加工，大力开拓水产品保鲜加工，提高水产品的档次和科技含量，依靠科技来降低成本和增加效益。

三、基于战略视角实施品牌塑造

品牌是生产者、经营者为了标识其产品，以区别于竞争对手和便于消费者认识而采用的显著标记。品牌可以是一个名称、一个术语、一种记号、一种象征或设计，也可以是上述若干因素的组合。现在，品牌已不再仅仅是一个标记，它已经成为展示企业形象、提升企业竞争力的重要途径。企业品牌有利于产品参与市场竞争。品牌具有识别商品的功能，对消费者购买商品起着导向作用；商誉好的品牌有利于新产品进入市场，对顾客具有更强的吸引力，有利于提高市场占有率。

虽然很多企业知道品牌是企业的一笔巨大财富，但在品牌建设方面却比较缓慢。品牌塑造与国家、产业、企业密切相关，需要科学设计和努力推广，是长期的系统工程。我国的制造业在国际上品牌地位不强，海洋产业是发展中产业，水产品加工企业以中小企业居多，这些因素的共同影响，导致我国中小水产品加工企业的国际品牌之路愈发艰难。但为了实现长期发展，为了在未来竞争中获取主动，品牌化是中小水产品加工企业的必由之路。我国中小水产品加工企业应该迎难而上，努力培育自己的品牌知名度与美誉度，提高企业的国际竞争力和全球影响力。

第四节　多措并举提升中国水产企业竞争力

中国中小水产品加工企业的发展，需要从多个角度系统展开，在技术、资金、营销及人力资源管理等方面全面突破。

一、技术升级打造核心优势

中国中小水产品加工企业技术创新面临的问题较多，发展的任务也很重，必须引起政府和企业的高度重视，加大力度，全面扎实地推进技术创新体系建设工作。

1. 政府层面的技术创新措施

（1）建立健全“产学研”相结合的研发机制。建立以企业为主体，“产学研”结合的技术创新体系。在新体系建设中，要充分发挥中小水产品加工企业的主体作用，使企业真正成为决策的主体、开发的主体、投资的主体、利益分配的主体和风险承担的主体。企业特别是科技型水产品加工龙头企业要积极创造条件，建立企业研发中心，并将制度创新、管理创新与技术创新紧密结合。支持和鼓励中小水产品加工企业、高校、科研院所合作共建技术创新中心，促进“产学研”联合，促进高层次人才开发培养，为我国水产品加工行业技术进步提供支撑。

（2）加大水产品加工技术创新的支持力度。政府部门要采取倾斜优惠政策，加大对水产品加工关键技术攻关的资金投入。创造条件积极争取国家技改资金，加速提高科技型水产龙头企业的技术及装备水平。组织申报国家中小企业创新基金、农业科技成果转化资金，重点支持一批技术含量高、市场前景好，对渔户带动大的高新技术企业及产业化项目。在推进水产品加工技术创新进程中，要建立起以企业投资为主体，政府资金引导，社会、金融等多元化的投资体系。

（3）政府应加强应用基础研究与高科技产品开发。在基础较好的科研院所建立水产品加工基础理论研究基地，组织好科研力量，对水产品保鲜、深加工等方面的关键技术进行理论攻关，特别是要努力突破淡水鱼的保鲜和加工的基础理论问题。在全国建立淡水鱼、中上层鱼、贝藻类加工技术开发中心，运用水产品加工基础理论研究成果和现代生物技术，加快开发科技含量高，经济效益好的产品。同时，要加强技术的推广工作，推广是科技成果转化的桥梁和纽带，加强渔业科技推广力度是实现可持续发展的重要保障。必须确保水产技术推广机构稳固、人员稳定、待遇稳定（蒋高中，2009）；增加建立试验示范基地和改善技术推广工作条件的投入。此外，还可以兴办实体，拓宽水产技术推广的服务内容，结合生产技术推广，开辟渔需物资经营和水产品运销等有偿服务，扩大经济收入。

（4）积极加强引进与联合，促进水产品加工技术创新。开展国际合作，促进水产品加工领域对外开放。要积极引进国外先进加工技术、产品、工艺、设备和管理经验，提高水产品加工品的经济附加值和国际竞争能力，努力开拓国际市场。要优先引进各地区渔业生产急需、增产潜力大、近期见效快、覆盖面广的优良养殖品种，引进先进适用技术及有利于现代渔业发展的高新科技的前沿技术，重点引进提高水产业综合生产能力的技术，提高增加水产品产量和品质的技术生物工程、信息等高新技术及渔业可持续发展综合技术等前沿技术，通过多种途径在现有的基础上推进与国际渔业研究组织和机构及各国双边或多边的国际合作与交流，加强人才、技术和资金的引进，拓宽视野，及时了解世界先进发达渔业国家水产行业发展趋势和动态，引进良种、引进技术（张清等，2001）。

（5）提高渔业劳动者的科技素质。随着知识经济的发展，渔业将发展成为技术密集、智力密集型产业，提高渔业劳动者的科技素质是长期的、首要的任务。做好技术的普及宣传和应用指导，采取广播讲座、电视录像、科技集市等途径传播科技信息、科技知识以及科技应用经验和应用成果，逐步引导渔民学习新设备、新工艺、新技术、新产品。组织多层次、多形式的各类技术培训班，采取印发资料、制定技术规程、举办讲座等措施提高渔民科技水平。加强渔业科技示范场、示范户建设，集中力量解决科技应用中的实际问题，让渔民从科技成果运用中得到实惠，激发渔民自觉学习和运用科技的积极性，为我国渔业可持续发展奠定坚实的科技基础（蒋高中，2009）。

（6）继续完善水产品质量认证体系，加强我国水产品加工品质量管理。水产品安全性与质量控制是一个交叉学科，涉及实验室检测技术、全面质量管理、标准化体系、国际贸易与国际协定、人才培训等知识。我们应瞄准国际先进水平，从基础研究入手，对我国水产品的药物残留、有害微生物、海洋生物毒素、有害化学物质等进行全程质量检测和监控，形成一套成熟的技术，以便为我国有关法规和标准的制定提供科学依据。通过对我国水产品危害种类调查及其风险评估分析，建立我国水产品的危害评估模式，保证水产品质量。

（7）加强政府对渔业科技的宏观管理。政府在对科技促进经济发展中起着十分重要的作用，因而需要政府及各职能部门强化渔业科技宏观调控体系。

具体做法如增强政府管理渔业的科技意识，形成科教兴渔观念、知识资源观念和知识投入增长观念；制定渔业科技发展的中长期规划，规划的制定需遵循科学性、系统性、协调性、效益性和可操作性原则，明确渔业科技发展的具体目标、战略重点、优先领域和政策措施；建立多层次的科技开发资金保障机制，为增加技术开发与研究经费提供资金保证；完善法律体系，通过制定和完善有关科技创新的法律法规，为鼓励知识创新和技术创新，尊重知识和人才创造一个良好的外部环境（蒋高中，2009）。

2. 企业层面的技术创新措施

（1）企业要注重培养和引进水产品加工人才。加快发展水产品加工技术创新，人才是关键。要放手使用、培养现有专业技术人才，同时要努力引进懂技术、善经营、会管理的水产品加工和企业管理领域的专家，努力提高水产品加工人员素质，促进水产品加工技术创新。

（2）企业要加大新产品开发力度。有能力的企业可以建立相应的开发基金，培植自我发展能力。大力开发新产品、新工艺，并高度重视加工废弃物的综合利用。对中上层鱼及低值小杂鱼，要根据它们含脂量高、易腐烂等特点，着重发展多不饱和脂肪酸及其制品、风味小包装食品、水产调味品及高质量鱼粉等产品。行业部门要积极参加关键技术攻关和新产品开发，支持和组织开展生产性试验，加快加工技术推进步伐。

（3）提升传统水产品加工技术和装备改造。在将传统加工改造成工业化生产的同时，提高精深加工产品的比例，加快冷冻鱼糜和鱼糜制品、烤鳗、紫菜和裙带菜等的加工设备和螺旋式速冻机、分割机、去皮机等设备的国产化，使其质量赶上国际先进水平。

（4）重视水产品加工高新技术的开发与应用。加大对水产品加工领域的研究投入，将其他行业和领域的高技术和新技术研究成果应用于本行业，将其他企业的技术创新模式引入本行业，以此推动技术改造和技术创新，从而提高水产品精深加工的比例。例如，在超高压技术、超临界流体萃取技术、挤压组织化技术、膜分离技术、酶工程技术、基因工程技术等方面开展成果转化研究与应用。

（5）加强对淡水鱼资源的开发和废弃物综合利用的研究。企业应加大对淡水鱼加工项目研究的投入，主要涉及鱼肉品质改良、淡水鱼土腥味成分脱除、鱼头及内脏的生物制剂研发等副产品的综合利用。综合利用同时也是专业化、精细化利用过程，通过这些项目的研究，加快淡水鱼加工业的发展。

（6）加大海洋生物活性物质的开发力度。利用海洋生物所含化合物的多样性寻找药用先导化合物；利用海洋生物功能基因库源作用，以分子遗传学为基础生产人类所需要的生物药物；以综合利用海洋生物资源为出发点，利用药用基础研究所形成的技术成果和技术体系使海洋生物资源高值化。

二、完善融资体系支持持续发展

对于中国中小水产品加工企业来说，资金链的完整及稳定程度直接决定了企业能否在激烈的市场竞争中站稳脚跟，进而取得长远发展。为了保证我国中小水产品加工企业能够获取稳定的资金来源，可以从政府、金融机构、企业本身三个维度采取相应措施。

1. 政府机构的相关政策支持

政府机构主要是从宏观政策的角度对我国中小水产品加工企业的融资工作提供政策上的保护与支持。

（1）发展创新财政扶持政策。地方政府要以支持优势水产品加工龙头企业为重点，突出支持带动力强、关联度高、规模和产出能力大、成长性好、社会效益明显的大企业和重点项目，设立水产品加工扶持专项资金。建议财政对农业投入法定增长部分，除水产部门事业费等刚性支出外，主要用于水产品加工业发展。对于财政支农资金和农业综合开发资金，每年要安排足够的资金支持水产品加工业及相关基地建设，对投资符合水产品加工业发展方向的重点项目，实行财政贷款贴息和有偿扶持。

（2）税费减免政策。罗祖亮（2010）认为，严格执行国家对水产品加工企业在增值税、所得税等方面的有关税收优惠政策。地方政府可以适当降低水产品加工业的增值税税率，同时适当降低水产品企业所得税税率，并采取多样化的税收优惠形式，如水产品加工企业购进水产经营者的水产品，允许扣除13%的进项税，对符合条件的水产品加工企业，可申请房产税、土地使用税减免等优惠举措。

（3）用地优先政策。国土资源部门对重点中小水产品加工企业经营所需用地，优先审批，其农用地转用、土地征（占）用各项费用按国家重点项目用地标准低限执行。水产品加工企业新增建设用地所需农用地转用和占用耕地指标统一纳入年度土地利用计划，统筹安排。对占用土地进行永久性设施建设的，按非农建设用地的规定办理审批手续。进行非永久性设施建设且对耕作层不造成破坏的，视同农业生产用地，按《中华人民共和国农村土地承包法》的有关规定办理。鼓励农村集体经济组织、农民个人以土地入股，参与投资水产品加工业，降低企业生产成本。

除此之外，政府相关部门还可以根据市场环境的变化，动态地调整相关扶持政策或制定新的政策，以保证水产品加工企业的融资工作始终有章可循而又动态更新。

2. 金融机构具体措施的支持

在政府政策的指导下，金融机构应根据自身特点以及所处地区中小水产品加工企业的发展状况，采取相应的措施，为我国中小水产品加工企业的融资提供帮助。

（1）实施信贷分类管理，充分发挥信贷杠杆作用，支持重点企业。金融机构要对水产品加工企业进行分类，明确支持重点。根据企业的生产经营状况、信用状况、资产负债情况等，分为重点支持、一般支持和信贷退出三类。对重点支持企业，各金融机构要充分运用差别化利率、信贷授信等手段，优化信贷结构，合理配置信贷资源，扶强扶优。有必要将水产品精深加工项目列为信贷扶持重点，确定合理的授信额度，简化贷款审批手续，及时发放贷款，特别是要在水产品收购期间及时发放贷款，提供资金保障。此外，还要加大对出口水产品加工企业的支持力度，加大外汇信贷力度，继续开展出口退税账户托管贷款等金融产品业务，积极拓展外贸企业贸易融资渠道，扩大出口押汇、出口保付代理、出口商业发票融资等业务的辐射力。

（2）帮助出口企业掌握实用性强的汇率避险工具，提高规避汇率风险的能力。汇率变动对水产品加工企业影响很大，金融机构要及时向企业介绍金融避险工具，帮助水产品加工企业加强对人民币汇率变化趋势的分析研究，使其努力掌握新的汇率避险金融产品和工具，提高规避汇率风险的能力。具体举措如开展有关汇率管理、国际贸易等内容的讲座或培训，设立针对此类问题的咨询窗口等。

（3）要加强支付结算体系建设，提高支付清算速度，加快企业资金周转，提高资金使用效益。要大力推广银行本票等新的结算工具在水产原料品收购中的运用，加快货款清算，减少现金流通。同时，各金融机构要深入研究水产品精深加工企业和具有特色的中小型水产品加工企业生产经营现状，及时与企业进行沟通，不断创新具有针对性的金融产品和特色服务。

3. 企业提高自身融资能力

内因在事物发展过程中起决定性作用，中小水产品加工企业要解决融资困难的问题，根本上还是要靠增强自身融资能力来实现。

（1）提高产品质量和档次，树立品牌意识，进行绿色营销，提高竞争力。水产品加工企业要加强质量管理，完善质量管理体系，严格把好质量关。出口企业严格按照国际通行的质量标准组织生产，加强检验、检测，提高防范能力，避免“绿色壁垒”阻挡。积极培育水产品加工的品牌，扩大产品的市场占有率，提高水产品的市场竞争力，扩大水产品出口市场。这不仅是企业长期发展的要求，也是获取外源融资的必备条件。只有增强企业自身的竞争力，才能提高自身盈利能力，降低银行信贷风险。

（2）拓宽融资渠道。中小水产品加工企业应根据自身特点，拓宽融资渠道，选择多种融资形式，如典当融资等。典当是一种独特的理财和融资方式，典当行可以从事小额融资业务，它以实物质押、抵押，不涉及信用，并且期限短，周转快，存在特有的便捷性。相对于银行贷款手续繁琐，层层审批，周期长，有较高额度限制，难以应急等弊端，典当行操作流程相对简单，无须信用调查，也无须他人担保，一切只取决于典当物品的真假优劣、市场价格、来源是否合法以及权属是否明确。随着经济的发展，典当行成为中小企业快速融资的绿色通道，对于急需小额资金的企业来说，典当是比较理想的融资途径。当然，典当贷款也存在缺点，除贷款月利率外，典当贷款还需要支付较高的综合费用，包括保管费、保险费、交易费等，因此融资成本高于银行贷款，这一点需要企业注意。

（3）健全财务制度，加强内部管理。财务管理是企业经营管理中的最重要的内容之一，中小水产品加工企业只有建立起规范的财务制度，定期提供真实准确的财务报告，才能为拓宽企业的融资渠道，提高企业的融资能力创造必要的条件。要赢得银行的信任和支持，就必须建立能正确反映中小企业财务状况、符合现代企业标准的财务管理制度和内部监控制度，增加企业财务的透明度。同时，中小水产品加工企业还要在公司战略的指导下制定合理的融资战略，为企业的融资活动指明方向。

（4）强化信用意识，提升信用等级。“人无信不立，商无信不兴”，中小水产品加工企业要想获得融资支持，必须增强信用意识，重塑还贷形象，应靠自身的实力和良好信用取信于社会，取信于银行。只有加强信用建设，提高和宣扬信用观念，才能在“有借有还”的良好信用环境下改善银企关系，降低贷款难度。

三、人力资源管理发挥关键作用

目前中国中小水产品加工企业人力资源管理混乱，尚未建立现代人力资源管理制度，传统的企业人事管理工作只限于人员招聘、选拔、分派、工资发放、档案保管等较琐碎的具体工作。现代人力资源管理则是将传统人事管理的职能予以提高扩大，从行政事务性的员工控制工作转为实现组织的目标，建立一个人力资源规划、开发、利用与管理的系统，以提高组织的竞争力。传统的落后的人事管理严重阻碍了中小水产品加工企业人才的引入、培养与利用，中小水产品加工企业应逐步完善内部人力资源管理工作，将合适的人放到合适的岗位上，使人尽其才，提高员工满意度，发挥员工积极性。

中小水产品加工企业应从以下几个方面改进企业内部的人力资源管理工作：

1. 明确岗位职责，建立科学的人力资源管理职能部门

中小水产品加工企业应当重新构建和完善内部治理结构，完善各利益主体之间的约束机制，结合自身特点设立相应的管理职能部门。通过设立人力资源管理职能部门，进行员工工作分析，明确员工职责，建立企业责任与权利对称的机制。

2. 完善企业内部的绩效考评机制，对员工进行绩效管理，确保薪酬发放的公平性

通过绩效考评，获取员工的绩效信息，作为其薪酬发放的标准和职位升降

的依据，摆脱过去“干多干少一个样，干或不干一个样”的局面，通过绩效考评，按绩效发放工资和进行职位变更，一方面有利于员工公平的实现，提高员工的满意度；另一方面也有利于形成企业内部员工的竞争机制，使每个员工不断追求上进。

3. 鼓励员工参与企业管理，进行员工职业生涯规划

一方面，为确保企业决策的科学性，应鼓励员工参与企业管理，调动其工作积极性，中小水产品加工企业可通过设立职工提案建议制度、建立职工代表大会制度、吸收职工参股入股等让员工参与企业管理的制度措施，激发其采取积极行为的动机。另一方面，中小水产品加工企业为有效留住员工，应进行内部员工职业生涯规划，将员工个人职业生涯与企业目标相整合，通过个人发展愿望与组织发展需求的结合实现组织的发展。

4. 建立富有凝聚力的企业文化

我国中小企业长期以来缺乏对企业文化建设的重要性的认识，企业内部文化建设水平较低，未形成企业独有的文化体系。企业文化决定着企业战略，以至企业的兴衰成败，是激发人们热情、统一群体成员意志的重要手段。同时，通过企业文化中价值观、信念及行为规范可以形成人们的自觉行动、自我控制和自我协调，调整个人的目标和行为，使之符合企业的目标和行为。中小水产品加工企业应当有意识地建设企业的文化，使之能成为企业最为关键的核心竞争力。

5. 提高企业主自身素质

在管理学中有一条“总裁定理”，意思是企业最高领导人的水平决定了企业发展的上限，如果企业领导人的素质不高，将会制约企业的成长。我国中小水产品加工企业的企业主大多未接受过正规的教育培训，自身素质相对较低，他们凭自己的经验对企业进行管理，在企业内部往往是“一言堂”，实行“人治”，这种治理方式严重限制了企业的发展，因此企业主应不断通过学习，提高自身素质，在企业内部建立科学的决策与管理机制，促进企业的长远发展。

四、营销体系创新理顺产业链条

目前中国大多中小水产品加工企业不重视营销，只关注生产，产品生产没

有明确的市场导向，因此导致产品销售不对路，库存积压。为了改变现状，中小水产品加工企业必须建立自己的以市场为导向的生产思路，建立自己的营销路径，进行营销创新，促进企业的长远发展。

1. 完善渔业产品产地批发市场

通过科学规划，合理布局，重点在渔业产品集中产区发展一批规模适度、特色明显的专业批发市场，配套建设海产品保鲜、储藏、加工、运输等设施，改善流通功能，提高市场辐射能力。

2. 加强销售地市场网络的建设

发挥规模优势，集中精品，在大中城市和交通枢纽地区，通过建立水产品“专卖店”、“一条街”、“批发中心”等形式，扩大水产品的知名度，提高市场占有率。充分利用现行大中城市和交通枢纽地区的交通条件和区位优势，进一步拓宽和延伸水产品销售的“绿色通道”。

3. 发展壮大水产品销售队伍

要重视水产品加工企业销售组织的建设，大力发展渔民经纪人队伍和民间流通组织。积极推广现代营销方式，发展代理配送、连锁经营、网上交易等新型农产品营销体系，广泛开辟销售渠道。

4. 强化水产品加工企业的品牌意识，进行品牌营销

要依托我国部分渔业发达地区具有良好信誉的水产品这一传统优势，依靠龙头企业，创建一批在国内外市场知名的水产品的名牌。通过名牌效应，不断拓展市场空间，增强竞争能力。

5. 建立水产品加工企业的网络营销渠道

在将来条件允许的情况下，水产品加工企业可以将自己定位于市场消费者的直接产品提供者，借助网络渠道摆脱中间商层次，直接面对顾客需求，进行厂家直销。通过此种方式，企业可以直接面对顾客，了解真实全面的市场信息，更好地把握市场需求，为顾客提供专门化、定制化的产品，满足不同顾客的个性化需求。

附录：本书实地调研案例企业概况

【案例一】青岛康福莱集团有限公司

康福莱公司成立于2003年3月，发迹于水产品贸易，2006年开始从国际贸易业务逐步延伸产业链，经过六年的快速发展，目前形成以青岛神域冠亚食品有限公司、麦康食品（青岛）有限公司为研发、制造中心，以青岛保税区康福莱国际贸易公司为海外营销中心、以青岛贝贝之星经贸有限公司为国内营销中心的多元化、国际化、集团化经营格局，公司集“研、产、配、供”于一体，国际市场与国内市场协同发展，经营西餐食品、海洋食品、农业食品和宠物食品等产品的加工、销售业务，近三年集团销售收入年均增长45%，2008年销售收入达5220万元。

集团创始人薛平先生是一位颇具经营才能的年轻人，1998年大学毕业曾先后就职于一家台湾公司和国内某知名上市公司，后由于某种原因联合自己的同学朋友等在青岛保税区创办了青岛保税区康福莱国际贸易有限公司，从事纯贸易业务，从一个只有几个人的类似办事处的小公司，不断发展壮大，目前公司总部在凯旋大厦。薛平先生本着诚信经营的思想做企业，得到了采购商及合作伙伴从资金到业务上的大力支持。他与诸多采购商由业务上的往来关系发展为合资关系。

经营管理上，康福莱在创立之初仅有员工四人，财务上主要依靠代理公司来做，业务上主要是薛平先生个人争取国内外的订单，交给国内的加工企业生产，公司运营比较简单。经过多年的发展，目前公司仅财务部门就有三四人，并且业务人员遍及全国各地，总经理则主要考虑公司的整体发展规划。员工素质普遍较高，2004 年起，新进员工都要求本科以上学历，英语六级以上，这在同类企业中属于人才层次较高的企业，并且引入日本归国研究生以及国内重点大学企业管理研究生加入公司的管理团队中，不断提升公司管理水平。

公司深谙市场之道，也深知自身的优势在于市场销售，所以不断加强企业自身在挖掘市场上的优势，目前主要是贴牌生产，但公司同样也意识到了品牌的重要性，对于国外采购商以康福莱品牌采购的公司将给予 2% ~3% 的折扣。公司积极与国际接轨，引进优良的产品种类并与国际知名研发机构合作，开发新产品，始终保持行业内领先水平，开发市场需求。仅洋葱圈的研发，薛平先生跑遍了美国、日本、韩国等行业内比较先进的国家，历经四年的时间才研发成功推向市场。随着公司的发展，单纯的贸易已经不能满足公司发展的需要，2006 年公司与康大合资成立了神域冠亚食品有限公司，并开展产品系列的研发生产。产品已经实现批量生产，并且市场销售状况良好。近期公司引进美国投资者共同筹建康福莱集团（青岛）创业园，并开始向全社会招商。

在 2008 年蔓延全球的金融危机引发国际经济步入衰退背景下，康福莱集团公司于当年及时作出战略调整，在继续拓展国际业务的同时，将战略中心转移到中国本土，进军中国本土快速发展的西餐食品行业。近五年来，西餐食品行业以年均增长 30% 的速度在快速发展，下游的西式快餐、中高档的西式餐厅、咖啡店等营业规模和开店数量逐年快速增长，西餐普遍得到中青年和商务人士的青睐。市场容量达 4000 亿人民币，并每年以 30% 的速度在增长。中游的大部分西餐食品代理配送商，规模偏小，80% 的代理销售商的销售额在 2000 万 ~5000 万元，1 亿 ~5 亿元的代理商公司在行业中只有为数很少的几家，呈区域化分散经营特点。上游西餐食品制造商主要是外资企业及在中国开设的工厂，他们借助于其战略合作的销售网络渠道销售配送西餐食品到主要的大连锁西式快餐店。

目前中国本土规模化的西餐制造业和有代表性的整合性的全国网络尚没有形成，康福莱集团看到西餐行业的蓬勃发展前景带来的商机和业内经营现状，致力打造国内西餐制造基地和整合性的网络平台，成为中国最优秀的西餐食品供应配送商。集团投资 3000 万元在青岛胶南市兴建“中国西餐产业园”，已于

2009年7月投产。并于2008年成立了贝贝之星经贸公司，依托集团西餐制造品牌优势和成本优势，专门开发国内西餐食品市场，整合国内北京、上海、广州等西餐销售配送网络，实现制造集约化、销售配送物流规模化经营，大幅度降低生产和物流环节的成本，推进中国式西餐行业的发展。

可以说，康福莱的发展也是一个从纯贸易到生产型企业，从几个人组成的小贸易公司到集团化发展的过程，先做市场后做工厂这一理念在康福莱身上得到了很好的体现。这也正是我们选取香港康福莱集团有限公司作为研究对象的一个非常重要的原因。

【案例二】山东省丰华食品有限公司

丰华公司位于山东省的日照市，公司前身始建于1993年，以加工各种冷冻水产品为主。1997年成立的山东丰华食品有限公司，主要经营以鱼糜为原料的各种海洋仿生食品，有模拟蟹肉、模拟虾、模拟龙虾、模拟干贝、模拟蟹钳等，也生产鱼糜原料，同时生产干燥水产品，如干烤鱿鱼丝、调味海苔和寿司烤海苔等。

公司厂区占地面积50000平方米，员工1200多人，冷库容量6400吨，加工车间六个，加工面积10000余平方米。现有模拟蟹肉、鱼卷、模拟虾、模拟蟹钳、模拟龙虾、鱼丸等生产线共十条，鱼糜生产线两条，鱿鱼丝生产线两条，海苔生产线两条，以及包装、蒸煮、速冻等各种配套设施，主要设备全部由日本及韩国进口。目前产品有三大类，十个系列，100多个品种，鱼糜制品年产20000吨，鱿鱼丝产品年产3000吨，海苔制品年产可达两万多箱。产品行销国内30多个省、市、区，并远销欧、美、日、韩等50多个国家和地区，年销售额可达3.5亿元，产量和销量多年居全国同行业前三位。

公司创始人仲伟华先生是位土生土长的岚山人，具有非常强的吃苦耐劳和艰苦创业的精神。高中毕业由于填报志愿比较高，未能被大学录取，遂走上了创业道路，1983年开始创业，经过十多年漫长的积累，于1993年建立加工厂，从事冷冻式的海产品初加工，这一阶段一直持续到1997年。随着渔业资源的减少，产品初加工利润不断降低，公司为了谋求更好的发展，抓住渔业企业发展的机遇，于1997年成功转型，学习模仿日本企业，开始从事模拟产品的生产加工。并于当年从日本引入第一条生产线开始生产，1999年又引入了一条，2000年，产品实现出口，主要是欧美市场。为进一步扩大生产规模，2000年又新上了七条生产线。2003年生产鱿鱼丝，2004年开始生产海苔，其海苔和鱿鱼丝的销售额占公司总销售额20%以上。

仲伟华对产品的质量要求非常高，注重抓产品质量，经常可以看见他在生产车间指导生产的身影。并且十分讲求企业的信誉，所以在长期的与客户的合作中，赢得了比较好的口碑，许多客户会随着本企业产品的转换而调整自己的产品系列，成为企业非常宝贵的财富。

在企业的管理上，保持着比较传统的经营理念，公司基本上是靠多年的积累逐步发展壮大的，到目前为止，几乎没有银行贷款，按照公司仲副总经理（创始人的弟弟）的说法“这种过分保守的财务策略，一方面保证了公司经营的稳定，另一方面也限制了公司快速的发展壮大”。另外，尽管公司每年都会参加世界各地的行业展会来推广自己的产品，仲总对市场的重视程度远远低于对企业生产的重视程度。在人力资源方面，由于是一个传统企业，管理层基本上是跟着创始人一起创业的老员工，知识水平偏低，对于科班出身的管理人员聘用较少，重要的管理岗位均为家族内人员担任。在企业创新方面，管理者对创新的理解是这样的，首先要模仿其他国家先进的做法，就像当初的日本，然后在这个基础上创新。如果一个企业连现有已经实现的技术都无法模仿，那又何谈创新。所以，多年来，企业的产品一直跟随着日本人的做法在不断地改进。

限于国内整个产业发展的水平，公司也是不断随着宏观条件的变化做出了一些经营战略上的调整，从最初的水产品初加工，到1997年国内渔业资源枯竭，企业逐步过渡到向产品深加工方向发展，也就是鱼糜制品的研发与生产，使得企业向更高更远的方向发展。国内在这些产品上存在着过度竞争的情况，并且许多产品以次充好，鱼龙混杂，使得产品价格从2万~3万元每吨下降到5000~6000元每吨，并且劳动力成本的价格也是在不断地上升，这些都使得行业的利润非常低。产品附加值极低，同样的产品，日本出口美国的价格能达到中国的六倍还多，不少企业就在这样的环境下被淘汰。同样，山东丰华食品有限公司的盈利空间也是非常低。

从2004年开始，公司已经开始考虑转型，不断寻找新的项目，也许在不久的将来，我们可以看到丰华以新的面孔出现，我们也希望山东丰华食品有限公司，这个凝结了创业者诸多心血的公司能够继续谱写民营企业的辉煌。

【案例三】大连东海岸水产食品有限公司

大连东海岸水产食品有限公司成立于2000年10月，属中外合资企业，是集多样水产品加工、储藏及海水养殖于一体的企业。公司坐落在美丽的海滨城市大连庄河市，庄河市依山傍水、物产丰富，是投资者的首选。该公司年储藏能力为15000余吨，下属两个分加工厂，有专业技术人才和管理人员80多人，加工人员700多人，年加工各类水产品8000多吨。已通过美国FDA和HACCP质量体系认证及欧盟注册，产品销往世界各国。经过多年的积累和发展，目前公司已经形成多个产品大类，主要产品有：鱼片类：冻狭鳕鱼片（单冻、块冻、切段，分层等类型）、无须鳕鱼片、三文鱼片、鲽鱼片、真鳕鱼片、红鱼片、原条鲅鱼或切片等；贝类：海湾贝柱、虾夷贝（半壳、柱连籽、贝柱）、杂色蛤（块冻、单冻、真空）、紫贻贝；虾类：东方虾、澳虾、虾仁等；其他类：梭子蟹、切割蟹、长短腿章鱼。

公司总经理刘斌先生是一位颇具创业精神的创业者，在公司成立之前，刘斌先生主要在海边收海货，然后拿到海边市场上去销售，以赚取中间的差价，后来发展到拥有四五台车的业务量，并将销售业务发展到了全国各地。后来由于行业内竞争激烈，诸多竞争者进入使得利润率越来越低，使得刘斌先生退出了这一行业，另外一个原因即在去海边收货过程中，刘斌先生受伤，所以也不得不离开。大约经过一年的时间，天生就富有创业精神的他又卷土重来，办起了滩头养殖，并且在第一年就实现了较大的盈利，之所以在此时进入这一行业，也是以为当时滩头养殖利润率颇高。看好这一项目后，第二年倾尽所有财力总共投资了一百多万进行滩头养殖，也就是将所有的赌注压在了这上面，以期从中赚取创业的第一桶金，谁料天有不测风云，这一年的养殖由于出现了大面积的死亡，可谓是血本无归，直接到了将前期的创业积累全部耗尽的地步。

也许机遇有时候也会对那些有志于创业的人有某种眷恋，乡镇有一家水产公司，由于经营了多年，一直没有经营成功，实行承包，又因为刘斌父亲在乡镇上一个企业做业务员，他就以父亲的名义将这个公司承包下来，承包了三年，也算平稳地度过，三年后，乡里决定将这一公司卖出，刘斌因为前期一直在承包这个公司，领导也鼓励他买断，他就把公司买断了。买了之后就对部分资产进行了剥离，最后运作冷库。运作了几年，由于受冷库条件的限制，每年的利润也就四五十万元，所以 1998 年，刘斌以 280 万元将冷库卖掉，本想转行做其他生意，到处考察项目，可是始终没有合适的，最终还是觉得自己适合做水产行业，毕竟自己在这一行业已经打拼了这么多年，2000 年，趁着市里招商引资政策的东风，刘斌再次创业，尽管在初期还是遇到了一点麻烦，也许这就是对创业者的考验，刘斌最终还是将企业办起来了，讲起他的这段创业经历，刘斌可谓是感慨万千。创业之初就遭遇了索赔事件，并且索赔额度较大，这对创业初资金本来就不充裕的刘斌来说，无异于是一个灾难，也许曾经在到期赔偿还是逃避责任中徘徊过，但最终还是选择了赔偿，并且保持了与客户之间的深度合作，并且在后续的合作中将损失弥补了回来，建立起了自己在行业内的信誉。

经过多年的打拼，刘斌的创业经历可谓是一波三折，但是真正的创业者始终都不会在失败中永远地失败下去，创业者所具备的不屈不挠的精神永远是他们制胜的法宝。凭借刘斌本人在行业内的信誉、一流的产品质量以及与供应商及客户之间的多年良好的合作关系，其公司不断发展壮大，目前年产值达到了 1200 万美金，一向低调的刘斌始终将自己的公司定位为一个小公司。

大连东海岸水产食品有限公司的发展过程，可以说也随着它的创始人的经历在挫折中前行，我们希望这种经历了多年风浪洗礼的公司能够以其独特的发展模式不断走向新的辉煌。

【案例四】大连市宝隆水产食品有限公司

大连宝隆水产食品有限公司是一家具有雄厚技术实力和现代规模的大型水产品加工企业。公司占地面积12000平方米，建筑面积8000平方米，冷库面积1500平方米，车间面积2900平方米。现有员工500人，年加工出口能力6000吨。大连宝隆水产公司按照国际标准建设，具有国际一流的设备和检测手段，严格按HACCP食品安全与SSOP管理体系及符合美国FDA和欧盟标准要求进行生产。宝隆水产本着"质量第一、信誉第一"的经营理念，一贯以良好的质量和信誉深受国内外客户的赞誉和青睐。大连宝隆水产经过多年的积累和发展，不断探索创新，形成多个产品大类，品种齐全，主要产品有：鱼类产品，如狭鳕、真鳕、鲽鱼、鲑鱼、青鱼、红鱼、鲅鱼、鱿鱼等；蟹类产品，如大王蟹、鳕蟹、红蟹等；虾类产品，如甜虾、龙虾、青虾、对虾等；贝类产品，如夏夷贝、鸟贝等；其他类产品，如蔬菜、水果等。

公司的创始人是一对夫妇，以妻子刘萍为主要决策人。他们做的不是夫妻店的生意，而是创办并亲自管理着一家仅年利税额就将近两亿元的大型企业。他们创办的大连宝隆水产食品有限公司，是大连地区第一家有正式股权的私营贸易公司，同时也是中国第一个做鳕鱼生意的公司，是他们将鳕鱼带到了中国，并迅速将其发展为赢利业务。

谈到公司成长的优势所在，这对创业夫妇一致认为，自己是从贸易中获益的，本身他们就是贸易起家的，做了20多年的国内外贸易，相比于同行业的其他企业，现在他们投身加工企业，能够更好地找到原料供应商以及产品销售渠道，用他们的话说，他们知道所需要的每一种原料在世界的什么地方，他们知道什么地方需要他们的产品。他们充分发挥了这一优势，使得目前企业在总体外部环境不是非常理想的情况下依然能够顺利发展扩大。

当然所有的事情并不总是一帆风顺，在他们创业之初的几年里，遇到过很多的挫折和磨难，其中有一次，他们千方百计从韩国争取到了一个大单，正沉浸在成功的喜悦中的时候，当他们回国，却被告知因为国内没有相关的政策规定，受到限制。可谓给了这对创业夫妇当头一棒，两人也因此经常吵架。天生就不服输的刘萍毅然决定去海关问个究竟，当时却并没有得到丈夫的支持。可是她还是去了，亲自找到了关长，其实内心当时也是非常害怕，可是创业者到了这个时候，也许顾不上那么多，掩饰住内心的紧张，跟关长详细地介绍了情况，并一起仔细地进行了研究，通过查阅相关的资料，确实是国内第一例，但并不是不可以做。关长亲切地教导她怎样做，也就是说这事可以做，创业者在这时得到了她的第一个回报，那种从绝望中重生的快乐。他们将原本以为不可能的事情变成了可能，也许真正的创业者就是应该抓住每一次希望，哪怕它是那么的渺茫。这次为他们后续的发展积累了很大一笔资金。换一个角度，假如当初他们就此放弃，也许他们今天的产业就难以做得这么大。

从贸易转向生产加工，是他们企业成长过程中的又一次重大选择，转做实业，也是他们对自身条件及各种内外部环境综合考虑做出的决策，他们充分发挥了从事贸易得到的优势经验。但是像所有在中国的加工企业一样，公司面临国内过分竞争的困境，竞争对手不计成本，或者不管质量的压价，原材料以及各种投入价格一涨再涨，成品价格却在不断下降，直接导致公司利润空间被不断压缩。公司只有通过抓管理来降低成本，与我们走访的许多企业相比，大连宝隆已经基本实现了制度化管理，逐步向现代公司迈进，公司管理人员学历水平均为大专及以上学历，他们总结自己的创业经验，告诉我们做企业要靠运气，也要靠胆识，更要靠那种敢于吃苦的精神。正是他们的每一次努力尝试才成就了今天的大连宝隆，正是他们执着的创业精神支撑着大连宝隆走向更高更远。同时我们也希望，他们的经历，他们的成长过程能够给当今的创业者尤其是年轻的创业夫妇一些启发。这也是我们选择大连宝隆水产食品有限公司作为研究对象的一个原因。

【案例五】大连市瑞驰海产有限公司

大连瑞驰海产有限公司始建于2000年，是一家从事水产品和农副产品采购、加工、销售，并拥有自营进出口权的民营独资企业。公司地处大连湾，位于大连市国际水产品物流中心地带，地理位置得天独厚，交通便利，是水产品行业的首选之地。经过几年的发展，公司已初具规模。现有现代化的水产品加工厂两座，共占地20000余平方米。工厂全部按照国际卫生标准设计，并获得了美国的HACCP注册、欧盟卫生注册。日速冻能力160吨，年加工出口能力达10000余吨。

公司采取以外贸为主，内外贸相结合的经营策略。外销的主要产品有真鳕鱼片、马哈鱼片、鲽鱼片、红鱼片、鲅鱼片、调味鱼籽、速冻红辣椒等，全部出口到欧美、日韩等国外市场，并得到了广大客户的一致认可，订单不断。同时，公司以现代化的管理，先进的加工工艺和优质无污染的深海原料作为主料，生产出风味独特的“瑞驰”牌系列海鲜排串，并先后与大商集团、希波集团、乐购、沃尔玛等国内外著名商家建立了良好的商业合作关系。并且，每逢新春佳节，公司利用自捕、港口和加工优势，为广大市民及各企事业单位精心准备了丰富的海鲜年货，有各种鱼类、虾类、贝类及公司自行开发的“瑞驰”牌系列海鲜产品，得到了广大消费者的一致好评。

公司自成立以来，始终秉持“以人为本，以诚立基，以勤拓业，以新逐高”的经营理念，始终坚持“质量第一，客户至上”的经营方针，取得了良好的社会效益和经济效益。先后获得了“大连市放心食品”、“大连市放心食品示范工程企业”、“大连市名牌产品”等多项荣誉称号，并连续多年被评为“大连市AAA级信用企业”。

公司创始人邓恩堂先生可以说是一位有胆有识的创业者，曾经就职于一家国有企业，是一名普通的保全工。他不懂渔业，可是似乎天生就有经商的天赋。1994年下海创业，当时孩子刚出生还没满月，家里还正是需要照顾的时候，自己拿着东拼西凑来的13000元去上海进了些鱼，可是这第一笔生意就被人骗了，而且是被大连人骗的。有了这次被骗的经历之后，再做生意就格外小心，他做贸易一直做到1999年，他当时感觉做贸易没有工厂很麻烦，于是在当年买地建厂，虽然建厂之初定在内贸上，但具有远见卓识的邓恩堂留了个心眼，2000年做了一年的内贸，2001年就转到外贸上了，以便将来转型。

在企业的经营管理方面，企业创业之初只有几十个工人，管理起来还算比较容易，但是随着企业规模的扩大，人数的增多，管理越复杂，邓恩堂先生曾经企图学习西方的管理模式，但是觉得并不是很适合本企业，学习日本的管理模式也没有成功，他继续探索，在台湾的管理模式中只能说是找到了部分答案，他比较推崇曾仕强的理念，取得了一定的成绩。他开始针对企业的实际情况进行管理的探索，并逐渐形成了对不同层次员工的不同的管理方法。逐步改变过去粗放的管理模式，使企业向精细化管理转变。在企业品牌的建设方面，相比于同行业的其他企业，邓恩堂先生更加重视品牌建设，目前已经获得了“大连市名牌产品”等多项荣誉称号。好的品牌需要一流的产品来支撑，市场上存在一些不正当竞争，如以次充好、弄虚作假、破坏市场，大连瑞驰海产有限公司却十分注重产品质量，以一流的产品品质得到客户的一致好评。这也是创业者社会责任感的一种表现。用邓恩堂的话说：“企业家应该有社会责任的，一味赚钱，最终只是个土财主。”在企业的研发方面，相比同行业的其他企业，大连瑞驰海产的投入应该算是很高，公司十分注重产品种类的研究，紧跟先进企业的步伐，产品差异性比较明显。

从总体来看，大连瑞驰海产有限公司的发展比较稳健，公司在管理方面的探索也不断引导企业向更远的方向发展。选择大连瑞驰海产，是为了展现一个不断向前迈进的现代化企业的姿态，我们希望有更多的企业能够像大连瑞驰海产一样重视产品、重视品牌、重视管理。

【案例六】大连市盛华海产食品有限公司

大连市盛华海产食品有限公司是一家中外合资企业，共拥有四位大股东，公司成立于 1997 年 3 月。公司现有职工 90 人，占地面积 12150 平方米，建筑面积 3000 平方米。公司坐落在沈大高速公路大连金州路口，交通、通信十分便利。总经理和主要技术人员都是多年从事海产品加工，有丰富的生产经验和国际贸易业务往来经验。公司采用国内外 20 世纪 90 年代最先进的生产设备和技术，推行 HACCP 管理，通过了俄罗斯 MDC 的认证。公司坚持“质量第一，用户至上”的原则，生产风靡世界的鱼糜制品——蟹足棒，日产量可达 8 吨，同时还生产鱼丸系列——海鲜鱼丸、蟹黄鱼丸、蟹黄虾丸，香酥虾饼及独家生产新产品——三文鱼柳。公司的产品在全国建立了几十个网点，并出口到俄罗斯、中国香港、澳大利亚、南非、美国等国家和地区。公司推行多种灵活的经营方式，包括：自行生产，由公司自选采购原料，按客户要求，经深加工后销往国外进口商；来料加工，由客户提供原料，加工后成品返销给客户；国内贸易，通行国内市场进行购销服务；中介业务，所有促成上述多种合作的中间商，均可获得一定比例的利益分配。通过这些方式，公司业务范围不断扩大，经过多年的发展，大连市盛华海产食品有限公司已经在行业中建立起了一定的知名度和美誉度。

公司创始人鲁益华先生并不是一位土生土长的大连人，而是一位湖南人，大学学的是电机工程专业，毕业后接受国家分配到大连一工厂工作，工作了大约 25 年，后来大连开发区管委会公开招聘，鲁益华先生顺利通过考试进入管委会，在管委会下属的贸易公司工作。贸易公司开始由日本人掌管，由于接连几年贸易公司一直亏损，后来鲁益华先生被选任公司总经理，第二年就带领公司扭转亏损，公司一切都步入正轨，并在随后的几年里，每年为股东们创造一千多万元的税后利润。然而随着鲁益华先生后来的离职，换了几届总经理后公司都经营不善，再加上后来整个行业都不是很理想，最终导致公司破产拍卖掉了。

1996 年，鲁益华已经 40 多岁，离开贸易公司，开始下海经商，自建工厂于 1997 年正式投产，刚开始是在宾州租的地方。由于 1993 ~ 1997 年，俄罗斯对海产品的需求量很大，所以建厂之初，产品主要目标是出口俄罗斯，产品供不应求，同时出口日本，并且是国内第一家加工蟹肉的公司。但是随着竞争对手的不断涌入，行业的平均利润率大幅下滑。并且在这个时候国际形势也发生了变化，金融危机导致许多像俄罗斯一样的国家消费需求下降，直接导致产品滞销。2000 年，工厂战略发生了调整，将主要目标锁定在欧盟。由于欧盟对加工厂的要求比较高，租赁的工厂是不可以的，所以当年公司就自选土地，建了目前的工厂，实现了工厂的整体搬迁。

目标锁定欧盟之后，公司的一切工作都按照欧盟的要求来进行改善，受当时条件的限制，包括当时商检局的限制，直到 2003 年，产品才真正进入了欧盟市场，在这个过程中，也有一部分产品实行内销。这三年公司效益并不好，甚至是在亏损经营，直到成功申请欧盟的出口权，状况才得到改善。

公司非常注重产品品质，并研究消费市场的消费习惯，为了更好地出口日本，专门聘请日本的调味师进行调味，所以产品在日本十分畅销。目前公司有多项产品申请了专利，专利成为公司利润的重要来源。同时，公司一直专注新产品的开发合作，产品从低档到高档系列都比较完善。

经过多年的发展，公司净资产达到 1000 万元以上，是国内比较知名的水产品加工销售企业，不断积累，稳步扩张。尽管行业内新进入者不断地增加，但是公司有自己的经营理念和发展思路，并积极应对宏观环境的变化，依靠过硬的产品质量和多年的行业经验，公司将随时做出战略的调整，以适应企业发展的需要和环境的变化。选择大连盛华海产食品有限公司作为研究对象也是基于其比较独特的创业经历和成长模式。

参考文献

[1] 林强，姜彦福，张健．创业理论及其架构分析．经济研究，2001（9）．

[2] 张玉利，陈立新．中小企业创业的核心要素与创业环境分析．经济界，2004（3）．

[3] 王伟毅，李乾文．经营视角下的商业模式研究．外国经济与管理，2005，11（11）．

[4] 王娜．基于组织创新的企业盈利模式研究．长沙：中南大学，2005.

[5] 蓝红星，陈高林．企业生命周期理论与我国民营企业的“二次创业”．现代管理科学，2005（6）．

[6] 陈方方．生命周期理论的民营企业家素质研究．大连：东北财经大学硕士学位论文，2007.

[7] 吴万夫，刘大安．渔业技术经济学．北京：中国科学技术出版社，1995（12）．

[8] 王森，权锡鉴．WTO 环境下我国海洋渔业的战略选择．农村经济，2002，4（10）．

[9] 沈开慧．紫菜制品加工．中国水产，1997（5）．

[10] 曹少璞．渔业企业经营管理学．北京：中国农业出版社，1997.

[11] 陈新军．渔业资源与渔场学．北京：中国海洋出版社，2004.

[12] 王芸．当前我国渔业产业结构调整的方向和重点．中国渔业经济，2008（1）．

[13] 武彤．当前渔业经济发展的主要矛盾及其对策．农村财政与财务，2003（3）．

［14］王剑河．发展我国水产品加工业思路探讨．水产科技，2005（4）．

［15］路世勇．我国水产品加工业现状与发展思路．现代渔业信息，2005（10）．

［16］高强．资源与环境双重约束下渔业经济发展战略研究．农业经济问题，2006（1）．

［17］励建荣．我国水产品加工业现状与发展战略．保鲜与加工，2005（3）．

［18］王淼，段志霞．我国渔业企业的“五力模型”分析．中国渔业经济，2007（5）．

［19］于会国．后 WTO 时代我国渔业发展战略研究——基于 SWOT 的分析．青岛：中国海洋大学硕士学位论文，2006.

［20］工世表，宋怿，李平．我国渔业资源现状与可持续发展对策．中国渔业经济，2006（1）．

［21］滕瑜，王彩理．国内外水产品加工的研究现状．天津水产，2005（3）．

［22］孙吉亭．中国海洋渔业可持续发展研究．青岛：中国海洋大学博士学位论文，2003.

［23］郭旭强．新形势下水产品加工企业如何成功跨越转型期．中国水产，2008（9）．

［24］孙吉亭，潘克厚．我国渔业资源开发问题的经济学分析．中国渔业经济，2002（6）．

［25］李寿岩．我国海洋渔业资源锐减原因及解决途径．中国渔业经济，2003（3）．

［26］刘健钧．企业制度三层次模型与创业模式．南开管理评论，2003（6）．

［27］李时椿．创业管理．北京：清华大学出版社，2008.

［28］牛泽民，付首清．创业企业管理．北京：科学出版社，2004.

［29］吴海川．我国渔业发展与渔业政策研究．青岛：中国海洋大学博士学位论文，2006.

[30] 钟晶. 低值水产品的加工与市场开发. 中国水产, 2006 (9).

[31] 张晓慧, 韩云峰. 浅析世界渔业现状及发展趋势. 现代渔业信息, 2007 (10).

[32] 余世维. 突破中小企业发展瓶颈. 北京: 东方出版社, 2006.

[33] 许晓明, 翟双龙. 企业成长模式的比较与选择. 商业时代, 2006 (4).

[34] 王锋正. 内蒙古资源型企业成长战略模式研究. 呼和浩特: 内蒙古大学, 2003.

[35] 茶娜, 王锋正, 郭晓川. 高技术支持下西部资源型企业成长模式转变. 商业时代, 2007 (32).

[36] 王锋正. 资源型企业自主创新研究. 北京: 经济科学出版社, 2007.

[37] 邬爱其, 贾生华, 曲波. 企业持续成长决定因素理论综述. 外国经济与管理, 2003 (5).

[38] 励建荣, 马永钧. 中国水产品加工业的现状及发展. 食品科技, 2008 (1).

[39] 岑剑伟, 李来好, 杨贤庆, 等. 我国水产品加工行业发展现状分析. 现代渔业信息, 2008 (7).

[40] 孟庆武. 我国渔业经济现状及发展对策研究. 中国渔业经济, 2010 (4).

[41] 黄钟慰. 我国水产品出口贸易存在的问题及对策. 廊坊师范学院学报: 自然科学版, 2010 (5).

[42] 马滕. 水产品加工业及其在中国的发展. 东岳论丛, 2008 (4).

[43] 楼东, 谷树忠. 中国渔业资源与产业空间分布格局及演化. 中国农业资源与规划, 2005 (1).

[44] 侯子顺, 孙龙, 王新鸣, 王世表. 我国渔业水域突发污染事件分析. 中国渔业经济, 2010 (5).

[45] 武彤. 当前渔业经济发展的主要矛盾及其对策. 农村财政与财务, 2003 (3).

[46] 王丽波, 杨子江. 当前我国渔业发展的主要特点及问题探讨. 中国

渔业经济，2008（5）.

［47］李志刚，王迎军．继承式裂变创业的扎根理论方法研究．中国海洋大学学报，2007（2）.

［48］胡幼慧．定性研究：理论、方法及本土女性研究实例．台北：巨流图书公司，1996.

［49］徐宗国．扎根理论研究法——渊源、原则、技术与涵意．香港科学学报，1994（4）.

［50］李志刚，张新磊．我国水产品加工企业“体系制约式”成长及其对策研究．中国海洋大学学报，2009（2）.

［51］李烨，彭璐．资源型企业产业成功转型的关键因素．改革与战略，2010（10）.

［52］刘洪滨，孙丽，齐俊婷，杨凤丽．中韩两国海洋渔业管理政策的比较研究．太平洋学报，2007（12）.

［53］程金成，刘健，高健．我国渔业政策变迁及其在保持未来水产品产需平衡中的作用．中国渔业经济，2005（3）.

［54］姬广闻．日本渔业发展现状．河南水产，1995（1）.

［55］商玉坤．日本渔业现状的探讨．中国渔业经济，2008（1）.

［56］王婷．中日韩自由贸易区协定对三国渔业的影响．国际经济与合作，2010（10）.

［57］李洪铉．韩中日水产品贸易比较研究——兼论韩中日 FTA 及其对三国水产品贸易的影响．青岛：中国海洋大学硕士学位论文，2008.

［58］蒋高中．20 世纪我国淡水养殖技术对淡水养殖业发展的作用及存在问题初探．南京农业大学学报：社会科学版，2009（4）.

［59］罗祖亮．扶持水产品加工和流通业．中国经济时报，2010（3）.

［60］清光照夫，岩崎寿男．渔业经济学．王强华，李艺民译．北京：海洋出版社，1996.

［61］小乔治·斯托尔克．企业成长战略．赵锡军，等译．北京：中国人民大学出版社，1999.

［62］加里·哈默尔．领导企业变革．曲昭光，赖溟溟，译．北京：人民

邮电出版社，2002.

[63] Yin R. Case Study Research：Design and Methods. Newburry Park，Sage Publications. 1989.

[64] Strauss A，Corbin J. Grounded Theory Methodology – An Overview. Norman K D，S L Y vonnaeds S. Handbook of Qualitative Research，Sage Publications，1994.

[65] Reynolds P D，Bosma N，Autio E，Hunt S，DeBono N，Servais I，et al. Global Entrepreneurship Monitor：Data Collection Design and Implementation，19982003. Small Business Economics，2005，24（5）：205 –231.

[66] Michael Morris，et al. The entrepreneur' s business model ：toward a unified perspective. Journal of Business Reaserch，2003（6）.

[67] Allan Afuah. Business models：a strategic management approach. McGraw Hill/Irwin，International Edition，2004.

[68] Baron R A. Potential benefits of the cognitive perspective：expanding entrepreneurship' s array of conceptual tools. Journal of Business Venturing，2004（19）.

[69]"十五"期间我国渔业发展主要数据. 海洋世界，2007（2）.

[70] 中国渔业统计年鉴：2009. 中国农业出版社，2009.

[71] 中国渔业统计年鉴：2010. 中国农业出版社，2010.

[72] 全国渔业发展第十二个五年规划：2011 ~2015.

后 记

本书是在笔者主持的中国海洋发展研究中心首届资助课题结项报告基础上修改完善而成。本书将一般企业管理理论与涉渔型企业紧密连接，运用扎根理论方法分析了我国中小水产品加工企业的成长模式和影响因素，并提出了相应的对策建议。

中国海洋大学海洋发展研究院、管理学院及经济学院的博士生导师权锡鉴教授、王淼教授、韩立民教授、高强教授、王竹泉教授、罗福凯教授、张广海教授、姜旭朝教授，以及崔迅教授、戴桂林教授、刘曙光教授、殷克东教授等国内知名海洋经济与海洋管理专家对作者的研究工作给予了热心的细致指导，提出了很多宝贵的建设性意见，在此表示衷心感谢。

在企业调研中，日照、青岛、大连等沿海地区的多家水产品加工企业、海洋渔业主管部门、科研机构、金融机构等给予了非常积极的访谈配合和资料支持，没有这些企业和单位的深度参与和无私支持，我们是很难有效完成本书的研究工作的，这里对他们表示深深的敬意和感谢！

中国海洋大学管理学院 2008 级硕士研究生刘召友、李硕、伊翠芳、王伟参与了书稿案例资料收集和整理工作，2009 级硕士研究生刘振、于敏、孙秀梅帮助查找理论文献并对相关章节的图表、段落、语言等进行梳理，刘振同学还参与了全文校对。在此，对他们付出的辛勤劳动表示感谢！

经济管理出版社张艳老师对本书的出版给予了莫大的支持，同时，她也是作者 2007 年专著《裂变型创业》的出版方主要负责人，对她的热心帮助非常感谢；另外，本书参考、借鉴了大量其他学者的既有研究成果，作者虽尽最大努力列出了参考文献来源，但难免有疏漏之处，在此向他们致以深深的敬意和谢意！

关于中小水产品加工企业成长方面的研究还比较少，这是一个比较新的研究领域，本书也只是我在这一学科领域的初步探索。由于作者水平有限，书中必有不当之处，恳请读者批评指正！

李志刚

于多伦多大学罗特曼管理学院

2011 年 7 月 7 日